Rudolf Gross
Warum die Liebe rot ist

Rudolf Gross

WARUM DIE LIEBE ROT IST

Farbsymbolik im Wandel der Jahrtausende

Econon Verlag
Düsseldorf · Wien

1. Auflage 1981

Gesetzt aus der Garamond der Fa. Hell
Satz: Dörlemann-Satz, Lemförde
Papier: Papierfabrik Schleipen GmbH, Bad Dürkheim
Druck und Bindearbeiten: May + Co., Darmstadt
Printed in Germany
ISBN 3 430 13587 7

INHALTSVERZEICHNIS

II.
Rote und weiße Farben

III.
Schwarz und Weiß

IV.
Gold und Schwarz

V.
Die Farbe Blau

VI.
Violett und Purpur

VII.
Die Farbe Grün

VIII.
Soziales Grau

IX.
Gemütliches Braun

VORWORT

Seit frühesten Zeiten wußte der Mensch, daß die Farben auf sein Gemüt wirken. Er war bestrebt, diese geheimnisvollen und mächtigen Kräfte in seinen Dienst zu stellen. Mit ihrer Hilfe wollte er die wichtigsten Geschehnisse im Leben und sogar noch die Existenz im Jenseits beeinflussen. Hüten wir uns davor, über die »primitiven Gedanken« unserer Vorfahren zu lächeln. Auch der moderne Mensch besitzt jene Schichten des Seelenlebens, die durch Farben angesprochen werden können. Manche Menschen fanden von sich aus den Weg zur magischen Nutzung der Farben, andere mußten diese »geheimen Mittel« über Befehl der jeweils Mächtigen annehmen, damit sie als Untertanen in der gewünschten Weise reagierten.

Wir wollen nicht nur die Geheimniskrämerei vergangener Zeiten und die »übernatürlichen Kräfte« der Farben studieren. Es ist auch unsere Aufgabe, die physiologischen Ursachen der Farbensymbolik zu erkennen. Allerdings werden wir dabei auch auf Bereiche stoßen, die heute noch unerschlossen sind.

Weshalb das Gebiet der Farbensinnbilder und der Farbenmagie – obgleich seit Jahrtausenden bekannt – wissenschaftlich selten behandelt wurde, läßt sich aus der »interdisziplinären Stellung« dieser Symbolwelt erklären. Sie ist Gegenstand der Volkskunde und Urgeschichte, der Geschichte und Völkerkunde, der Medizin und Psychologie. In geringerem Maße befassen sich mit ihr auch die Jurisprudenz und sogar die Werbelehre.

»Leute vom Fach« bearbeiten gerne »ihr« Gebiet und weichen fremden Bereichen aus. Ich aber glaube, daß gerade die Grenzgebiete der Wissenschaft zu den fruchtbarsten zählen. Ich hoffe, daß Wissenschaftler und Laien die »Farbensymbolik der Jahrtausende« mit Nutzen und Vergnügen lesen werden.

Besonderen Dank sage ich Herrn Universitätsprofessor Dr. Richard Wolfram, der mir mit seinem umfassenden Wissen zur Seite stand.

Rudolf Gross

I.
DIE ROTE FARBE

wird seit vorgeschichtlicher Zeit mit Blut gleichgesetzt. Sie ist die Grundlage langlebiger und besonders wirksamer Farbensinnbilder, da sie das menschliche Nervensystem beeinflußt.

Die Beerdigung mit roter Farbe

Es ist dies wohl der älteste Brauch, der sich auf unserem Kontinent nachweisen läßt, zugleich aber auch der, der am längsten geübt wurde. Man nimmt an, daß Bestattungen mit roter Farbe 30 000 Jahre hindurch vorgenommen wurden. Sie wurden nicht in ununterbrochener Folge und nicht überall vollzogen. Aber der wahrlich »uralte Brauch« tritt nach zeitweiligem Verschwinden immer wieder von neuem auf. Wir finden ihn bis ins ausgehende Mittelalter, in letzten Spuren auch in der Gegenwart.

Zur Eiszeit lebten im mährischen Raum die Mammutjäger. Sie bestatteten ihre Toten in Schlafstellung, also in gestreckter Lage oder mit leicht angewinkelten Beinen. Zum Schutz gegen Tiere wurden die Körper der Toten mit schweren Mammutschulterblättern bedeckt. Ihre Leiber fand man mit rotem Okker überhäuft.[1]

Einer der ersten »Europäer«, der Cromagnon-Mensch, nach seinem Fundort in Frankreich benannt, gehörte zu einem grobknochigen Menschenschlag. Die Cromagnon-Menschen waren offensichtlich sehr gefühlvoll. Sie gaben ihren Toten Geräte, die sie im Leben verwendet hatten, zuweilen sogar reichen Schmuck, vor allem aber sehr viel roten Farbstoff mit ins Grab.

In Frankreich, in der Dordogne, beim Orte La Madelaine,

war ein 5 bis 7 Jahre altes Kind beigesetzt worden.[2] Als man nun, nach Zehntausenden von Jahren, das Grab öffnete, war man überrascht, mit welcher Pracht der zarte Leichnam ausgestattet worden war. Mit mehr als 400 Tierzähnen und Schnekkenhäusern hatten die trauernden Eltern das Kind geschmückt. Es sollte sich wohl noch im Jenseits an dem herrlichen Anblick erfreuen. Die vielen Schneckenhäuser hatte man sogar vom Meer herbeiholen lassen. Auch dieses Kind, das offensichtlich sehr geliebt wurde, war über und über mit rotem Ocker bedeckt worden. Es ist zu vermuten, daß die Eltern mit dieser Spende von Farbe dem Kinde in einem Jenseits – von dessen Vorstellungsbild wir nichts wissen – Gutes tun wollten.

Auch in anderen Gegenden Europas lebten diese »gutmütigen Riesen«. So kann man die Cromagnon-Menschen wohl bezeichnen, denn Skelette von 1,85 m Länge sind in ihren Gräbern keine Seltenheit. Überall finden wir Ockerpulver in den Grabstätten oder eine Bemalung der Gebeine mit roter Farbe. So ist es etwa im »Abri« von Eyzies, einem »geschützten Platz« unter überhängenden Felswänden, ebenso in den Höhlen von Grimaldi.[3]

Noch im Mesolithikum finden wir auf der Apenninenhalbinsel Gräber von cromagniden Menschen, die reichlich mit rotem Ocker und Schmuckgegenständen versehen waren. Hier wurden auch bemalte rote Kiesel, die an Eier erinnern, gefunden.[4]

Diese Sitte der Bestattung ist keineswegs auf Europa beschränkt geblieben. Auch andere Völker bestatteten ihre Toten auf die gleiche Art, etwa im Iran. Dieses Gebiet war nicht von robusten Jägern, sondern von Menschen mit zartem, »mediterranem« Körperbau bewohnt. In den Fundstellen mit der Bezeichnung Sialk I und Sialk II wurden die Toten auf dem Fußboden ihrer Hütte bestattet. In Sialk I wurden bienenkorbartige Hütten aus Schilf errichtet, in Sialk II Lehmhütten, deren Wände rotgetüncht waren.

Die Lebenden bewegten sich auf den Ruhestätten ihrer Vorfahren. Sie glaubten offensichtlich an die Hilfe der Abgeschiedenen, weil sie ihnen stets nahe sein wollten. Auch im Nahen Osten finden wir nicht selten die Gepflogenheit, die Toten »bei sich« zu behalten.

Die Urbewohner des Hethiterlandes bestatteten ihre Angehörigen ebenfalls »zu Hause«. Sie trafen dazu allerdings besondere Vorbereitungen, die weit in die Zukunft zu weisen schienen.

So fing es an . . .

Was dachten und fühlten Menschen der Urzeit – also etwa des Jungpaläolithikums –, wenn sie die rote Farbe verwendeten? Wir wissen es nicht. Aber wir können versuchen, es zu erkunden.

Nicht alle Farbgebungen sind interessant. Es gilt jene Anwendungen der Farbe zu analysieren, bei denen offensichtlich eine Wirkung besonderer Art erzielt werden sollte, die über eine rein ästhetische Absicht weit hinaus geht.

Welche Einstellung hatten die Menschen der Steinzeit zur Farbe Rot? Als Jäger war ihnen die Bedeutung des Blutes wohlbekannt. Wenn es aus einer Wunde strömte, wurde der verletzte Mensch oder das verwundete Tier in zunehmendem Maße schwächer. Konnte die Blutung nicht gestillt werden, so trat der Tod ein. Man beobachtete also, daß das frische, leuchtend rot gefärbte Blut in rätselhafter Weise »Leben« bedeutete.

Die Menschen jener Zeit scharten sich um die Feuerstelle. Die Glut spendete nicht nur wohlige Wärme, sie war auch zum Braten des Fleisches besser geeignet als das ungestüm brennende Feuer. Die Glut war leuchtend rot und schien zu »leben«; durch neue Nahrung – trockene Zweige – ließ sich der Brand neu entfachen. Auch hier konnte man Rot mit Leben verbinden.

Das besondere Interesse galt bei den Menschen jener Tage den großen roten Farbflächen, die mit bestimmten Erdarten hergestellt werden konnten. Rötel oder roter Ocker – im wesentlichen Eisenoxyd – wurde abgegraben und verwendet. Die Betrachtung roter Flächen bewirkt, wie wir aus Untersuchungen wissen, die kürzlich vorgenommen wurden, eine leichte Erregung des sympathischen Nervensystems. Diese Wirkung ist am stärksten, wenn die rote Farbe dem Beschauer besonders intensiv geboten wird: im verdunkelten Raum als rotbestrahlte Fläche. Unter diesen Bedingungen steigt bei den Versuchspersonen der Blutdruck, die Atemfrequenz und die Zahl der Pulsschläge erhöhen sich.

Jäger sind gute Beobachter. Wer eine rote Fläche betrachtete, sei es eine Blutlache, sei es ein Lager von rotem Ocker, merkte das »Belebende« und »Anregende«, das diese Farbe ausstrahlt. Empfindsame behaupten sogar, daß im Rot auch »Kampfesmut« enthalten sei, da man bei längerem Betrachten dieser Farbe »kriegerische Regungen« verspüre.

Bekanntlich bewirkt jede »Alarmsituation«, in die ein Mensch gerät, eine Reizung des sympathischen Nervensystems. Wer den Streß kennt, weiß, was dies bedeutet.

Jede geringfügige Erregung des Sympathikus – etwa durch die Betrachtung einer roten Fläche – löst Empfindungen aus, die an die *Spannung bei Gefahr* erinnern. Deshalb wundert es niemanden, daß streßgeplagte Zeitgenossen, wie die Manager, in keinem rot tapezierten Zimmer leben wollen, da sie in einem solchen »unruhig« würden.

Wahrscheinlich werden schon die Menschen des Jungpaläolithikums Zusammenhänge zwischen der Farbe Rot und den Begriffen *Leben, Kraft und Kampfesmut* erkannt haben. Solche Gedankenverbindungen waren der Grund, Jahrtausende hindurch die *»Magie der roten Farbe«* immer wieder zu erproben.

Da die Menschen von der Wirkung dieser Farbe überzeugt waren, verwendeten sie rote Substanzen überall dort, wo sie Lebenskraft, Mut und Steigerung der Leistungsfähigkeit für wünschenswert hielten. Wenn ein Angehöriger verstarb, gab man ihm für das Leben im Totenreich Lebenskraft (= Blut =

rote Farbe) mit ins Grab. Blut wurde als Totenopfer gewiß zuerst verwendet. Ob das Blut zunächst durch ein Tier- oder Menschenopfer dargebracht wurde, ist unbekannt.

Sicher ist auch, daß die magische Kraft des Blutes auf die verschiedensten Objekte übertragen werden sollte. Sogar den »Überirdischen« oder ihren Standbildern wurde Blut oder Rot gespendet, damit sie mit dem richtigen Maß von Kraft erfüllt würden, um die menschlichen Wünsche erfüllen zu können.

»Lebenskraft« fördert die Fruchtbarkeit

Vor mehr als 25 000 Jahren lebte im Donautal, in der Gegend, wo sich heute Willendorf in der Wachau befindet, ein Stamm von Jägern, dessen Kultur über ganz Westeuropa verbreitet war. Beim Ausgraben von Lagerplätzen der Eiszeitjäger – den sogenannten »Stationen« – fand man an vielen Orten weibliche Steinfiguren, denen häufig die Füße fehlten. Der Grund für dieses Manko wurde bald erkannt: Die Gestalten, von denen man annahm, daß sie Göttinnen darstellten, wurden offensichtlich von ihren Verehrern in den Boden gesteckt, vielleicht in der Art eines Hausaltares auf bevorzugten Platz gestellt. In Willendorf wurde ein besonders einprägsames Exemplar dieser Steinfiguren gefunden: Es wies betont üppige, weibliche Formen auf und wurde mit »wissenschaftlichem Humor« die »Venus von Willendorf« genannt. Handelte es sich um das Idealbild einer Eiszeitfrau, die eine Fettschicht benötigte, um überleben zu können? Die meisten Forscher sind sich einig, daß die Betonung der weiblichen Rundungen und Geschlechtsmerkmale Fruchtbarkeit symbolisiert.

Was aber manchen Museumsbesucher, der diese »Venus« im Wiener Naturhistorischen Museum betrachtete, überraschen mag: Das Original aus Willendorf war rot gefärbt! Die derzeit gezeigte Figur präsentiert sich in grauem Stein, sie ist eine Nachbildung. Das Original wird im Tresor verwahrt und trägt, deutlich erkennbar, die Reste der einstigen roten Bemalung.[5]

Die »Venus« gab der Wissenschaft vor allem drei Rätsel auf:

1. Wurde hier ein Schönheitsideal oder eine schwangere Frau dargestellt?
2. Was bedeutete »die Geste« von Armen und Händen? War die Handhaltung – die Hände liegen auf den Brüsten – eine eiszeitliche Gebetshaltung?
3. Weshalb hatte die Gestalt kein Antlitz? Die Region des Gesichts ist von einem kunstvoll ausgeführten Haargeflecht bedeckt.

Von der Ansicht, daß es sich um ein Schönheitsideal handelte, kam man alsbald ab: Die Darstellung ohne Gesicht sprach dagegen. Obgleich die Figur gewaltige Formen zeigt, kann man doch kaum von dem Bild einer Schwangeren sprechen.

Es ist sonderbar, daß bisher noch niemand auf den Gedanken kam, das »leichte Drücken auf die Brüste« als eine Geste zu betrachten, die bei stillenden Müttern zu beobachten ist. Auf diese Weise kann der »Milchstrom« verstärkt werden.

Die »Venus von Willendorf« und alle weiblichen Figuren aus jener Zeit, die die gleiche Handhaltung zeigen, können als Spenderinnen von Milch betrachtet werden. Dies ist ein Hinweis mehr, daß Forscher recht haben, die von Fruchtbarkeitsstandbildern sprechen, die Nahrung, Leben und Vermehrung verleihen sollten.

Was die »Gesichtslosigkeit« bedeutet haben mag, wissen wir noch nicht. Wir wissen aber, daß im volksreligiösen Brauchtum der Bauern auch heute »gesichtslose Köpfe« vorkommen. Bei den Luzia-Umzügen in Niederösterreich und im Burgenland finden wir Gestalten mit verhüllten Gesichtern; weil göttliche Erscheinungen kein menschliches Antlitz tragen dürfen.

Gab es eine rote Mondgöttin?

Vieles spricht dafür, daß eine »Verwandte« der »Venus von Willendorf«, der gleichen Epoche entstammend, eine Mondgöttin war: Die *»Venus von Laussel«*. Sie wurde in Frankreich gefunden und wird im Museum von Bordeaux verwahrt. In der großen Reihe eiszeitlicher weiblicher Figuren besitzt sie eine Besonderheit: Sie trägt in der rechten Hand das Zeichen des Mondes: ein Horn.

Wir überlegen zuweilen, welche Zeichen wir mit Raumschiffen ins Weltall senden könnten, um außerirdischen Wesen den Begriff des »Weibes« verständlich zu machen. Wir könnten es nicht wesentlich anders tun, als es die Menschen des Jungpaläolithikums vermochten.

Sie stellten eine nackte Gestalt, als Halbrelief ins Felsgestein gehauen, dar. Wie wir annehmen, sollte sie Fruchtbarkeit verkörpern. Sie zeigt daher üppigste Formen. Die Geschlechtsmerkmale sind stark betont. Das Verblüffende aber ist die Darstellung der biologischen Erkenntnisse über den Zusammenhang zwischen Weib und Mond. In die Mondsichel, das Horn, sind deutlich sichtbar 13 Kerben geschlagen, das ergibt 14 Wülste. Wir müssen nichts »Geheimnisvolles« hineindeuten: Es handelt sich um eine prähistorische Darstellung der Menstruation. Zwei solcher »Halbmonde« ergeben die bekannten 28 Tage. Um dies zu unterstreichen, zeigt die Figur mit der linken Hand auf ihren Unterleib. Hierzu kam, daß die »Mondgöttin« von der Decke einer Höhle herabblickte. Sie »leuchtete« also von oben herab wie der Mond und war – wir ahnen es schon – durch Ocker rot gefärbt.[6]

Die »biologische Uhr« der 14 Tage wurde damals sehr geschätzt: Man trug sie auch auf Anhängern. Zähne von Wildtieren – auch sie hatten die Form des Halbmondes – wurden durchlöchert, mit 14 Kerben versehen und an einer Schnur um den Hals getragen.

Was uns an einer rotfarbigen Mondgöttin stört: Der Mond erscheint nur beim Aufgang in dieser Farbe. Unser »indoeuropäisches Empfinden« sagt uns: Der Mond ist eine »bleiche Gestalt«. So wurde er nämlich von den indogermanischen Völkern beurteilt. Fast immer wurde der »blasse Himmelswanderer« als Frau gesehen, was durch den biologischen, kalendermäßigen Zusammenhang zwischen Mondphasen und weiblicher Natur begreiflich ist. Seine »Hausfarben« waren bei indoeuropäischen Völkern in der Regel Schwarz und Weiß. Darüber hinaus wurde die »Möndin« – ein solches Wort gab es auch in der deutschen Sprache – in frühester Zeit allgemein als »Dreiheit« aufgefaßt.

Niemand muß übrigens die »Venus von Laussel« zwingend als Mondgestalt sehen: Nach Aussehen und Farbgebung darf man sie zur Gruppe der Fruchtbarkeitsgöttinnen zählen. Vielleicht dachte man sich das Mondhorn in ihrer Hand sogar mit Milch gefüllt. Damit würde sie der »österreichischen« Venus, die ihre Milchspende auf andere Weise vollzieht, entsprechen.

Ein weibliches Schönheitsideal stellt auch diese Figur nicht dar, denn dann wäre sie mit einem attraktiven Antlitz dargestellt worden. Auch die »Venus von Laussel« ist in der bekannten Gesichtslosigkeit geformt worden. Manche Völker wollten und durften den Namen heiliger Personen nicht nennen, andere sahen es als Vergehen an, das Gesicht einer Göttin abzubilden.

Frankreich besitzt noch weitere Figuren ähnlich der »Venus von Willendorf«. Darunter die im französisch-italienischen Grenzgebiet gefundene »Venus von Baoussé-Rousé«. Sie zeigt die üblichen Charakteristika: Gesichtslosigkeit, üppige Brüste; Arme und Hände sind nur angedeutet; sie drücken in der geschilderten Weise auf die Brüste. Auch diese Gestalt ist von leuchtend roter Farbe. Sie wurde allerdings nicht gefärbt, sondern besteht aus rotfarbigem Gestein.[7]

»Rote Kraft« auch für Götter

Damit nicht der Eindruck entsteht, es handle sich bei den Symbolen nur um vereinzelte Spitzenprodukte, sei auf die Unzahl von Fruchtbarkeitssinnbildern verwiesen, die den »kleinen Leuten« gehört haben dürften.

So gab es Schmuckanhänger in Form der weiblichen Geschlechtsmerkmale (Brüste und Vulva), die aus weicherem Material, dem Elfenbein, geschnitzt wurden. Unter vielen weiblichen Merkmalen finden wir zuweilen auch männliche (z. B. einen Doppelphallus aus Elfenbein). Es stimmt also nicht, was manche Forscher vermuteten: daß diese Menschen nur die Frau als Trägerin der Fortpflanzung anerkannten. Man fand aus jener Epoche sogar eine männliche Gestalt in Form einer Gliederpuppe, die gleichfalls mit *Ocker gefärbt* war. Sie stammt aus einem Grab bei Brünn und ist etwa so alt wie die »Venus von Willendorf«.

Die für die damalige Zeit unerhörte »Erfindung« eines beweglichen Mannes setzte technische Raffinesse voraus, wie wir sie erst nach Jahrtausenden wiederfinden. Was sollte also eine bewegliche Heroen- oder Götterfigur? Was konnte man mit ihr bewirken? Vielleicht magische Handlungen in »Analogie« zu Jagd- oder Kriegsaktionen? Wir wissen es nicht.

Gewiß aber ist: Man wollte dieser Figur Lebenskraft oder Wirkungskraft verleihen, indem man sie mit Ocker bestrich. Sie zeigt heute noch deutliche Spuren der einstigen Bemalung.

Im Unterschied zu den meisten Venusstatuetten trägt sie jedoch ein Antlitz. Ob sich daraus ergibt, daß diese »Gliederpuppe des Jungpaläolithikums« ein Held, Jäger oder Priester war, aber kein Gott, ist fraglich. Sehr wahrscheinlich ist, daß hier die rote Farbe die Kraft der Fortpflanzung bewirken sollte; denn auch bei dieser Figur wurde das Geschlechtsmerkmal besonders hervorgehoben.[8]

Rot als Sexualsymbol

Der Mensch der Gegenwart kennt dieses Sinnbild: Es gibt »zweifelhafte« Häuser, die durch ihre »rote Laterne« wissen lassen, welches »Gewerbe« hier betrieben wird. Auch in vornehmeren Lokalen werden, wenn die Stimmung besonders »animiert« sein soll, die roten Scheinwerfer eingeschaltet. Schon im Mittelalter ließen sich Verbindungen zwischen Rot und Sexualität (siehe »Von der hohen zur niederen Minne«) feststellen: Es gab Gegenden, wo Rot das Abzeichen der Dirnen und ihrer »Gastwirte« war.

Wir dürfen jedoch die Tricks des 20. Jahrhunderts und die Ordnung des Mittelalters nicht mit den magischen Vorstellungen der prähistorischen Zeit gleichsetzen, wenn auch die physiologischen Grundlagen dieselben waren. Die »Spezialisierung« ist ein Charakteristikum unseres Jahrhunderts: Komplexe Vorstellungen wie Fruchtbarkeit und Fortpflanzung werden in der Gegenwart in Teilgebiete aufgelöst. So werden etwa Sexualität, Schwangerschaft, Geburt usw. unterschieden. Die Menschen der Vorzeit wollten die magische Wirkung der Fruchtbarkeitssinnbilder erhöhen, indem sie mehrere »erprobte« Kräfte auf einen Gegenstand vereinigten. Die »Venus von Willendorf« weist zum Beispiel drei Faktoren von Fruchtbarkeit auf:

1. das üppige, sexualbetonte Aussehen = menschliche Fruchtbarkeit;
2. die rote Farbe als »Lebenskraft«, »Geschlechtstrieb«, vielleicht nur als »Kraft der Fortpflanzung« gedeutet;
3. das Spenden der Nahrung durch »Vergießen göttlicher Milch«.

Im magischen Denken sehen wir bis in die Gegenwart, daß man sich bei einer Anhäufung solcher Faktoren nicht eine Addition der Wirkung versprach, sondern eine Vervielfältigung.

Wir sollen uns aber die Zusammenhänge der stimulierenden Farbe und der geschlechtlichen Wirksamkeit nicht zu primitiv vorstellen. Die biologischen Vorgänge des Geschlechtslebens beruhen nicht allein auf der Tätigkeit des Nervus Sympathikus. Das vegetative Nervensystem des Menschen besteht aus zwei »Gegenspielern«: Dem Nervus Sympathikus, der den Körper zur Höchstleistung veranlaßt, steht der Nervus Parasympathikus gegenüber, der es dem Körper ermöglicht, in Ruhe Kräfte zu sammeln. Wir hörten ja schon, daß jener Teil des vegetativen Nervensystems, den wir den »sympathischen«

nennen, auf Reize wie rote Farbe anspricht. Der parasympathische Teil des vegetativen Nervensystems reagiert auf eine andere Farbe: Er spricht besonders auf Blau an.

Die menschlichen Geschlechtsvorgänge werden nicht nur von einem der beiden Teile des vegetativen Nervensystems gesteuert, sondern durch ein *Zusammenspiel.* Es bewirkt z. B. beim Geschlechtsakt des Mannes der Parasympathikus die Erektion, der Sympathikus die Ejakulation. Die Nerventätigkeit läßt sich als ein »Aufschaukelungsprozeß« vorstellen.

Die intensive Bestrahlung von Rotlicht zeigt bei Versuchspersonen ein Ergebnis, das mit »Streß« vergleichbar wäre: Eine langdauernde Reizung des Sympathikus bewirkt Unruhe, Zorn, »Kampfesmut« oder Aggressivität, bei manchen Personen sogar Fluchtreaktion. Eine anhaltende Steigerung der sexuellen Aktivität ist gewiß nicht zu verzeichnen. Es scheint also die rote Farbe durch das »Kraftgefühl«, das sie hervorbringt, eine sexuelle »Initialwirkung« hervorzurufen, die allerdings nicht von großer Dauer ist. Eine ähnliche Wirkung sehen wir beim Alkoholgenuß: Erst stimulieren die Getränke, nachher wirken sie sexuell verzögernd oder abstumpfend.

An Götterfiguren oder anderen magischen Objekten sollte durch das Rotfärben eine Multiplikationswirkung erzielt werden; Fruchtbarkeit und Sexualität wurden noch nicht differenziert betrachtet. Es ist auch wahrscheinlich, daß in jenen Zeiten schon andere Fruchtbarkeitssinnbilder bekannt waren und durch rote Farbe zu erhöhter Wirksamkeit gebracht werden sollten: etwa das Ei. Der Mensch mancher vorgeschichtlicher Perioden sammelte rote Kiesel, die eiförmig waren. Vielleicht sah er in ihnen gleichfalls Symbole der Fruchtbarkeit, Geschenke der unbelebten Natur. Gefärbte Hühnereier kann man höchstens nach 2000 Jahren noch erkennen: Laut Fehrle wurde ein solches in einem Kindergrab des 4. Jahrhunderts n. Chr. bei Worms aufgefunden.[9] In Serien hergestellte, gefärbte Toneier gab es allerdings später (1000 n. Chr.) in Kiew. Sie wurden nach Schweden, Dänemark und Polen exportiert.

Die Bedeutung, die der rote Farbstoff besaß, ist daran zu erkennen, daß er an sehr vielen Stellen der Erde als begehrtes Material abgebaut wurde. Überraschend aber ist: In der »grauen Vorzeit« des Jungpaläolithikums gab es bereits im mitteleuropäischen Raum ein *Ockerbergwerk*, und zwar beim heutigen Ort Lovas am Plattensee. Alle Forscher sind sich einig, daß damals die große Zeit der Bestattung mit roter Farbe einsetzte, die Jahrtausende ausgeübt werden sollte. In manchen Gräbern wurden bis zu 10 kg Ocker gefunden.[10]

Die ungarischen Forscher der Urgeschichte sind der Ansicht, daß die »Farb-Bergleute« vom Plattensee bereits Spezialisten waren. Die gewaltigen Mengen von Farbstoff, die hier gewonnen wurden, können auf keinen Fall dem Eigenbedarf der Bergleute gedient haben. Sie wurden offensichtlich im Tauschhandel über weite Gebiete verteilt.

Vielleicht haben jene Mengen von Farbstoff auch zur Belieferung der »Stationen« von Aggsbach in Niederösterreich gedient. Dort sind Unterlagsplatten mit rötelgefärbten Reibsteinen gefunden worden. Es gab Steine, die zum Vermengen von Fett und roter Farbe gedient haben.[11]

Bemerkenswert ist auch die Vorliebe der Bewohner der Wachau im Jungpaläolithikum für Kieselsteine, die eine rote Bänderung aufwiesen. Das Donaubett ist nicht arm an schönen, rotgefärbten, ovalrunden Steinen: Man muß sich nur die Mühe machen, sie zu suchen! Vielleicht waren Eier das Vorbild der in der Urgeschichte oft genannten »Azil-Kiesel«.

Die ungarischen Forscher betonen, daß die erste Verwendung des roten Ockers noch weiter in die Vergangenheit des Menschen zurückreicht. Denn schon die Neandertaler gebrauchten die rote Farbe. Ob sie die Beerdigungen mit Blutspenden verbanden, ist ungewiß. Dagegen ist sicher, daß schon in dieser »grauen Vorzeit« (75 000 v. Chr.) Ockerstifte benützt wurden. Allerdings ist die Art ihrer Verwendung durch die Neandertaler bis jetzt unbekannt geblieben. Es handelte sich um Blöcke von rotem Ocker oder Manganoxyd.[12] Vielleicht färbten die Neandertaler ihre Körper mit diesen Stiften, um ihre »Lebenskraft« zu stärken.

Die Entdeckung der roten Farbe als »Kraftquelle« ließ nun die Menschen nicht mehr los. Sie versuchten, diese Kraft den Toten zuzuwenden, aber auch wichtigen Gegenständen des Lebens: Zu diesen zählten bei Jägern auch die Jagdwaffen. So finden wir im Magdalénien eine »neue Wunderwaffe« jener Zeit: die Speerschleuder, mit Ocker versehen.[13] Die Speere konnten ohne diese neue Vorrichtung nur mit bescheidener Geschwindigkeit auf das Beutetier geworfen werden. Vor allem war es mit einem gewöhnlichen Wurfgeschoß nicht möglich, große und gefährliche Tiere aus weiter Entfernung anzugreifen. Die Schleuder aber gestattete durch ihre Hebelwirkung, die menschliche Kraft so zu nutzen, daß eine hohe Schußgeschwindigkeit erreicht wurde. Das bedeutete für den Jäger: mehr Jagdbeute, größere Sicherheit und »Einmann-Jagd«. Daß dieser neuen Errungenschaft besondere Kraft verliehen werden sollte, ist verständlich!

Hethiter färbten die Gebeine

Heute wissen wir, daß es bei den Hethitern eine kulturell hochstehende Grundschicht vorindoeuropäischer Art gab. Diese Bewohner von Zentralanatolien werden zuweilen auch Proto-Hatti genannt. Um 1750 v. Chr. wurde diese Urbevölkerung von eindringenden Indogermanen überschichtet. Es dürfte aber keine bedingungslose Unterwerfung der Proto-Hatti gegeben haben. Die vorindoeuropäischen Bräuche, die alten Namen der Götter wie auch die Königsnamen standen bei den Eroberern weiterhin in hohem Ansehen. Die Sprache der Ureinwohner klingt für uns fremd und sehr vokalreich, die der indogermanischen Eroberer so vertraut, daß wir sie fast für »altdeutsch« halten könnten![14]

Die Proto-Hatti sollen die Toten nach einer Weisung bestattet haben, wie wir sie heute von den Parsen kennen: Es seien die Körper der Verstorbenen durch Geier skelettiert worden. Die Gebeine sollen, wenn sie frei vom Fleische waren, rot gefärbt und unter den Schlafstellen der Lebenden beigesetzt worden sein. Die Schädel aber wurden an bestimmten Kultstätten aufgestellt. Die Proto-Hatti waren – soviel wir wissen – die ersten Menschen, die diese Bräuche in Bildern darstellten.[15] Auf diesen Bildern wurden – nach der Formel »Leben = Rot« – die Lebenden rot gezeichnet. Gestalten ohne Kopf sind auf diesen Abbildungen »die Toten«. Um diese Verstorbenen sind die Geier versammelt. Zweifarbig gezeichnete Skelette scheinen den Vorgang der »Exkarnation« zu symbolisieren. Weitere Gestalten werden nur als Konturen wiedergegeben: Dies sollen wohl jene rotgefärbten Knochen sein, die ihre Ruhestätte unter den Bettbänken der Familie finden werden.

Es gibt Forscher, welche die Zeichen anders interpretieren. H. G. Wunderlich meint, daß die sonderbare Stadt, nach einem Berg mit dem Namen Çatal Hüyük benannt, überhaupt niemals eine lebende Metropole, sondern eine riesige Nekropole, eine Totenstadt, war. Dies würde das anscheinend »sinnlose« Aneinanderbauen von Häusern, die nur über Dachluken zugänglich waren, erklären. Die mit menschlichen Füßen dargestellten »Geier« aber wären nach Ansicht dieses Forschers die Priester, die den Totenkult vollzögen.[16]

Ob nun die Herde in dieser Geisterstadt nur zum Verbrennen der Opfergaben, vielleicht auch als Stätte »ewigen Feuers«, gedient haben oder für Lebende zum Kochen bestimmt waren, wissen wir nicht. Wir wissen auch nicht, ob der Hinweis auf die fehlende Zahl von Brunnen für die Theorie der Nekropole spricht.

Es ist aber anzunehmen, daß die eindringenden Indogermanen sich von den Bräuchen des »Rotfärbens der Gebeine« angesprochen fühlten, denn dies war ja auch bei ihnen eine altvertraute kultische Handlung.

Daß gerade das Skelett der Toten einen besonderen Stellenwert hatte, darf uns nicht wundern. Bei vielen Völkern und zu den verschiedensten Zeiten finden wir den gleichen Gedanken: Das Fleisch ist sterblich, wie ja durch seine Verwesung klar ersichtlich ist. Knochen aber sind fast unzerstörbar. Bei Völkern, die einer schamanistischen Religion angehören, finden wir diese Bedeutung der Gebeine in verschiedensten Zusammenhängen. Aber auch im europäischen Mittelalter wurden noch ähnliche Gedanken gehegt: Man glaubte, daß das Skelett der Toten für die Auferstehung vom Tode – also am Jüngsten Tage – wertvoll sei. Deshalb war man bestrebt, hochgestellte Persönlichkeiten, also Könige, Herzöge, Heerführer etwa, ohne das »sterbliche Fleisch« in ihre Heimat zurückzubringen. Um die Knochen vom Fleisch zu lösen, wurde eine Methode angewendet, die uns heute schaurig anmutet: Man kochte die Leichen sofort. Die nachher leicht »entnehmbaren« Gebeine wurden in Tierhäute eingenäht und nach Hause gebracht.

Die »kommenden Europäer« waren großzügig

Die »Kommenden«, das waren die Indoeuropäer, früher sagte man Indogermanen: Sie stellten das Gros und zugleich das Verbindende unter den neuen Völkern Europas dar. Diese Menschen des 3. Jahrtausends v. Chr. veränderten das Weltbild. Ihnen entstammten künftige Herren unseres Kontinents, die in historischer Zeit wiederholt weltumspannende Reiche schufen. Heute ist noch ungeklärt, wo die Urheimat der Indoeuropäer lag. Manche Forscher glauben, in Nordeuropa. Die meisten nehmen aber heute an, daß die Steppengebiete nördlich des Kaukasus das Ausgangsgebiet für die indoeuropäischen Wanderungen war.

Uns interessiert vor allem: Alle jene Gebiete, in denen die Wissenschaft die Heimat der Indoeuropäer vermutet, sind zugleich Landstriche, in denen bei Beerdigungen mit Ocker geradezu verschwenderisch umgegangen wurde.

Nachdem zahlreiche Grabstätten jener Menschen geöffnet worden waren, wurden sie und ihre Kultur nach den aufgefundenen, charakteristischen Merkmalen benannt: Nach den Keramikfundstücken sagte man »Kultur der Schnurkeramik«, nach ihrer Hauptwaffe »Streitaxtleute«, nach Art der Bestattung »Hügelgräberkultur« oder »Kultur der *Ockergräber*«.

Die indoeuropäische Kultur trat plötzlich auf. Niemand weiß bis heute, aus welchem Grunde. Ihre Träger waren expansiv und aggressiv; kulturelle Bestände, die sich über lange Zeiträume entwickelt hatten, wurden von ihnen mit einem Schlag vernichtet. Die Indoeuropäer werden deshalb von vielen Forschern als brutale Eroberer eingestuft.

Die Hügelgräberkultur heißt in slawischer Bezeichnung »Kurgankultur«. Ihre Träger finden wir auf dem Balkan, in Transsylvanien, in der moldauischen SSR, in der Dobrudscha, in Mittel- und Nordeuropa. In den indoeuropäischen Grabstätten liegen die Toten »wie im Schlafe« auf dem Rücken oder mit leicht angezogenen Beinen. Sie sind weder »gefesselt« noch »tief vergraben«. Sie lagen zur Ruhe gebettet in leicht zugänglichen oberirdischen Erdanhäufungen. Nördlich des Kaukasusgebietes wurden den Toten sogar erdbedeckte Häuser errichtet. Nach der Radio-Karbon-Methode errechneten Wissenschaftler für ihre Gräber ein Alter von 2300 bis 2200 v. Chr.

Die Kuban-Kaukasus-Kultur, die Zusammenhänge mit Kleinasien erkennen läßt, bot den Forschern manche Überraschung. In reichen Fürstengräbern fanden sie prachtvollen Schmuck und kostspielige Waffen. Die Streitaxt war auch hier kennzeichnend. Damit sich die hohen Herrn besonders »wohlfühlen konnten«, wurden ihnen nicht nur unterirdische Häuser gebaut, sondern auch ihre Frauen ins Jenseits mitgegeben. Für die nötige Lebenskraft in einer anderen Welt sorgten überreiche Gaben von rotem Ocker.[17]

Weiter nördlich, im heutigen Rußland, am Asowschen Meer und an der Wolga, fand man ebenfalls Ockergräber wie im Manytsch- und Donezgebiet. Auch in diesen Grabstätten finden wir neben den charakteristischen Stücken der Schnurkeramik Witwen als Totenbegleiter. Allerdings nahm nicht jeder Abgeschiedene seine Frau mit ins Jenseits. Entweder war diese Sitte ein Privileg oberer Schichten oder eine »Nachfolge« aus Freiwilligkeit. Interessant ist auch, daß jene Kulturen der frühen Indoeuropäer in enger Verbindung gestanden haben. Manche Merkmale lassen ein Zurückströmen kultureller Eigenheiten von West nach Ost, also von Mitteldeutschland her, wahrscheinlich erscheinen.

Bekanntlich drangen um 2000 v. Chr. Indoeuropäer in den griechischen Raum ein. Die Charakteristika ihrer Gräber sind wieder: Schnurkeramik, Streitäxte, Grabhügel, in denen die Toten, reich mit Ocker bestreut, ruhten. Von der Ukraine her über die Donaumündung, Bulgarien und Makedonien bis nach Griechenland lassen sich die *rotfarbigen Beisetzungen der Eroberer* verfolgen. Die Indoeuropäer riefen eine totale Umschichtung der Bevölkerung hervor: Mit den siegreichen Ioniern und Achäern beginnt die mittelhelladische Periode der griechischen Geschichte (1900–1600 v. Chr.). Aus der Vereinigung der Eroberer mit den vorindoeuropäischen Pelasgern entstand das Volk der Griechen.

Hünen gegen rote Gräber

Mit Hilfe der Farben läßt sich auch ein religionsgeschichtlicher Vorgang bewußt machen: das Zusammentreffen indoeuropäischen Jenseitsglaubens mit der ersten »Weltreligion«, nämlich dem Kult der Megalithleute.

Außer den gewaltigen Steindenkmälern, die jene Menschen aus religiösen Gründen errichtet haben – wer kennt nicht Bilder von Stonehenge in England, den Dolmen und Menhiren in der Bretagne, den »Hünenbetten« oder Hünengräbern in Deutschland? – haben wir nur recht dürftige Quellen von der Kultur der Megalithzeit. Vom Mittelmeer über Spanien und Frankreich, England, die Bretagne bis nach Norddeutschland und Skandinavien reichten die Siedlungen jener Leute, die der »Megalithreligion« anhingen.

Da diese Weltreligion nicht bestimmten Völkern zugeschrieben werden kann, müssen wir annehmen, daß fanatische Anhänger dieses Glaubens die Länder durchzogen und sie in ihrem Sinne »bekehrten«. Wahrscheinlich waren die Verkünder der Megalithreligion auch zu Schiff unterwegs.

Im norddeutsch-skandinavischen Raum traf die indoeuropäische Welle des Jenseitsglaubens der »Bestattung mit roter Farbe« auf die Vorstellung der Megalithleute von der dauernden Betreuung der Abgeschiedenen. Es ist erstaunlich und zugleich erhebend, daß die religiösen Gegner einander weder auszurotten versuchten, noch sonst – soweit wir wissen – Gewalt anwendeten, um einander zu bekehren. Es scheint vielmehr ein Austausch von Erkenntnissen stattgefunden zu haben, der vermutlich beiden »Parteien« zum Vorteil gereichte.

Die Megalithleute glaubten offensichtlich, daß sie mit den toten Angehörigen weiter »leben« müßten. So wurden riesige Gräber erbaut, die mit beweglichen Steintüren versehen waren. Dadurch war es möglich, die Toten laufend zu besuchen. Es wird vermutet, daß ihnen auch Speisen vor ihre Bänke gestellt wurden, auf denen die Abgeschiedenen »in Ruhestellung« saßen oder lagen. Wurde ihre Zahl zu groß, dann wurden die schon vor langer Zeit Verstorbenen auf den Boden der Grabgänge gelegt und mit Sand zugedeckt. Auf die Bänke setzte man aber wieder neue Tote, denen man weiterhin hohe Ehren erwies.[18]

Manche Forscher meinen, daß sich diese Bräuche erst änderten, als die Menschen begannen, an die Seele zu glauben: Sie bauten »Schlupflöcher«, damit die als Hauch, vielleicht auch als Vogel gedachte Seele das Grab verlassen oder in dieses wiedereinkehren konnte.

Die ankommenden Indoeuropäer brachten den Megalithmenschen – zu ihrer extremen Form der Ahnenverehrung – wieder die ältere Art der Sorge um die Abgeschiedenheit bei: die Bestattung mit roter Farbe. Aus der Megalithreligion übernahmen sie die Liebe und Anhänglichkeit zu den Vorfahren.

Aus der Vereinigung dieser Menschen, Kulturen und Religionen entstanden im Norden Europas die Proto-Germanen und ihre Weltanschauung. Sie wurden zu den Stammeltern der späteren germanischen Stämme.

Das »indogermanische Erbe« der Bestattung mit roter Farbe, die Vorstellung von den schwarz-weißen Schicksalsfrauen – von denen wir noch hören werden –, die kriegerische und bäuerliche Art der Lebensführung und viele andere Lebensäußerungen der ehemaligen Streitaxtleute wurden germanische Eigenart.

Graf Dracula und andere Vampire

Es gibt kaum einen Sagenstoff, der sich bis in unsere Zeit so gut behaupten konnte wie die Vampirgeschichten. Zahlreiche Filme beziehen seit Jahrzehnten ihren Stoff von einem Roman über »Graf Dracula«, der in Transsylvanien gelebt haben soll. Was bewegt noch heute »sonst recht vernünftige Leute«, diese Gruselfilme anzusehen?

Es ist die Verbindung dieser schaurigen Gestalt mit dem »Komplex des Blutes«. Es ist bekannt, daß manche Neurotiker schon beim unerwarteten Anblick von roter Farbe »Blut« ausrufen und leichte Schockwirkungen zeigen. Allein durch die Vorstellung des Blutes werden bei vielen Menschen emotionale Schichten des Bewußtseins angesprochen.

Nach der Sage werden Tote zu »Wiedergängern«, wenn sie nicht ordnungsgemäß bestattet wurden. So erging es oft Mördern und ihren Opfern, deren Seelen keine Ruhe finden konnten, bevor sie nicht in »geweihter« Erde beigesetzt worden waren. In den Erzählungen wird die »mangelnde Ordnung« meist auf die kirchliche Ebene verschoben. Der Farbenforscher kann hinzufügen: Wenn man es in »alter Zeit« versäumt hatte, den Toten Blut oder rote Farbe ins Grab mitzugeben, wurde eine Pflicht vernachlässigt, und die Zeugen bekamen Angst! Sie meinten, daß der Mangel an »Lebenskraft« die Toten veranlassen könnte, in der Nacht aus ihren Gräbern zu steigen und sich die fehlenden Stoffe zu holen!

Da solche »Wiedergängergeschichten« durch Jahrhunderte verfolgt werden können, erhebt sich die Frage, wie eine über lange Zeiträume reichende *Kontinuität* des Vampirgedankens überhaupt möglich war. Es könnte sich der Eindruck bilden, weil seit Jahrtausenden – während Völker kamen und gingen – der Gedanke lebendig blieb, daß es Vampire gegeben haben müsse. Vielleicht könnten wir noch annehmen, daß Transsylvanien, abseits beliebter Völkerstraßen, eine Chance hatte, »altes Gedankengut« zu wahren.

Der Glaube an eine 4000jährige Tradition ist zu absurd, um ernsthaft diskutiert zu werden. Der Farbenforscher untersucht nicht das Problem, wie lange ein Brauch in ununterbrochener Folge geübt wurde. Er weiß vielmehr, daß es eine *Kontinuität des Gefühlslebens* gibt, die sich in wesentlichen Zügen durch Jahrtausende erhalten hat. Bestimmte Emotionen rufen immer wieder die gleichen Gedankenverbindungen hervor und führen zu analogen Handlungen.

Wir wissen nicht, wie oft der Brauch, Tote mit roter Farbe, später auch mit roten Tüchern zu beerdigen, verschwunden und wieder aufgetaucht ist. Bis ins späte Mittelalter hat sich, dieser Brauch in vielen Gegenden Europas erhalten. In dieser Zeit kann die Vorstellung, daß bei mangelhafter Versorgung mit Blut oder Farbe, »lebende Leichname« auferstehen könnten, immer wieder neu entstanden sein.

Es wäre für »Kontinuitätsgläubige« verlockend, festzustellen, daß in vielen Gebieten, in denen in vorgeschichtlicher Zeit eine überreiche Ockerbestäubung nachgewiesen wurde, Vampirsagen existieren: in der Türkei, in Serbien, in Rußland und anderen slawischen Ländern und auch in Ostdeutschland.

Aus Böhmen wurde zuerst im Jahre 1336 berichtet, daß ein Vampir zur Strecke gebracht wurde. Auch in Deutschland reißt von da an die Verfolgung der »Wiedergänger« nicht mehr ab. Sie werden Gier, Gierach, Gierhals oder Blutsauger genannt. Das Wort »Vampir« stammt vom Balkan.

Was uns heute unerhört grausam erscheint, ist die immer wieder berichtete »Hinrichtung von Vampiren«. Wir dürfen annehmen, daß es sich bei diesen bedauernswerten Opfern einer althergebrachten Anschauung um Scheintote gehandelt hat.

Ein in Böhmen getöteter Vampir soll gebrüllt und geblutet haben, als man ihn »unschädlich machte«. Wie wir es heute noch in Vampirfilmen sehen, gab es ein probates Mittel, die »Blutsauger« zu beseitigen: Man mußte durch ihren Körper einen Pfahl treiben. So wurde im Jahre 1345 einem weiblichen Vampir ein Holzpfahl zwischen die Brüste gerammt.

Bischof Burchard von Worms, dessen Verbote und Rügen (gegen den heidnischen Aberglauben) zu den wertvollsten Quellen der Forschung über den germanischen bzw. deutschen Volksglauben zählen, hat sich auch gegen den Brauch des »Pfählens« ausgesprochen.

Im Jahre 1725, also zu einem Zeitpunkt, in dem Immanuel Kant schon geboren und Christian Wolffs »Aufklärungsphilosophie« bereits ein Jahr erschienen war, soll noch ein Gierhals gepfählt worden sein. Er blutete und wies sogar eine Erektion auf, wie man sie bekanntlich auch bei Gehängten während ihres Todeskrampfes feststellen kann. Im gleichen Jahrhundert wurden in Westpreußen noch Tote exhumiert, geköpft und bei diesem Vorgang Blut aufgefangen.[19]

Die guten und die bösen Nachkommen

Bisher haben wir nur von »guten Nachkommen« gehört, also von solchen, die ihren verstorbenen Angehörigen noch nach deren Tod etwas Gutes tun wollten. Die guten erkennt der Urgeschichtsforscher daran, daß er in den Gräbern vielerlei

Dinge des täglichen Lebens findet, die von Abgeschiedenen im Jenseits verwendet werden sollten. Zuweilen findet man solche Gegenstände auch gebrochen vor: Das sollte offensichtlich bedeuten, daß auch die nützlichen Objekte »sterben« müßten, um in eine andere Welt zu gelangen. Darüber hinaus spendeten die »guten Kinder« oft kostbarsten Schmuck; vor allem aber gaben sie ihren Abgeschiedenen jene Stoffe mit, die ihnen im Jenseits Kraft und Leben versprachen: Blut oder roten Farbstoff.

Die »bösen Nachkommen« müssen sich schon zu Lebzeiten nicht gut mit ihren Eltern vertragen haben: Sie lebten augenscheinlich in der dauernden Furcht, daß die Toten wiederkommen könnten. Ob sie daran dachten, daß sie »nachgeholt« würden, oder der Meinung waren, daß die Verstorbenen ihnen Schaden zufügen könnten, ist unbekannt.

Manche Forscher haben einzelne Völker in die Gruppe der »Eltern-Liebenden« oder der »Eltern-Fürchtenden« eingeteilt. Zuweilen gibt es auch Ausnahmen, die man weder der einen Art noch der anderen zuteilen kann: Bekannt sind vorgeschichtliche Völker und Kulturen, die zwar ihre Vorfahren fürchteten, es aber dennoch nicht übers Herz brachten, sie ohne das Kräftigungsmittel der roten Farbe ins Jenseits gelangen zu lassen. Sie fesselten ihre Toten, ließen ihnen aber die »Wohltat der Rotfärbung« zuteil werden. Dieses Verhalten bewog Forscher zu der Annahme, daß die rote Farbe vielleicht in anderen Fällen »Bannung« der Toten bedeutet haben könnte.

H. G. Wunderlich ist hingegen der Ansicht, daß die »Fesselung« von Toten nicht auf die Furcht, sondern auf ein liebevolles Verhalten der Angehörigen zurückzuführen sei: Bei vielen Völkern mußten die Toten zu den alten, »geheiligten Grabstätten« gebracht werden. Dieser Transport konnte aber – in einer Zeit, als es noch keine Wagen gab – nur durch Tragen geschehen. Die Toten wurden also zu einem tragbaren Paket verschnürt und so über große Distanzen befördert. Daß man ihnen nach dieser »Reise« die »Wohltat« der roten Farbe zukommen lassen wollte, würde die Kombination von angeblicher Fesselung und Farbbestreuung zwanglos erklären.[20]

Bei Bräuchen, die lange Zeit hindurch geübt werden, tritt zuweilen ein »Umkehrungseffekt« auf, d. h., daß besonders dann, wenn der Symbolcharakter eines Brauches fast ganz vergessen wurde, neue und bisher unbekannte magische Handlungen gesetzt werden. Manchmal »kehrt sich der Sinn um«. Solche Entwicklungen treten z. B. bei der Heilmagie in roter Farbe auf.

Es wäre allerdings absurd, generell Handlungen mit roter Farbe aus dem Motiv der »Furcht vor den Toten« zu erklären. Es wurden ja gerade jene Toten, die offensichtlich am meisten geliebt wurden und vor denen man sich gewiß am wenigsten fürchtete, also kleine Kinder, junge Mädchen, besonders mit roter Farbe ausgezeichnet; sie wurden mit dem schönsten und kostspieligsten Schmuck versehen und über und über mit erheblichen Mengen von rotem Ocker bemalt.

Die Beerdigungen mit rotem Farbstoff setzten sich bis ins klassische Altertum fort. In jener Zeit aber wurden diese langlebigen Bräuche bereits *schriftlich erklärt* und ihre Entstehung und Entwicklung zum Gegenstand von Überlegungen gemacht. Wir werden einen solchen Text in lateinischer Sprache noch kennenlernen. Die Handlungen mit roter Farbe wurden von den Autoren in Griechenland und Rom im Sinne der »Totenfürsorge« begründet.

Die Völkerkunde der außereuropäischen Welt bietet Beispiele, bei denen analoge Bräuche einer »Totenspeisung« bis zum heutigen Tag studiert werden können. In gleicher Weise wie bei den Völkern des klassischen Altertums wird durch Röhren Blut ins Innere von Grabhügeln gegossen. In Tropengegenden geschieht dies bis heute durch Bambusröhren.

Zahlreiche Forscher sind der Meinung, daß gerade jene indoeuropäischen Völker, die ihre Toten mit roter Farbe beerdigten, also Perser, Hethiter, Griechen, Römer, Kelten, Germanen und Slawen, keineswegs zu den furchtsamen gehörten.

Einige von diesen Völkern gelten noch heute als Muster der Unerschrockenheit. Manche Nachkommen dieser Völkerschaften, zum Beispiel die Deutschen des Mittelalters, zeigten vor ihren Toten nicht nur keine Furcht, sondern boten der Kirche häufig Anlaß, Rügen zu erteilen und strenge Anordnungen zu erlassen: Bei der damals langdauernden Aufbahrung der Toten gab es noch immer »heidnische Bräuche« und lockere Sitten, wobei die »Toten mitfeiern sollten«. Hierbei würde, wie es damals hieß, die nötige Ehrfurcht vor den abgeschiedenen Seelen außer acht gelassen und die Schamlosigkeit gefördert.

Ausnahmen wird es gewiß gegeben haben. Wir kennen ja sogar in unserem Jahrhundert noch Leute, die sich vor »Wiedergängern« oder »Toten, die einen nachholen könnten«, fürchten.

Blut und Haar als Opfer

Die Urgeschichte berichtet von verschiedenen Völkern, bei denen es Pflicht der Witwen war, ihrem verstorbenen Gatten in den Tod zu folgen. Solche Sitten gab es noch bis in die neueste Zeit: Denken wir nur an die »Witwen-Verbrennungen« in Indien.

Vorgeschichtliche Könige hatten das Privileg, für den Fall ihres Todes eine »Nachfolge« von Dienern und Freunden zu fordern. Zumeist bedeutete es für diese Menschen keine »Todesstrafe«, mit ihrem Anführer zu sterben. Die Betroffenen hatten vielmehr die Gewißheit, als Diener oder Kampfgefährten des »Helden« im Jenseits ein fröhliches Leben an der Seite ihres Vorbildes führen zu können. Dementsprechend starben diese »Ehrenopfer«, wie sich heute noch feststellen läßt, friedlich. Sie begehrten den »sanften Tod« durch Gift.

Im Lauf der Jahrtausende entstanden viele Variationen dieses Brauches: Nicht immer mußten die Witwen sterben, um ihrem Mann ins Jenseits zu folgen. Zuweilen wurde nur ein »Blutopfer« von ihnen gefordert. Auch gab es bestimmte Völker, bei denen es üblich war, daß sich die trauernden Witwen Brust und Gesicht zerkratzten, um mit diesem Blut den Toten »Lebenskraft« zu spenden.

Schließlich wurde auch für dieses Opfer ein »Ersatzstoff« gefunden: die rote Farbe! Mit dieser Spende, die aus Ocker, Rötel, Mennige oder Zinnober bestand, hängt nicht selten eine weitere zusammen: das Opfer der Haare.

Wir wissen aus vielerlei Erzählungen und aus noch lebenden Bräuchen, daß auch in den »wachsenden Haaren« der Sitz der Lebenskraft vermutet wurde. Wir finden daher in vielen Gräbern Haar als Spende der weiblichen Hinterbliebenen.

Manche Forscher weisen darauf hin, daß den Griechen schon von Solon, den Römern aber durch die Zwölftafelgesetze das »Zerfleischen« des Körpers durch Messerstiche, das Zerkratzen von Antlitz und Brust verboten wurden. Auch bei den Juden herrschten ähnliche Bräuche, die gleichfalls untersagt wurden.[21]

Nicht unbeachtet sei, daß Fingernägel und Haare auch aus einem anderen Grund seit ältesten Zeiten magisches Interesse genießen: Es blieb den Menschen nicht verborgen, daß nicht alle Teile des Körpers zugleich absterben. Haare und Nägel – heute würden wir sagen: ihre Zellen – sterben nicht gleichzeitig mit dem übrigen Leib. Bei diesen Partien läßt sich oft noch nach dem Tode ein gewisses Wachstum feststellen. Wir wissen, daß manche Krieger, die sich den »toten Helden« angleichen wollten, auf eine eigene Haartracht verfielen und das Haar den »Toten entsprechend« färbten. Verstorbene aber waren »rot«, d. h. mit Ocker gefärbt: Daher wollten auch die zumeist jungen Krieger mit rotem Haar in den Kampf ziehen.

Solche Bräuche finden wir bei verschiedenen germanischen Stämmen, bei Kelten, sogar bei Indern.

Im indoeuropäischen Raum richteten sich nach der Farbe der Toten auch ihre fiktiven Begleiter und Gefolgsleute oder lebenden Nachfolger und Jünger:

1. Der *Totenanführer*
   Er trägt die gleiche Farbe wie die Toten. Sei es, daß damit eine Verbundenheit zum Ausdruck gebracht werden sollte, sei es, daß jener göttlichen Gestalt die »stärkende Farbe« verliehen werden sollte. In späterer Zeit kamen noch zwei weitere Farben hinzu: Schwarz und Weiß.
2. Die *Gefolgschaft* des Totenanführers
   Fiktive Gestalten, etwa »Wiedergänger«, dachte man sich rot gekleidet. Solche Phantasiegestalten wurden aber auch real repräsentiert und »gespielt«: Wie es im Brauchtum üblich ist, fühlen sich maskierte Teilnehmer nicht als Darsteller, sondern als »Verwandte«, die nun auch etwas »tun können«. Seit vorchristlicher Zeit bildeten junge, Masken tragende Männer die imaginäre »wilde Jagd«. Kleidung und Haare wurden in der Farbe der Toten oder des Anführers gehalten.
   Es ist möglich, daß das Bemalen des Gesichtes und das Tragen eines farbigen Bartes eine Vorstufe der Maskierung darstellten. Denken wir nur an den Ausdruck »Schembartlaufen«.
3. Die *Kampfmannschaft*
   Junge Männer, die sich den »toten Helden« widmen wollten, sich zu einem imaginären Anführer bekannten oder seine Hilfe im Kampfe erlangen wollten, kleideten sich und färbten sich die Haare in der Art ihres Anführers in alter Zeit rot.

Die Indoeuropäer trugen diese Bräuche vom Atlantik bis zum Golf von Bengalen. So ist verständlich, daß es auch in Indien den roten, göttlichen Anführer der Toten und eine ihm verschworene, rotfarbene Schar jugendlicher Kämpfer gibt.

Otto Höfler, der die kultischen Geheimbünde erforschte, hat auch für den Subkontinent die genannten Scharen gefunden: Er nennt den Gott Rudra, mit Schiwa gleichzusetzen, der ähnliche Züge wie der germanische Gott Wodan/Odin trägt. Höfler meint, daß – analog dem germanischen Totenführer – sich um diese Gestalt auch in Indien eine Schar von »Verschworenen« sammelte, die sich durch »verwilderte, fliegende Haare« zu erkennen gaben.

Die rote Farbe hatte gleichfalls eine besondere Bedeutung, denn Rudra bedeutete der *»rote Gott«*. Diese besondere Farbe sei schon im Rigweda nachzuweisen.[22]

Das Haarfärben zum Zwecke magischer Beeinflussung des Kriegsglückes weist Höfler auch in den Schriften des Tacitus nach.[23] In ihnen schildert er, daß der Bataverfürst *Claudius Civilis* im Jahre 69 einen Krieg gegen die Römer entfesselte. Diesen Krieg, in dem Germanen und Kelten gegen das Römische Reich kämpften, hielt Tacitus für ebenso bedrohlich wie die Feldzüge des Hannibal.

Claudius Cicilis schwor folgenden »barbarischen Eid«: Bis es ihm gelungen sei, die Römer entscheidend zu schlagen, werde er sich die Haare nicht schneiden, sondern *rot färben* lassen. Darüber hinaus versicherte er sich der Mithilfe einer bei den Germanen sehr einflußreichen Persönlichkeit: der Priesterin und Prophetin *Veleda.* Ihren Wohnsitz hatte sie an der Lippe, ihr Wort galt in weiten Bereichen des germanisch besiedelten Raumes.

Erst nach seinem Sieg über die V. und XV. Legion der Römer legte er die Tracht der »roten Totennachfolge« ab.

Das Rotfärben der Haare mit dem Zwecke, auf magische Weise das Kriegsglück herbeizuzwingen, war nicht nur bei den Batavern, sondern auch bei den Chatten und Alemannen üblich. Wenn auch nicht alle Germanen Wodan/Odin als »obersten Heerführer« schätzten, so sei nicht vergessen, daß auch Donar/Thor als rotbärtiger Gott gedacht wurde. Wodan wurde ursprünglich als Totenanführer, der »Donnerer« hingegen wegen seiner Verwandtschaft zu Blitz und Feuer rotfarbig vorgestellt.

Auch die Kelten kannten die rotfarbigen Kriegs- und Totengötter. Jan de Vries, der sich mit den Religionen der Frühgeschichte befaßte, nennt einen Gott Rudianos oder Rubiabos. Dieser keltische Gott trägt die Farbbezeichnung Rot (ruad = rot) in seinem Namen. De Vries meint, daß er ein Kriegsgott gewesen sein müsse, da er, ähnlich dem Mars der Römer, durch Rot gekennzeichnet worden sei.[24]

Wer versucht, diesen rotfarbenen Gott zu identifizieren, dem bietet sich *Taranis* an, der dem keltischen Donnergott entspricht. Auch *Ogmios* wäre eine entsprechende Göttergestalt, die Wodan/Odin zur Seite gestellt werden könnte.

Es scheint mehr Verbindungen zwischen Donar/Thor und Taranis sowie Wodan/Odin und Ogmios gegeben zu haben, als wir heute wissen. In beiden Religionen wurden Kriegsgötter und Donnergottheiten verehrt. Beide Völker waren Ackerbauern und Krieger.

Durch die Verwendung der Farben werden wir noch manche Parallelen zwischen keltischen und germanischen Anschauungen finden. Sollten die beiden Völker, die in der europäischen Forschung immer »sehr distanziert« behandelt wurden, engere Verwandte gewesen sein, als man es bisher gerne wahrhatte?

Der rote Wodan – die rote Percht

Im deutschsprachigen Raum gibt es zwei Ausprägungen der Totenanführer: Zuweilen wird heute noch vom »wütenden Heer« gesprochen, das von einer ehemaligen Göttergestalt durch die Lüfte geführt wird. Ohne Zweifel beflügeln hier Reste des Wodan-Kultes die Phantasie. Es existiert aber auch eine weibliche Gestalt als Totenbegleiterin: die Percht. Sie wurde aus der germanischen Mythologie hergeleitet: Es soll die süddeutsche Form der Frau Holle sein. Da diese Totenbegleiterin aber vorwiegend in der Alpenregion erscheint, läßt sich auch die Ansicht vertreten, daß sie einer »tieferen Schicht« – also vorgermanischer Anschauung – entstammt. Das Bild der Frau Holle könnte sich auch mit einer vorgermanischen Noreia oder Rehtia vereinigt haben.

Die männliche Gestalt des Totenanführers, also Odin/Wodan, war in der ältesten Zeit eine »rote Gestalt«, die verstorbene Krieger oder durch den Scharfrichter Gehenkte anführte. Odin/Wodan besaß auch rotfarbige Gefolgsleute. Manche »roten Tiere« waren ihm geweiht.

Dieser »wilde Jäger« wird also Namen erhalten haben, die mit der Farbe Rot zusammenhängen. In Hannover wird er in Sagen häufig »Roods« oder »Rôds« genannt. Merkwürdig erscheint auch der Name »Herodis«. Mit dem aus der christlichen Religion bekannten »Herodes« hat der Anführer der wilden Jagd gewiß nichts zu tun.

Früher wurde versucht, diesen Namen aus »hroudso« zu erklären, was soviel wie Ruhmesträger bedeutet. Wer aber die Farbensymbole kennt, dem erscheint die Verbindung zu »ros« (= rot) sinnvoller. Es ist verständlicher, wenn man den »Herodis« als Anführer des roten Heeres betrachtet. Der Harlekin hat bekanntlich eine ähnliche sprachliche Wurzel: Er war ein »Heerkönig«. Arlecchino = Arlequin = Helle-Kuning (Höllenkönig) oder Hari-Kuning (Heerkönig).

Zuweilen wird der Name Percht oder Bercht vom Worte »prächtig« abgeleitet, was im Sinne der Farbforschung nicht schlecht zu Rot passen würde, gilt doch diese Farbe bei manchen Völkern als die prächtigste.

Andere Forscher nehmen an, daß diese Gestalt bis in die Hallstattzeit zurückreiche, in der es eine weibliche Göttin gab, deren Symbol die Ente gewesen sei.

Der Percht werden noch in neuer Zeit ein riesiger Schnabel und »Entenfüße« zugeschrieben. Gewiß ist, daß sich um die Percht ein Brauchtum rankt, das weit über das Gebiet hinausreicht, in dem das Perchtenlaufen heute noch geübt wird. Es gibt viele Namen für den »Lauf der Maskierten«; die Bräuche sind sehr ähnlich. Von der Schweiz bis ins Burgenland, ja sogar bis ins slawische Gebiet finden wir die roten, oder – wie wir noch hören werden – schwarz-weißen Mittwintergestalten.

Auch im christlichen Gewande erkennen wir sie wieder: So erscheint z. B. die heilige Luzia, die im Volksmund auch »Lutzel« genannt wird, in Osterhofen mit blutrotem Mantel und spitzem Hut.[25] Im slawischen Gebiet, in der Nähe von Pilsen, tritt sogar eine »blutige Luzia« auf, die den unartigen Kindern als Schreckgestalt präsentiert wird. Bräuche, die heute für Kinder oder von Kindern gestaltet werden, wurden bekanntlich in der Regel einst von den Erwachsenen geübt und besaßen einen anderen, zumeist ernsten Sinn.

In der Slowakei erscheint die »blutige Perchta«, sie wurde also nicht in die christliche Anschauung integriert. Ihre Maske aus rotem Papier ist schrecklich anzusehen: Sie hat spitze Zähne, ist in weißes Linnen gehüllt und trägt ein Messer in der Hand. Das drohende Gebaren ist uns aus Perchtenbräuchen bekannt; die Percht straft jede Faulheit und Nachlässigkeit der weiblichen Familienmitglieder streng und grausam. Es ist nicht ausgeschlossen, daß in vorchristlicher Zeit von maskierten Perchten Strafen tatsächlich vollzogen wurden. Später verbot die Kirche solche Bräuche.

Die weibliche Totenbegleiterin nahm sich besonders der ungetauften Kinder an.

Sie wurde in vielen Gegenden »Rotfrau«, in früher Form »Rosfrau« und »Mutter Rose« oder »Frau Rose« genannt.[26]

Der rote Schuddig und andere Zottelgestalten

Nicht überall standen wertvolle Bärenfelle für die uralten Bären-Bräuche zur Verfügung. Das Landvolk fertigte Kleider und Masken an, die dieses Tier darstellen sollten. Es kann aber auch sein, daß man der »künstlichen Bärenhaut« jene Farbnuance verleihen wollte, die der wirkliche Bär niemals erreicht: nämlich ein richtiges Rot!

Das Wesen solcher rotfarbener Zottelgestalten richtig erkannt und ihre Herkunft untersucht zu haben ist das Verdienst des österreichischen Volkskundeforschers Richard Wolfram.[27]

Er beschreibt die Gestalt des »Schuddigs« etwa, der in Elzach im Schwarzwald zur Fastnacht auftritt und ein »Bäre'gfrieß« trägt. Nach Wolfram war früher das Rot nicht so leuchtend wie heute, aber unter den zahllosen Fleckchen Stoff, die das Zottelgewand bildeten, war stets Rot vertreten. Das Brummen unter der Maske paßt sehr gut zu einem Bären.

Die Zottelgestalten in Europa, von denen es sehr viele in Volksbräuchen gibt, dürften sich weitgehend vom »roten Bären« ableiten lassen.

Auch Übergänge vom »roten Bären« bis zum »grünen Waldmenschen«, der zweifellos auch eine uralte, magische Gestalt der Vegetation verkörpert, sind durchaus denkbar.

Aus dem Handwörterbuch des deutschen Aberglaubens erfahren wir auch, daß die roten Tiere, also z. B. Hirsch, Fuchs und Bär, den germanischen Göttern Wodan und Thor geweiht waren. Wodan trug Rot zweifellos als Gott der Toten aus der Zeit der Bestattung in roter Farbe, Donar oder Thor aus seiner Verwandtschaft zum Feuer: Blitz und Glut wurden ihm zugeschrieben. Er sollte auch für Fruchtbarkeit sorgen. Der Hammer des Thor galt noch in der Zeit der Christianisierung als Hochzeitssymbol.

Die Gefolgsleute des Gottes Wodan wurden vielfach als rote Männer gedacht. Zahlreiche Sagen berichten von »roten Feuermännern«, die dem Heer der Abgeschiedenen angehörten. Es gibt auch Sagen, die von rotgekleideten Priestern sprechen. Dies traf für die germanischen Priester zu. Heute, so heißt es, »tragen die Priester Trauer«, weil die Christen das Heilige Land verloren haben.

Der »wilde Jäger« wird häufig rot geschildert. Auch seine verschiedenen Namen weisen auf die Farbe hin: der »wilde Jäger Rotthaler«, der »Rotenburger«, der »Rodensteiner« (im Odenwald). Er gilt dort als »roter Ritter«. Manche Forscher meinen, daß der Ausdruck »Irrwisch« aus »Heerwisch« abgeleitet werden kann, wie diese Gestalten, die mit dem Totenheer zusammenhängen könnten, in Hessen tatsächlich genannt wurden.[28]

»Drachenblut« bringt höchste Kraft

Im folgerichtigen Ausspinnen des Gedankens, daß Blut Lebenskraft bedeutet, überlegte man, daß die Herkunft des Blutes für seine »Leistung« entscheidend sein müsse. Je größer und stärker ein Tier, desto gewaltiger, dachte man, sei die Wirkung seines Blutes. Seit vorchristlicher Zeit galt ein imaginäres Wesen als das mächtigste Tier: der Drache.

Viele Forscher haben sich bemüht, die Herkunft dieses Fabelwesens zu ergründen. Der Drache des Nordens heißt bekanntlich »Lindwurm«. Er gleicht einer ungeheuer großen Schlange. Die Germanen sollen den »richtigen« Drachen, nach griechischer und nahöstlicher Auffassung eine riesige Echse, erst durch die Römer kennengelernt haben, die solche Fabeltiere auf ihren Feldzeichen im Kampfe vorantrugen.

Im frühen Mittelalter sollen allerdings diese »Riesenechsen« schon auf normannischen Flaggen zu finden gewesen sein. Zahlreiche Brauchtumsforscher beschäftigten sich mit dem sogenannten »Drachenstich«. Besonders aufschlußreich sind die Erkenntnisse von Richard Wolfram, der nachweist, daß der »Drachenkampf« im deutschen, niederländischen und englischen Bereich beheimatet ist. Es gibt allerdings in ganz Europa viele »Brauchtumsinseln« für diese volksreligiöse Handlung. Überall, wo der »Drachenstich« ausgeübt wird, ist man der Meinung, daß das Drachenblut wundertätige Eigenschaften besitzt.

Im Nibelungenlied wird bekanntlich dem Blut des Ungeheuers folgende Wirkung zugeschrieben: Siegfried lernte dadurch die »Vogelsprache« verstehen und wurde zum »hürnernen Siegfried«, d. h., seine Haut wurde unverwundbar. Aber das

Schicksal wollte es, daß ein Lindenblatt während des Bades auf die Schulter fiel, so daß jene Stelle keine Hornschicht bekam und der Held dort verwundbar blieb.

Viele Völker glaubten an die Fähigkeit, durch Drachenblut die Sprache der Tiere zu erlernen.[29] Aber auch andere segensreiche Wirkungen werden bis in unsere Tage dem Blut des Ungeheuers zugeschrieben.

In Furth am Walde in der Oberpfalz tauchten sogar noch vor dem Ersten Weltkrieg Bäuerinnen Tücher in das »Drachenblut«, das beim »Drachenstich« vergossen wurde, um diesen rotfarbenen Segensbringer nach Hause zu tragen. Er soll als heilbringend verwahrt oder zur Förderung der Fruchtbarkeit auf die Felder gebracht und vergraben worden sein. Oft sind solche »auslaufenden Bräuche« im psychologischen Sinn als ambivalent anzusehen: Sie werden belächelt, aber es getraut sich kaum jemand, gegen sie zu verstoßen, »weil es sonst . . .« Manche Psychologen meinen, daß solche »geheimen Glücks- und Unglücksursachen« neurotischen Charakter hätten und zur Erhaltung uralter Bräuche nicht wenig beitrügen.

Im Unterschied zu den fernöstlichen Drachen, die Fülle, Reichtum, Weisheit usw. bedeuten, verkörpert der westliche Drache das Böse. Die tödlichen Gefahren zu meistern, für die der Drache Symbol ist, ist in vielen Sagen die Aufgabe des Helden, Königs oder Heiligen. Höfler ist der Meinung, daß geschichtliche Ereignisse, wie die Siege in Schlachten, in der Überlieferung zur »Besiegung von Drachen« wurden.[30]

Auch in der heutigen Umgangssprache werden unbekannte Bedrohungen mit Drachen verglichen. Wir lesen in den Zeitungen vom »Drachen der Rauschgiftsucht«, vom »Drachen des Bürgerkrieges« usw. Drohende Gefahren werden seit alter Zeit vom Volke personifiziert. Je unbekannter ihr Wesen, desto weniger scheint es möglich zu sein, bekannte Gestalten als sinnbildliche Urheber einzusetzen. Übermächtige tödliche Bedrohung findet als adäquates Symbol das Bild des grauenhaften Drachen. Er ist widerlich anzusehen, übermäßig stark, verströmt üblen Geruch, Rauchschwaden oder gar Feuer. Ihn zu töten bringt nicht nur Freude und Sicherheit, sondern wird auch als magisches Opferritual vollzogen. Sein Blut gilt als segensreiche Opferflüssigkeit.

Wie Richard Wolfram berichtet, gilt heute noch der Spruch »Drachenblut ist für alles gut!« Der Opfergedanke wird noch deutlicher, wenn wir hören, daß beim Drachenspiel in den südlichen Niederlanden das Blut über einen bestimmten Stein fließen muß. In strenger Geheimhaltung durch die Ausübenden dieses Brauches wird der Opferstein dann für die Dauer eines Jahres vergraben.

Der Drache wurde auch zum Abwehr- oder Kampfsymbol der Normannen. Wer kennt nicht die »Drachenschiffe«, die in Südrußland, in England, in der Normandie oder Sizilien todbringend und erobernd eindrangen? Richard Wolfram weist darauf hin, daß »Schlangendrachen« von Tirol bis Norwegen die Giebel der Dächer schmücken. Diese Drachen dringen aber auch ins Innere der Häuser ein: Es gibt von Schweden über Mitteldeutschland bis Österreich die »Ladenschlange«, die unter der Decke ihren Platz findet. Von den Wikingerschiffen bis zu Reliquienschreinen »droht« der Drache etwaigen eroberungslüsternen Feinden mit Tod und Verderben! Zumeist ist dieser Drache bemalt.[31]

Rot – uraltes Sinnbild des Sieges

Daß die rote Farbe – oder mit besonderer Wirksamkeit das rote Licht – auf den Menschen eine stimulierende Wirkung ausübt, wurde bereits erwähnt. Anders ausgedrückt: Die rote Farbe reizt den Sympathikus. Das hat die Betätigung jener Organe zur Folge, die als »Helfer in Notfallsituationen« fungieren. Es folgt u. a.:

Ausschüttung von Adrenalin,
erhöhter Blutzuckerspiegel,
höherer Blutdruck,

Blut drängt zum Herzen,
Erhöhung der Reaktionsfähigkeit.

Subjektiv wird eine innere Bereitschaft zu Kampf oder Flucht als Anspannung und Kraftsteigerung erlebt.

Gewiß wird diese Alarmbereitschaft des Körpers durch das Betrachten roter Farbe nur »andeutungsweise« ausgelöst, aber das genügt bereits, ihr jene Spur von Wirkung als »wesentlich« zuzuschreiben. Die geringfügige, aber doch spürbare Kräftigung und Kampf-, Flucht- oder Reaktionsbereitschaft machen die rote Farbe bereits zu einem Sinnbild für alle Situationen, die mit Kämpfen zusammenhängen. Blut hat zu Kampf, Tod und Sieg viele Assoziationen.

Rot – Blut – Sieg
oder Rot – Kraft – Sieg

sind Gedankenverbindungen, die in den verschiedensten Zeiten und bei den verschiedensten Völkern des Erdballs zu finden sind. Zuweilen wird die Theorie aufgestellt, daß in »Urzeiten« der Sieger sich mit dem Blut des Gegners beschmiert habe, um sich dessen Kraft anzueignen. Der Schrecken, den ein solches Aussehen bei Freund und Feind verbreitet habe, hätte auch das Ansehen des Siegers in erheblichem Maße gesteigert.

Schon im Alten Testament gibt es solche Assoziationen. Die Wurzel 'dm für Rot im Hebräischen läßt bereits semantische Zusammenhänge mit dem Wort dām (für Blut) vermuten. Jehova soll als »Kriegsherr« rote Kleider getragen haben.[32]

»Die Schilde der Krieger, die den Untergang Assurs herbeiführen, sind rotgefärbt« (Nan. 2, 4). Die Vulgata weist allerdings statt der roten Schilde solche »feuriger Art« (ignitus) aus, offenbar war die siegbringende Bedeutung der roten Farbe hier nicht erkannt worden.

Den germanischen Völkern war die Bedeutung der roten Farbe für Kampf, Kraft und Sieg durchaus geläufig. In der Didreksaga haben Didrek, Hildebrand und Herbrand rote Schilde.[33]

Im Nibelungenlied finden wir eine Stelle (1595, 3), in der Volker gezeigt wird, der zum Kampf mit dem Markgrafen antritt und sich entsprechend vorbereitet:

»er baut ouch z'einem Schaft ein zeichen, daz was rôt.«

Er band einen Wimpel an seine Lanze als Zeichen für Kampf und Sieg. Die Dänen umwickelten ihre Helme, wenn sie in den Kampf zogen, mit roten Fäden. Hinter diesem Brauch ließen sich allerdings auch andere magische Gründe vermuten, als den Sieg zu sichern. Rot, als Farbe der Toten, mag deren Hilfe gefordert haben. Es kann aber auch sein, daß die »Umgürtung« mit Fäden Helm und Kopf unverletzlich machen sollte. Wenn wir den alten Brauch der Umgürtung mit Fäden studieren (siehe Abschnitt »Das Rätsel der roten Fäden«), werden wir diese Deutung vielleicht für die beste halten.

Symbol der »abgeschiedenen Mitstreiter« oder Sieges- und Kampfeszeichen wird auch der rote Schild sein, von dem wir im Lied von Helgi dem Hundingtöter hören:

»Sinfjötli rief –
Zur Raa stieg auf
Ein roter Schild,
Der Rand war golden –.«

In Brynhildes Helfahrt finden wir:[34]

»Er schloß im Schlachtenhain
Mit Schilden mich ein –
Rand stieß an Rand –
Roten und weißen.«

Nur jener Held durfte sie erwecken, dem »Furcht immer fremd« geblieben sei!

Wir können nur vermuten, daß hier entweder die beiden Todesfarben Rot und Weiß zur Geltung kamen, oder daß ein Gleichnis für den erobernden Helden geschaffen wurde: »Mut oder Tod«. Schließlich ist noch zu erwägen, ob die uralten Farben für Liebe und Fruchtbarkeit, nämlich Rot und Weiß (siehe Abschnitt über die »Hochzeitsfarben«), hier eine magische Kraft ausüben sollten.

Rot war auch die Farbe des Schildes, der in Thorsberg in Schleswig gefunden wurde. Noch im Mittelalter nannten sich die friesischen Ritter »roter Schild«.[35]

Die rote Farbe verlieh auch unbelebten Dingen Kraft, Erfolg, Wirksamkeit. In der germanischen Zeit bestand eine der wichtigsten Tätigkeiten des Priesters darin, belebten und unbelebten Dingen Kraft einzuflößen. Dies geschah durch Färben mit Opferblut oder mit roter Farbe.

Rotfärben heißt Zaubern

Bei vielen Völkern wurden in vorchristlicher Zeit Opfer dadurch vollzogen, daß Tiere über einem heiligen Stein geschlachtet wurden. Gegenstände, die geweiht werden sollten, wurden in dieses Blut getaucht.

Diese Handlung wurde auch mit rotem Farbstoff statt mit Blut vollzogen, eine Analogiehandlung, die wir bei vielen Völkern – auch außerhalb Europas – finden.

In den Zauberliedern (Ljodatal) lesen wir:[36]

»Ein zwölftes kann ich,
Seh' ich zittern den Wind,
Den Gehenkten am Holz:
So ritze ich,
Und Runen färb' ich,
Daß der Recke reden kann
Und vom Galgen geht.«

Im zweiten Gudrunlied der Edda wird der unglücklichen Gudrun ein Vergessenstrank gereicht. Es heißt dann weiter:

»Im Innern des Horns waren allerlei Stäbe
Rot eingeritzt – ich erriet nicht den Sinn.«

Der Skalde Egil soll mittels der Runen eine Probe vorgenommen haben, ob sein Met vergiftet sei: Er ritzte ins Trinkhorn die magischen Zeichen und rötete es mit seinem Blut: Das Gefäß zersprang![37]

Auch die Etymologie des Wortes »Zaubern« spiegelt noch

das vorchristliche Opfern von Blut oder das Rotfärben mit rotem Farbstoff wider: Das altnordische Wort »taufr« (= »Zauberei« oder »geschützter Gegenstand«) ist dem altenglischen »teafor« verwandt, das die Bedeutung »Rötel«, oder ganz allgemein, »rote Farbe« hatte. Das Wort »taufr« aber ist, so sagen die Philologen, dem althochdeutschen Wort »zoubar« mit dem Sinn »Beschwörung« gleichzusetzen.

Den *Sinn rotfarbiger Begräbnisse* aber enthüllt uns der römische Schriftsteller Marcus Terentius *Varro* (116–27 v. Chr.), der das Wissen seiner Zeit in einer Art Enzyklopädie festgehalten hat. Varro weist darauf hin, daß der Brauch, daß sich die Witwen bei der Beisetzung ihrer verstorbenen Männer das Gesicht zu zerkratzen pflegten, den Zweck hatte, die »Unterirdischen« durch das Vorzeigen von Blut zu befriedigen. Einstmals sei aus dem gleichen Grund die Tötung von Opfern bei den Gräbern festgesetzt worden. Bei den »Altvorderen« seien – aus dem gleichen Motiv – sogar Menschen getötet worden. Aber da es – so meint der Schriftsteller offenherzig – zu kostspielig und grausam sei, Opfertiere oder sogar Menschen umzubringen, sei man dazu übergegangen, Kleider oder Totenlaken mit blutroten Farben zu überschütten.[38]

Erinnern wir uns daran, daß auch die blutigen Gladiatorenkämpfe im alten Rom weder eine »sportliche Veranstaltung« noch eine Show für sensationslüsterne Bürger, sondern ursprünglich eine sakrale Opferhandlung waren. Die Römer hatten diese religiösen Bräuche von den Etruskern übernommen, und zwar als »Leichenspiele«. Erst zur Kaiserzeit wurden sie – beginnend mit den Gladiatorenkämpfen zu Ehren Cäsars – zu staatlichen Gedenkfesten.

König Artus und der rote Ritter

Es steht wohl außer Frage, daß es bei der Parzivalsage vorwiegend um religiöse Probleme geht, die ihre Grundlage im Übergang von heidnischer zur christlichen Denkart haben.

Dem mittelalterlichen Menschen war begreiflich, daß der alte, rotfarbene Totenanführer, der eine »alle Welt zum Kampfe herausfordernde« rote Rüstung trug, diese jetzt dem reinen und todesmutigen Gottsucher christlicher Art zu überlassen hatte.

Die heutige Forschung geht davon aus, daß die Gestalt des Königs Arthur oder Artus aus zwei verschiedenen Motiven entstanden ist:

1. Er ist der »letzte Kämpfer«, der sich dem Eindringen fremder Völker in den keltisch besiedelten Raum entgegensetzt, also etwa der letzte Held des keltischen Britannien. Bei den überlebenden Kelten bestehen der Wunsch und die heimliche Hoffnung, daß dieser König nicht tot sein möge, sondern dereinst die keltischen Völker zu einem neuen Aufstieg führen werde.
2. In den Gestalten der Tafelrunde vereinigen sich vorchristliche Anschauungen mit christlich-ritterlichen Vorstellungen.

Religionsforscher weisen darauf hin, daß die Figur des irischen Helden Finn mit der Gestalt des Artus verschmolzen sei und daß beide Gestalten die Anführer »der wilden Jagd« darstellten, die mit großem Gefolge durch die Wälder tobte.[39]

In der Parzivalsage tritt der rote Ritter in Erscheinung. Nach dem vorher Gesagten müßte Artus selbst dieser rotfarbene Anführer sein. Aber zu diesem Zeitpunkt bestimmt bereits das christliche Gedankengut die Handlung.

Der rote Ritter ist ein »Verwandter des Königs«. Er zeigt sich sehr ungebärdig und stellt sich mit seinen Umgangsformen in die vorritterliche Zeit. Sein Sinn steht nur nach Kampf. Jetzt – in der christlichen Zeit – wird er vom »reinen Toren« überwältigt und getötet. Parzival nimmt nun mit der »Zustimmung« des König Artus – des »alten Sturmgottes« – die rote Rüstung an sich; er tritt das Erbe des alten roten Gottes an. Sein Weg allerdings führt zum Gral.

Manche Forscher deuteten den roten Ritter als Darstellung der Seele. Aber auch sie finden Zugänge zu einer Totengestalt, die in rote Leichentücher gehüllt ist. Den »schwarzen Rittern« der bretonischen Sagen sollen hier rote Ritter gegenüberstehen.[40]

Dieser Ansicht müssen wir zustimmen: Wir wissen, daß die Gefolgsleute der alten Totengötter in weiten Bereichen Europas rot gekleidet waren. Später, als die Totenfarbe Schwarz aufkam, tauchten alsbald »schwarze Kämpferscharen« auf.

Ein besonderes Problem der Parzivalsage ist der »Ither-Totschlag« (= Tötung des roten Ritters). Es bestehen Unterschiede in der Auffassung von Chrestien de Troyes und Wolfram von Eschenbach hinsichtlich der Beseitigung des roten Ritters.[41] Die Frage nach der Sündhaftigkeit solchen Tuns steht im keltischen Bereich nicht zur Diskussion. Wolfram gestaltet daraus einen persönlichen Zwist. Parzival siegt über den roten Ritter: Er wußte nicht, daß er mit jenem verwandt war. Er wird »schuldlos schuldig«.

Durch die Kenntnis der Farbensymbole wissen wir, daß diese »Tötung« wahrscheinlich nur eine »Ablösung« darstellt: Der heidnische, vorritterliche – rotfarbene – Totenanführer hat nun im christlichen, keltischen Bereich dem »reinen« Ritter des Gral das Feld zu räumen. Gerade das Mittelalter war die Zeit der Farbensinnbilder. Es ist sehr wahrscheinlich, daß auch der weltanschaulich-religiöse Übergang in diesen Farbensymbolen seinen Ausdruck fand. Für Wolfram aber steht das menschliche Problem im Vordergrund.

Magische Einfriedungen in Rot

Wann damit begonnen wurde, Friedhöfe und Gerichtsplätze, aber auch Spielplätze als »rote Orte« zu bezeichnen und durch rote Farbe zu kennzeichnen, wissen wir nicht. Die Spuren führen in die vorgeschichtliche Zeit.

Bis zum heutigen Tag wird die rote Farbe mit der Rechtsprechung in Zusammenhang gebracht. Die rote Farbe ist an vielen Universitäten heute noch die Farbe der Juristen. Weit zurückgehend in die Vergangenheit, finden wir drei Wurzeln des Zusammenhangs zwischen Rechtsprechung und der roten Farbe:

1. Rot ist die Farbe des Blutes. Im Mittelalter war die Vollstreckung eines Urteils häufig mit Blutvergießen verbunden.
2. Bei alten Völkern – etwa bei den Germanen – fand die Gerichtsverhandlung oder auch die Volksversammlung auf einem Grabhügel, vor einer Grabpyramide, einem rot bemalten Totenstein oder einem rot gestrichenen Holzpflock statt. Der Zusammenhang ist klar: Man wollte vor den Abgeschiedenen seine richtige, überlieferte Haltung bekunden und die Toten als Zeugen und Helfer aufrufen.
3. Die Gerichtsbereiche wurden mit einem roten Band, einem roten Faden oder mit grünen Zweigen umgrenzt. Die germanischen Völker sprachen von einem »Rotgard«, einem rot eingefriedeten Platz. Gewiß hing diese rote Umhegung damit zusammen, daß man den Ort des Friedens, der zugleich Platz der ewigen Ruhe war, kennzeichnen und schützen wollte.

Wenn wir nach geschichtlichen Beispielen für Umhegungen mit roten Fäden suchen, finden wir die erstaunlichsten Berichte von solchen »Einfriedungen«. Man hat den Eindruck, nicht nur mit skurrilen Formen alter Überlieferung konfrontiert zu werden, sondern Phänomene der Suggestion oder gar der Parapsychologie vorzufinden.

Heilige Stätten wurden seit ältesten Zeiten durch »Einkreisen« geschützt. Es handelt sich hierbei um ein Umwandern, Umreiten oder Umpflügen. Wir kennen viele kirchliche Verbote, die sich gegen die heidnische Sitte des »Kreiseziehens« wenden. Manche dieser alten Gepflogenheiten lebten in christlichem Gewand weiter: Umgänge und Umritte gehören auch heute in vielen Gegenden zum kirchlichen Brauchtum.

»Umgürten« hatte offenbar den Sinn, das »Heilige« zusammenzuschließen und nach außen zu schützen. Wir dürfen annehmen, daß diese Vorstellung immer wieder auftaucht oder daß sie den Menschen von Anfang an immanent ist. C. G. Jung hat die im Menschen seit Urzeit wirksamen Vorstellungen, die nicht erlernt werden müssen, »Archetypen« genannt.

So finden wir bereits ein »umgürtetes Heiligtum« im germanischen Tempel zu Uppsala, den Bischof Adam von Bremen in einem 1074–1083 verfaßten Bericht schildert. Er soll nach Art der nordischen Stabkirchen gebaut gewesen sein. In seinem Inneren befanden sich drei Götterstatuen, Odin, Thor und Freyr.

Nach der Christianisierung finden wir »Heilstumsgürtungen« für die Sicherung der Kirchen. Zuweilen wollen Wissenschaftler Umgürtungen von Kirchen und solche von Freistätten – gemeint sind Thingstätten, Gerichtsplätze und Kampfstätten – aus systematischen Gründen trennen. Die Kirchen würden aus dem Gesichtspunkt der »Devotio« umgürtet, die anderen Stätten aus »Rechtsprinzipien«.[42] Diese strenge Unterscheidung ist unerheblich, weil die Stätten des Rechts immer auch religiösen Charakter hatten. Am Grab der Vorfahren wurden Versammlungen abgehalten, wurde Recht gesprochen. Es gab Spiele und Kämpfe zu Ehren der Toten. Diese Orte waren geweihte Stätten und waren durch grüne Zweige oder rote Bänder eingefriedet.

Die Rosgarts (später in »Rosengärten« umbenannt) waren, wie uns die Sagen berichten, durch rote Fäden umhegt. Wir denken hier etwa an Laurins Rosengarten.

Als die Bedeutung der Farbe Rot bei der Totenverehrung langsam verblaßte, wurde die Umhegung auch in anderen Farben und mit anderem Material vorgenommen. So sind manche Kirchen, besonders die dem heiligen Leonhard geweihten, mit Eisenketten umgürtet.[43]

Die rote Farbe der Rotgärten, der Rothügel und Rotberge übertrug sich später, als man Urteile nicht mehr im Freien fällte, auf die Gebäude des Gerichts.

Die Umhegung heiliger Stätten mit roten Fäden war schon in vorchristlicher Zeit Brauch. Nicht nur bei den Germanen war der Vorhof der Opferstätte auf diese Weise eingehegt. Das gleiche geschah in Athen, wenn dort bei Gericht über die Mysterien verhandelt wurde.

Bei den Germanen war der mit roten Fäden umschlossene Platz zugleich Friedhof, Gerichtsplatz und Spielstätte. Die Rosgarts werden wir vor allem dort studieren können, wo durch die Verwendung und Aufzeichnung germanischer Ausdrücke in lateinischer Sprache ihre Erhaltung und ihr Sinn bis heute bewahrt wurden, wie im germanisch-römischen Grenzgebiet am Rhein.

Vorchristliche »blutige« Opferspiele zu Ehren der Abgeschiedenen sind uns bei den Germanen weniger bekannt geworden als bei den Slawen. Welche ungeheuren zeitlichen und räumlichen Spannen solche Bräuche überbrücken können, zeigt sich in der Tatsache, daß wir Kampfspiele zu Ehren der Toten bereits in bildlicher Darstellung auf den »heiligen Gefäßen« der Hallstattzeit – den »Situlen« – vorfinden. Diese Spiele setzten sich dann bei den Etruskern und Römern fort. Schließlich finden wir Hinweise in der slawischen Volkskunde, daß Kampfspiele zu »Ehren der Toten« im 20. Jahrhundert von Behörden verboten werden mußten!

In alter Zeit wurde »rot« auch »ros« gesprochen. Es ist ein Verdienst des Forschers Kurt Ranke, der auf diese Tatsache hinwies.[44] Auch heute gibt es noch Zusammensetzungen von »ros« oder »Rose«, die mit der Edelrose unserer Tage nichts zu tun haben. Etwa das »rosige Aussehen« oder die Krankheit »Rose«. In vielen indoeuropäischen und germanischen Sprachen finden wir Formen von »ros«, »rus« oder »rusch«, die alle »rot« bedeuten: russus (lateinisch), rosso (italienisch), rouge (französisch), ros (holländisch), ros (altdänisch), röss = rötlich (friesisch), ros = ross = rot (niederdeutsch).

Kurz gesagt, es stand einstmals der Name Rosgart nebem dem Wort Rotgart. Im Mittelalter, als der alte Name für die heiligen Stätten noch bekannt war, aber die Gleichsetzung von »ros« und »rot« immer mehr in Vergessenheit geriet, bildete die Volksetymologie neue Wortformen:

»Ros« wurde nun als Rose verstanden!

Schon vor dem 12. Jahrhundert gab es zahlreiche Orte, die mit »ros« begannen. Kurt Ranke stellte eindeutig fest, daß »ros« nur die Bedeutung von »rot« gehabt haben könne.[45] Vor ihm hatte bereits Jakob Grimm erkannt, daß Ros- und Rot-Formen zusammengehören:[46] altindisch aruša (= rötlich), lettisch rūsa (= Rost), altkirchenslawisch rušu (= rötlich, blond), russisch rusyi (=rötlich).

Wenn wir uns die Ansicht von Kurt Ranke zu eigen machen, eröffnen sich vielfältige Aspekte auf Wortverbindungen von »ros« zu »Rosen«.

Rosen bedeuteten den Tod

Die Volksetymologie deutete das alte Wort nach dem neuen »Verstehen«. Ein »Gart« konnte doch nur ein »Garten« sein und »ros« – was sollte es anderes als »Rose« sein? Also wurden ein alter Rosgart zum »Rosengarten«, ein »Roshougi« zum »Rosenhügel«, ein »Rosberg« zum »Rosenberg« usw.

Schon lange war bekannt, daß Rosen als Symbol des Todes galten. Erstaunlich waren nur die Deutungsversuche, die man vornahm, um die Edelrosen mit dem Tod in Zusammenhang zu bringen.

Da seit dem Mittelalter in steigendem Maße die alten Begräbnisstätten Rosengärten genannt wurden, viele Hinrichtungsplätze als Rosenhügel oder Rosenberge in aller Munde waren, so konnte es in jenen Jahren des Analphabetentums nicht lange dauern, bis die Rosen zum Todessinnbild wurden.

In vielen Totenkapellen unserer gotischen Kirchen finden wir die Rose als Deckenschmuck. Bald wurde diese Blüte auch zum Zeichen der Gerichtsbarkeit: Es würde hier zu weit führen, auch nur die wichtigsten mittelalterlichen Gerichtsbauten, die die Rose als Sinnbild tragen, aufzuzählen.

Kurt Ranke wies nach, daß »ros« oder »roze« in der unruhigen Zeit des frühen Mittelalters – die wenige schriftliche Unterlagen bietet – »rot« bedeutete: So wird im Raum von Köln eine Gegend mit »Roze« bezeichnet, in der Tote beerdigt wurden. Auf jenem Friedhof »Roze« finden wir im Jahre 290 schon eine »Rotkirche«, die noch heute »Rodinkirche« heißt; 985 wird der Platz »Rodenkirchoff« genannt. In Aachen gab es eine Begräbnisstätte »Roze«, sprich: »Rose«, die noch 1346 als »supra Roys« erwähnt wird.

Die Assoziation von Rose und Tod wurde gewiß noch erleichtert, weil die Edelrose häufig rot blüht. In Gedichten oder in Märchen finden wir oft Verbindungen zwischen Rosen und dem Tod.

Bei den romanischen Völkern hat sich die Entwicklung von den roten Beerdigungsbräuchen zur christlichen Beerdigung, die die Farbe schwarz bevorzugt, nur langsam vollzogen. Noch im Quattrocento finden wir in Italien Bestattungen mit roter Farbe. Schon zur römischen Zeit wurden die Farbenopfer, die ursprünglich Blutopfer gewesen waren, durch weniger barbarische Opfer abgelöst. Hier finden wir aber auch schon die Edelrose als Totengabe.

Das Rätsel der roten Fäden

Roten Fäden wurde eine zweifache magische Wirkung zuerkannt:

1. Die Fäden sind ein Mittel, Menschen und Tiere zu fesseln.
2. Die Fäden bilden einen Zauberkreis, den man nicht überschreiten kann.

Beide magischen Handlungen hat der Mensch schon vor unendlich langen Zeiträumen aus der hypnotischen Wirkung der »Linie« abgelesen. Die Suggestivwirkung von Geraden kann sowohl im Experiment mit Menschen gezeigt werden, wie auch im Tierversuch. Es ist naturwissenschaftlich noch nicht geklärt, weshalb z. B. Hühner durch eine Linie am Boden gleichsam festgehalten werden. Sie starren diese Linie an und wagen nicht, sie zu überschreiten.

Auch moderne Menschen – vor allem Kinder – schaffen sich ein eigenes »Ritual«: Wir sehen immer wieder Kinder, die sich auf der Straße ganz sonderbar verhalten: Sie springen über Querlinien am Gehsteig. Ohne ersichtlichen Grund vermeiden sie es, Randsteine zu betreten. Kanalgitter nicht mit dem Fuß zu berühren könnte noch als Vorsichtsmaßregel gedeutet werden, aber was sollte es einbringen, aus Stein gefügte Quadrate am Boden zu meiden?

Was früher Aberglauben genannt wurde, wird heute als neurotisches Verhalten bezeichnet. Kurz gesagt: Das Störende von geraden Linien, zu denen auch gespannte Fäden gehören, ist oft so stark, daß der Mensch von seinem gewohnten Verhalten abgebracht wird und an eine besondere Kraft glaubt, die von solchen Zeichen ausgeht. Glaubt er aber einmal fest an eine Wirkung, so besorgt die Auto- oder Heterosuggestion das Weitere: Die erwartete magische Wirkung tritt ein! Die rote Farbe scheint diesen Effekt noch zu verstärken.

Das Festbinden und Verbinden der roten Fäden war schon in alter Zeit Brauch für die Vereinigung von Liebenden.

Das Fädenspannen galt im Mittelalter als Eheorakel. So lesen wir bei Walther von der Vogelweide:[47]

> »Welch wîp verseit im einen Vaden?
> Guot man ist guoter sîden wert.«

Die vielseitigen Verwendungsarten der roten Fäden muten uns heute staunenswert an: Wenn wir etwa erfahren, daß die Kraft dieser Seidenfäden so stark gewesen sein soll, daß einst der berühmte Uristier mit einem solchen Faden zum Kampfe geführt wurde. Oder wenn wir lesen, daß im 12. Jahrhundert in Köln und im 14. Jahrhundert in Basel Gefangene mittels Fäden »eingesperrt« wurden und es nicht wagten, zu entfliehen. Die

Brügger hielten im Jahre 1381 ihre Stellung in der Schlacht von Roosebeke mit einem roten Seidenfaden, der, wie gewissenhaft berichtet wurde, »... sieben Knoten in gleichen Abständen aufwies und dessen Enden zusammengeknotet und durch ein Kreuz gesichert worden waren«. Die Bewohner von Valencienne schützen sich in ähnlicher Weise gegen das Eindringen der Pest.[48] Vermutlich sperrten sie mit Hilfe des roten Fadens und seiner Suggestivwirkung Fremde aus ihrer Stadt aus. Daß dadurch die Ansteckungsgefahr geringer wurde, ist verständlich. In manchen Gegenden schützte man sich durch einen roten Faden vor dem »wilden Heer«. In ähnlicher Weise bewahrte er in Makedonien und in Siebenbürgen die Wöchnerinnen vor Gefahren, indem er an der Tür des Hauses befestigt wurde.

Zuweilen wurden auch Särge mit roten Fäden umwickelt, offensichtlich aus der gleichen Geisteshaltung heraus, mit der die Eiszeitmenschen ihre Toten gefesselt hatten. In der romanischen Schweiz wurde noch vor nicht langer Zeit der Hühnerhof vor dem Fuchs mit einer roten Schnur geschützt. Selbst der Faden, der die Schiffstaue der englischen Marine durchzog, sollte »Abwehr« bewirken. Er war die Ursache für die Redewendung vom »roten Faden«, die durch Goethe (Wahlverwandtschaften II) allgemein bekannt wurde.

Rusalien und andere Rosenbräuche

Die Sitte der roten Bestattungen, die zuerst bei Römern und Griechen, später in West- und Ost-Rom gepflegt wurde, gelangte wie viele andere religiöse Kulthandlungen auf den Balkan und von hier aus zu den Ostslawen. Aber nicht nur die Totenfarbe wurde von Ost-Rom weitergegeben, sondern auch das davon abgeleitete »Rosenopfer«. Statt der roten Farbe opferten die Menschen im römischen Reich rote Rosen. Entsprechend der Gedankenverbindung Blut = Rot = rote Rose wurden die »dies rosae«, »rosalia« oder »rosaria« zu den Rosenopfer-Tagen. Auch die Italiener behielten die römischen Rosenopfer unter dem Namen »domenica rosa« oder »pasqua rosa«. Diese Rosenbräuche fallen mit dem Pfingstfest zusammen.

Römische Siedler brachten die Rosenbräuche nach Thrakien;[49] von dort gelangten sie zu den Slawen, wo sie gleichfalls mit dem Pfingstfest oder sogar mit dem Osterfest verbunden wurden. Rumänen kennen die Rosenfeste unter dem Namen »rusalii«. Bei den Russen wurde das Rosenfest mit dem heidnischen Totenfest der Mittwinterzeit zusammengelegt. In Bulgarien gibt es sogar Orte, an denen sich während der Rusalienwoche wundersame Heilungen von Kranken ereignen.

Ranke leitet aus der doppelten Form des Wortes Rosenfest (Rusalija bzw. ráduněc) ab, daß sowohl die lateinische Sprache und Kultur (aus rosalia) als auch die griechische (aus ῥοδων) an der Weitergabe des Rosenbrauchtums beteiligt waren.

Die Assoziation »rusyi« = rötlich und »rusalia« mag den Übergang der »Beerdigungsbräuche in roter Farbe«, die es auch bei den Slawen gab, zu den Rosenbräuchen erleichtert haben.

Die roten Türme

In manchen mittelalterlichen Städten waren Gefängnisse und Stätten der Gerichtsbarkeit rot bemalt oder wenigstens als »roter« Ort benannt. In der Schweiz, in Österreich, Bayern und Sachsen gab es zahlreiche rote Türme oder rote Tore, die mit der Gerichtsbarkeit zu tun hatten.

Vor dem »roten Turm« in Wien, nach dem noch heute die Rotenturmstraße benannt ist, hatte im 17. Jahrhundert das »Bäckerschupfen« stattgefunden, das später weiter stromaufwärts in der Rossau durchgeführt wurde. Diese Strafe, die in ältesten Zeiten auf dem Mehlplatz vollzogen wurde, traf Bäkker, die untergewichtiges Brot verkauft hatten. Sie wurden in einen Holzkäfig gesetzt und an einem langen Hebel wiederholt ins Wasser getaucht.

Im roten Turm befand sich auch die Haupt-Mautstelle der Residenzstadt. Maut und Strafe waren schon immer beisammen. In einem alten Werk über die historisch bedeutsamen Häuser Wiens lesen wir: »Der Rotheturm hatte etwas Feierliches, weil Roth damals die Farbe der Gerechtigkeit, zumal der nochnothpeinlichen Strafjustiz war. Mit rothem Tuche waren die Bänke der Schöffen (Urteils- und Spruchrichter) behängt, roth war der Strafrichter gekleidet, rothe Fahnen trug man damals den Volksdeputationen vor, rothe Fahnen am Schrannengebäude waren damals für die Wiener ein Zeichen, daß an diesem Tage eine scharfe Exekution stattfinde, und rothe Mützen trugen die Studenten der juristischen Fakulttät.«[50]

Wenn auch die Herkunft der roten Farbe bei der Gerichtsbarkeit schon vergessen worden war, so blieb doch die Gedankenverbindung, daß für das Gericht Rot die »richtige Farbe« sei, dadurch lebendig, daß noch bis in die Neuzeit viele Strafen an Leib und Leben des Missetäters vollzogen wurden. Das heißt, es floß das Blut des Delinquenten.

Auch der Scharfrichter war rot gekleidet. Ursprünglich war er ein »Opfernder«, Stellvertreter einer Gottheit, die ein solches Opfer verlangt. Daher trug der Scharfrichter wie viele andere Darsteller von Göttergestalten eine Maske. In roter Maske war er ein »anderer«. Erst in später Zeit war Henker zu sein ein verabscheuungswürdiger Beruf. Besonders sinnwidrig ist die Deutung, der Henker hätte eine Maske getragen, damit er »unerkannt bleibe«. Dies wäre in sehr großen Städten möglich gewesen, von denen es im Mittelalter nur wenige gab. In kleineren Orten blieben sehr oft die Namen der Scharfrichter bekannt bis auf den heutigen Tag. Es gab sogar ganze Geschlechter, die diesen schaurigen Beruf ausübten. Es war im Mittelalter allgemeine Anschauung, daß der Scharfrichter nicht als einfacher Bürger den Spruch des Gerichtes vollzog, sondern als ein besonderes, überpersönliches Wesen handelte, das den Delinquenten zu »opfern« hatte, damit der Gerechtigkeit Genüge geschah.

Bis in die Zeit der Aufklärung war der »rote Henker« ein Mensch »jenseits von Gut und Böse«. Er blieb furchterregend, ehrfurchtgebietend und verabscheuungswürdig zugleich.

Wir sollten nicht vergessen, daß z. B. bei den Germanen Priester opferten und Wodan der Gott der Gehenkten war. Jungmännerbünde trafen sich oft unter dem Galgen. Noch im 20. Jahrhundert wurde für den Strick des Gehenkten eine hohe Summe geboten; das Todesrequisit sollte Glück bringen.

Bestattungen mit roten Tüchern

Bei langlebigen Bräuchen ist nur in den seltensten Fällen die Feststellung möglich, »was man damals damit meinte«. So ist auch der Übergang von der Sitte, Abgeschiedene mit roter Farbe beizusetzen, zur Sitte, die Toten in rote Tücher zu hüllen, zwar in weiten Bereichen Europas erfolgt, aber eine Begründung dafür gibt es nicht.

Im frühen Mittelalter kam eine neue Art der Totenverehrung auf, die später die älteren Bräuche verdrängte: Die Toten wurden nicht sogleich bestattet, sondern 3, 10 oder gar 30 bzw. 40 Tage aufgebahrt. Solange wollte man »noch mit dem Abgeschiedenen leben«. Er sollte an Freud und Leid der Familie teilhaben.

Zunächst sollte der Tote konserviert werden, damit er während 30 oder 40 Tagen nicht verweste. Im Winter war dies mit Eis und Salz leichter zu erreichen als im Sommer. In der warmen Jahreszeit wurden Honig und Salz oder auch starker Alkohol verwendet. Das Abwaschen der Leiche mit Weinbrand diente übrigens noch bis in die jüngste Vergangenheit auch einem anderen Zweck, nämlich der »Färbung«.

Schon in der Antike wurde der Tote nicht mehr mit roter Farbe angemalt, sondern die Steingräber wurden bestrichen, oder diese wurden wie die spätrömischen Ziegelgräber, aus rotem Material hergestellt. Auch rotgefärbte Kleider wurden verwendet.

Aus Griechenland wissen wir, daß in Sparta die Toten mit einer roten Decke bedeckt wurden. Bei Homer ist zu lesen, daß Hektors zu Asche verbrannten Gebeine in rotes Leinen gewickelt wurden. In Rom wurden Holzsarkophage im 5. Jahrhundert mit Zinnober oder Mennige ausgemalt, während in den griechischen Kolonien Purpurdecken über die Holzsarkophage gebreitet wurden.

Auch im alten Indien finden wir Rot als Totenkultfarbe. Sowohl die Toten wie auch die Gräber wurden in dieser Farbe ausgestattet.

Im Mittelalter verstorbene Adlige wurden sehr oft mit Purpurdecken bestattet. Man könnte hier darauf hinweisen, daß die alte Sitte der Bestattung mit roter Farbe zur »königlichen Ehrung« mit Purpurfarbe abgeändert wurde.

In Österreich sollen noch im 18. Jahrhundert, in dem die Herzen hochgestellter Persönlichkeiten vom Körper getrennt bestattet wurden, die Leichen selbst in roten Samttüchern beigesetzt worden sein. Es gab damals Kupferurnen für das Herz, zuweilen auch größere Behälter für Eingeweide. Die Bahrtücher – die z. T. noch existieren – waren aber in schwarzer Farbe gehalten.

Im Nibelungenlied wird von roten Bahren berichtet:[51]

»Man bringet der gesunden fünfhundert oder baz
Unt der vérschwúnden (frouwe, wizzet daz)
Wol ahzec rôte bâre her in unser lant,
Die meistec hât verhouwen des küenen Sivrides hant.«

Es ist wohl nicht nur eine Rotfärbung durch das Blut der Gefallenen gemeint, wenn hier von roten Bahren gesprochen wird. Wir haben noch andere Stellen im Nibelungenlied, wo man von roten Stoffen spricht: In der Nibelungenhandschrift A und B heißt 1051, 1:

»In einen richen pfellel man den tôten want«,

in der Handschrift D aber: »in rôten pfellel . . .«

Die rote Farbe wird in vielen Gegenden auch auf die Trauergäste und auf Totenspenden übertragen: So wird aus dem Valtellina (Livigna) berichtet, daß der Padrino als Leichenträger an seinem Hut ein rotes Band trägt und daß ihm auch Knaben mit roten Bändern nachfolgen.

Im Innviertel war ein alter Brauch, daß jeder, der an einer Beerdigung teilgenommen hatte, beim Totenamt eine rote Wachskerze bekam. Auch in Oberbayern mußten die bei einem Begräbnis benützten Kerzen oder Wachsstöcke von roter Farbe sein. Die roten Totenkerzen mußten überdies nach dem Begräbnis »geopfert« werden.

In der Frührenaissance finden wir auch in Italien noch »rote Beerdigungen«. In Florenz wurden im Quattrocento Tote, in rote Mäntel gehüllt, beerdigt. Nach einer anderen Quelle wird ergänzend mitgeteilt, daß in Florenz auch rote Bahrtücher verwendet wurden. Die Totenkapellen waren gleichfalls rot ausgeschlagen.

Auch in Griechenland finden wir heute bei Beerdigungen nach griechischem Ritus noch die rote Priesterkleidung. Volkskundeforscher aus Griechenland berichten, daß es auch noch heute eine Nekromantie gebe. Diese werde unter Verwendung der roten Farbe ausgeübt.

Interessant ist zweifellos auch die »letzte« feierliche Bestattung in roter Farbe im skandinavischen Raum. Der Leichnam Gustaf Adolfs II., Königs von Schweden, wurde nach seinem Tod in der Schlacht bei Lützen am 6. November 1632 unter Zeremonien in roter Farbe nach Schweden heimgeholt. Die Schiffe der Flotte, die den toten König in sein Heimatland zurückführte, waren rot drapiert.

Zeichen des Königs: die rote Fahne

Vom Altertum bis ins Mittelalter war die Großfamilie in weiten Bereichen Europas verbreitet. Seit den Römern gehörten Beziehungen zu den Abgeschiedenen der Familie in einem großen Teil Europas zur rituellen Selbstverständlichkeit. Es war dies gewiß kein »Ahnenkult« im Sinne einer Heldenverehrung romantischer Art, sondern das Bewußtsein einer Präsenz der »vorausgegangenen Familienmitglieder«.

Rot waren die Malsteine und Rot war der »Rotgart« als Gerichtsplatz. Die gleiche Farbe trug die Fahne, die den Sieg und die Kraft dazu bringen sollte. Die Malsteine der Könige standen oft auf Hügeln und waren zugleich Thingplatz, also Treffpunkt der Volksversammlung. Daher ist die rote Fahne Zeichen des Ortes, Sinnbild für die Kraft des lebenden Königs und aller seiner Vorfahren. Zumeist leiteten die Könige ihre Abstammung von Göttern ab. Es waren Kriegs- und Totengötter, Fruchtbarkeitsbringer, Schützer der Geschlechtskraft, die die Farbe Rot als Symbol hatten.

Die Königsfahne war bei vielen Völkern eine bildlose rote Fahne. Es werden mit dieser Fahne viele magische Gedanken verbunden; so wird man durch das Schwenken der Fahne »geweiht« oder seine Handlungen, die nicht im Sinne der Fahne waren, »entsühnt«. Neue Fahnen »berühren« war eine »erprobte« Handlung zur Weitergabe der ihr innewohnenden Kräfte.

Mit der bildlosen roten Fahne belehnte einstmals auch der König seine Fürsten und verlieh mit ihr die Jura regalia, die Reichsrechte. Man sprach auch von der »Lehensfahne«. Der Name »Blutfahne«, der gleichfalls gebräuchlich war, soll auf noch ältere Zeiten zurückzuführen sein. Diese Fahne diente der »Blutgerichtsbarkeit«, und fand auch bei allen unblutigen Gerichtshandlungen Verwendung. Es ist zu vermuten, daß hier heidnische Opfer nachwirkten, bei denen Stoffwimpfel, etwa naturfarbene aus Leinen, in Blut getaucht wurden.

Wenn ein solcher Wimpel oder ein vielzackiges Tuch im Winde flatterte, erschien es den Betrachtern als Flammenzeichen. Im 14. Jahrhundert lesen wir bereits vom »Feuerbanner« des Königs. Das kriegerische Empfinden, das die rote Farbe auslöst, fand seinen Niederschlag in der Bezeichnung Kriegsbanner. Schon im 12. Jahrhundert werden die Heerführer nachweislich mit dem roten Kriegsbanner des Königs berufen.

Es wird angenommen, daß dieses »heilige Zeichen« des Königtums ursprünglich mit einem anderen »heiligen Insignum« königlicher Macht verbunden war: mit dem Speer. Nicht das Schwert, sondern den Speer trugen die Götter als Waffe und Zeichen ihrer Macht. Zu dieser Wurf- und Stoßwaffe aber paßte nicht das viereckige Fahnentuch, das die römischen Legionäre unter ihren Adlerzeichen befestigt hatten. An Speer oder Lanze wurde ein Wimpel befestigt.

Diese Form der Flagge läßt sich schon bei den Goten des 5. Jahrhunderts nachweisen. Die Spitze des Speeres war aus Gold und mit Bändern geschmückt. Darunter wurde ein Stück Tuch befestigt. Der Ostgotenkönig Totila soll seinen Speer, der mit Purpurbändern geschmückt war, kunstvoll in die Luft geschleudert und wieder aufgefangen haben. Dies ereignete sich vor der Schlacht von Taginae im Jahre 552.

Ob das »kunstvolle Waffenspiele« vor dem Kampf waren oder ein Ritual war, ist nicht festzustellen. Es war bei den Germanen üblich, vor dem Kampf den Gegner dem »Tode« (= Wodan) zu weihen, indem man einen Pfeil abschoß, der weit über den Köpfen der angreifenden Scharen seine Bahn zog. Es ist durchaus denkbar, daß Totila durch einen rituellen Speerwurf den Angreifern »einen baldigen Untergang« anzeigen wollte.

Daß die ältesten germanischen Feldzeichen, wie die der Römer, aus rotgefärbten Tüchern in Wimpelform bestanden, geht aus angelsächsichen und nordischen Quellen hervor, wo sie als »blutfarbig«, »goldfarbig« (rot oder gelb) »feuerfarbig« bezeichnet werden.

Im 6. Jahrhundert ist der Merowingerkönig Theudebert auf einer Münze mit einem mehrzüngigen Wimpel dargestellt. Die späteren Merowinger werden mit Lanzen und einspitzigem Wimpel abgebildet.

Im 9. und 10. Jahrhundert schließlich finden wir die gleichen Symbole auf den Siegeln Kaiser Karls des Dicken und auf Bildern von Konrad I. und Heinrich I.

Während die romanischen Völker Europas im Roland den sagenhaften Paladin Karls des Großen sahen, dem zahlreiche literarische Denkmäler gesetzt wurden, hat im deutschsprachigen Raum der »Roland« eine andere Bedeutung.

In Norddeutschland, wo in vielen Orten Rolandsfiguren zu finden sind, hat diese Gestalt den Charakter des »Richters«. Früher wurde auch gesagt, er vertrete hier den »Kaiser«. Die Rolandsfiguren wurden auf Gerichtsplätzen aufgestellt, die im Bereich der Gerichtsbarkeit Ottos des Großen lagen und das Magdeburger Stadtrecht besaßen. Oft berief man sich hierbei auf »Kaiser Karl den Großen«. Immer dann, wenn eine bestimmte Menschengruppe sich auf einen »halbgöttlichen« Urheber eines Rechtsbrauches beziehen will oder die Berechtigung für die Durchführung einer Rechtshandlung begründen soll, wird der »erste Kaiser« deutscher Zunge angerufen.

So finden wir die Berufung auf »Kaiser Karl, der im Untersberg seinen Sitz hat«, auch bei dem bayrisch-österreichischen Geheimbund junger Männer, den »Haberern«. Diese führten ihre »Gerichtshandlung« beim »Haberfeldtreiben« durch. Es handelte sich um eine volkstümliche Gerichtsbarkeit, die gegen alles einschritt, was den jugendlichen Mitgliedern als unnatürlich und verwerflich erschien. Darunter fielen auch oft Handlungen, die keineswegs strafbar waren, z. B. wurde die Heirat eines alten Mannes und eines blutjungen Mädchens als verabscheuungswürdig gerügt und angeprangert. Diese Form der »Volksgerichtsbarkeit« wurde sehr bald mit Stumpf und Stiel ausgerottet.

Wir wissen schon, daß das »rote Land« der Ort der Gerichtsbarkeit war. Es wird uns daher nicht wundern, wenn wir im Herren des roten Landes oder »Rosengartens« den Stellvertreter einer legendären Kaisergestalt, eben den Roland finden.

Manche Forscher sind der Meinung, daß der Rosgart, später Rosengarten genannt, den Kult- und Versammlungsplatz kleinerer Orte bezeichnete, während die Stätte des königlichen Gerichtes oder des Königsbannes das »rote Land« war[53]. Es gab verschiedene Zeichen des Königsgerichtes: das Marktkreuz, das zuweilen auch den königlichen Handschuh trug. Besonders eindrucksvoll als Sinnbild der Gerichtsbarkeit war das »entblößte Schwert«. Im 13. und 14. Jahrhundert wurden Rolandsfiguren aufgestellt, deren erhobenes Schwert als Symbol der Gerichtsbarkeit und des Marktfriedens galt, während die Gestalt des »Helden« selbst in den Hintergrund trat.[54]

Der Name des »echten« Roland, des christlichen Helden und Paladins Kaiser Karls des Großen, mag »Hruodlandus Britannici limites praefectus« gelautet haben, wie der Biograph des Kaisers berichtet. Er soll bekanntlich im Jahre 778 in den Pyrenäen gekämpft haben. Aus altfranzösischen Quellen, aus anglonormannischen literarischen Zeugnissen und schließlich auch aus dem deutschen Lied des »Pfaffen Konrad« war diese Gestalt weithin bekannt. Weshalb aber sollte »Hruodland« (= »Prachtland«) nun zum Herrn des »roten Landes« geworden sein?

Die Symbolik der »Ahnengräber«, der abstrakt gestalteten Säulen und Pfeiler, bei denen Urteile gefällt und auf die auch Eide geleistet wurden, geriet im Mittelalter immer mehr in Vergessenheit. Der Kaiser oder König sollte nun durch eine passende Figur repräsentiert werden. Der Name »Rotland« für den Gerichtsplatz war nicht mehr so geläufig wie früher. Der »Held« namens Roland aber war mit dem altbekannten Namen Rotland leicht zu assoziieren.

Die Psychologie lehrt uns, daß ähnlich lautende Namen nur schwer behalten werden können. Man spricht von der »Ranschburgschen Hemmung«. Es ist deshalb anzunehmen, daß im Gebrauch »Rotland« und »Roland« in eins verschmolzen und daß schließlich der Platz des Gerichts und sein »Herr« eine neue Bezeichnung fanden. Man erinnerte sich, daß man vor dem Roland auf dem roten Land »rügen« dürfe. Das bedeutete: Hier ist Anklage zu erheben. Daher wird jenes Land nun zum »Rügeland«, und letzten Endes erhält auch des »Kaisers Stellvertreter« diesen Namen.

In verschiedenen Wörterbüchern wird erklärt, daß sich aus »Hruodland« von selbst »Rügeland« geformt habe, was aber unwahrscheinlich ist. Vermutlich wurde aus »Rotland« = Gerichtsland später »Rügeland« = Anklageland; der Herr dieses Platzes war Rotland/Roland, später der Rügeland.

Wir sehen noch einen weiteren Zusammenhang zwischen dem roten Land und dem Ritter Roland. Wir wissen, daß auf dem »Rosgard« der vorgeschichtlichen Zeit zur Ehre der Abgeschiedenen Kämpfe, Spiele und Tänze stattfanden. Dies ist nicht nur für den von germanischen Völkern besiedelten Raum bekannt, sondern auch bei vielen indogermanischen Völkerschaften, u. a. bei Griechen und Römern, festzustellen. Der »rotgesäumte Platz«, zugleich Richt- und Spielplatz, erscheint auch in vielen Sagen.

Noch heute hören wir mancherorts bei Reiterwettkämpfen, daß um den »Roland gestritten wird«. Im Dithmarschen finden Tänze und Spiele statt, bei denen eine Rolandssäule im Mittelpunkt steht.[55] In diesem Zusammenhang muß auch der Brauch des Stechens nach einem Rennpfahl gesehen werden. Im gesamten deutschen Sprachraum können die Reiterspiele um die »Quintana«, wie der Pfahl auch genannt wird, beobachtet werden.

Das Handgemal in roter Farbe

Zu den Rechtsaltertümern, die in eine vorgeschichtliche und vorchristliche Zeit weisen, gehört zweifellos das »Handgemal«. Es ist jenes Zeichen inmitten eines Gutes, das, als Mal errichtet, wie eine Stele aus dem Boden ragte und symbolisch mit dem Erdinneren, dem Sitz der »Unteren« – also der Vorfahren –, die Verbindung herstellt.

Es ist der Staffelstein, die Säule einer Stufenpyramide oder auch nur ein Pfahl, eine steinerne oder hölzerne, rotbemalte

Säule. Hier ist der Platz der Versammlung und die Gerichtsstätte. Wer schwören sollte, tat es durch Handauflegen auf jenem Malzeichen.[56]

Wir wissen, daß feierliche Handlungen oft mit Mählern einhergingen. Grammatisch ist heute eine deutliche Unterscheidung zwischen Mal und Mahl getroffen worden, semantisch überschneiden sich diese Begriffe. Forscher, die diese alten Rechtsbräuche eingehend untersuchten, weisen darauf hin, daß die alten Gerichtswahrzeichen, wie der Malbaum oder Malstein, bis heute in Kinderspielen vorkommen. Je nach der geographischen Lage heißen sie »Mal« oder »Freimal«, »Gemal« oder »Freigemal«.

Oft war auch ein Kreuzpfahl der Mittelpunkt des Gerichtsplatzes, in frühchristlicher Zeit waren es wohl Grabkreuze. Es hatte auch schon in vorchristlicher Zeit »Grabkreuze« oder Malkreuze in Form eines Radkreuzes gegeben. Das vier- oder achtspeichige Rad galt als Sonnensymbol. Wer – besonders in nordischen Gebieten – gegen die Sonne blickt, sieht durch Lichtbrechungserscheinungen bekanntlich die Sonne mit einem »Strahlenkreuz«. Das Radkreuz war im germanisch besiedelten, aber auch im keltischen Raum bekannt. Oft wurden diese Radkreuze rot gestrichen; ob damit eine Verbindung zu den »Unterirdischen« oder einfach die »rote Sonne« gemeint war, wissen wir nicht.

Es ist eher anzunehmen, daß die Rotfärbung der Sonnenkreuze von dem roten Friedhofsplatz oder dem roten Gerichtsplatz herzuleiten ist. Zweifellos diente in vielen Fällen das Grab der Vorfahren als Kult- und Gerichtsstätte. Manche Forscher weisen darauf hin, daß in nordischen Gebieten auf dem »odalshaugr«, d. h. auf dem Grabhügel des Besitztums, freie Bauern, ja sogar Könige, das Volksthing abhielten.[57]

Im fränkischen Gebiet durfte der Grundbesitzer seine »eigene Kirche« erbauen und einrichten. Damit war nicht mehr das »Ahnengrab« die Stätte für Rechtshandlungen, sondern das »christliche, geweihte Grab«, d. h. das Grab des Heiligen.

Auf die Reliquien und Gebeine des Heiligen wurden nunmehr Eide geleistet. War es in vorchristlicher Zeit üblich, auf den roten Pfahl des Radkreuzes die Hand aufzulegen und zu schwören, so nahm jetzt der Priester vor dem Altar den Eid entgegen.

Außerordentlich interessant ist, daß unser heutiges Wort »Schwören« noch aus jener vorchristlichen Epoche zu stammen scheint, als jeder seine Hand zur religiösen Bekräftigung auf den heiligen Pfahl legte oder die Hände auf dem Handgemal zum Bund fürs Leben vereinigte. Die althochdeutsche Bezeichnung für Schwören war »sviron«, die sich vom Worte Pfahl (= »svir«) ableitet, das noch im Mittelhochdeutschen gebraucht wurde. Wer also den Grabespfahl oder den Eidespfahl anfaßte, leistete den Schwur.

Schon in vorchristlicher Zeit war es Brauch – vielleicht, um »Gefolgschaft mit der Waffe« zu geloben –, sein Schwert an dem Malstein oder rotgefärbten Malpfahl zu wetzen. Dies läßt sich auch für die christliche Zeit noch an Steinkreuzen oder Türpfosten von alten Kirchen nachweisen.

Der mit roten Fäden umsäumte Rosgart oder Rotgart war ursprünglich die Grabes- und Eidesstätte. Diese Funktion übernahmen zunächst »umgürtete« Kirchen. Später wurde wohl der Platz des Friedens, die Kirche, von der Blutgerichtsbarkeit getrennt. Es blieb aber bis zum heutigen Tag das Gotteshaus mit dem »Heiligengrab« der Ort, an dem unauflösliche Eheversprechen gegeben werden, wobei die ursprünglich rote Farbe der Hochzeit in vielen Ländern Europas zur Farbkombination Rot-Weiß gewechselt hat – vor allem im bäuerlichen Milieu.

Die Rota Romana und ihre Entstehung

Der bedeutendste Gerichtshof der römischen Kurie ist bekanntlich die »Sacra Rota Romana«. Wie aus kirchlichen Werken zu ersehen ist, wurden Papst- und Kaiserkrönungen, päpstliche disziplinäre Angelegenheiten vor diesem Gerichtshof verhandelt. Die Rota Porphyretica befindet sich im Petersdom. Die im Fußboden ausgelegte Rundung soll genau der runden Anordnung der Richterbank entsprechen. Nach der römischen Rota wurden noch mehrere Gerichtshöfe dieses Namens errichtet. Einige in Italien, einer in Madrid.[58]

Jedenfalls hat das Rad der Institution den Namen gegeben. Es läßt sich auch eine Verbindung zwischen dem roten Radkreuz – von dem vorher beim »Schwören« gesprochen wurde – und der Rota Romana herstellen. Das im Mittelalter in deutschen Ländern noch im Gebrauch stehende rote Rad als Gerichtszeichen hat eine Umformung und Wandlung erfahren.

Zunächst brauchten die »Malzeichen, vor denen Verträge geschlossen wurden«, nicht mehr aus Stein zu sein. Sie wurden im Mittelalter auf Urkunden aufgemalt oder mit Hilfe eines Siegels auf das Papier, das die Verträge enthielt, geprägt. Immer wieder wurde das Radkreuz auf Urkunden, aber auch noch als Zeichen von Gerichtsstätten, etwa auf Felswänden, angebracht.

Herbert Meyer nimmt an, daß auch dem Grafen von Egisheim im Elsaß, dem späteren Bischof von Toul, dieses »Rad« als Zeichen des Gerichtes durchaus geläufig gewesen war.[59] Als er später als Papst Leo IX. in Rom herrschte, soll er das Rad für den Gerichtsring auch hier eingeführt haben. Das Radzeichen ist schon um das Jahr 1050 auf Urkunden zu finden, allerdings mit schwarzer Tusche, so daß eine Verbindung zum roten Radkreuz nicht gegeben scheint. Wohl aber ist die richterliche Amtstracht der Sacra Romana Rota die rote Robe.

Ein älteres katholisches Kirchenlexikon beschreibt etwas genauer die Gestaltung der Rota Romana Porphyretica: »Den Namen Rota soll dieser Gerichtshof nach dem einen von dem in Form eines Rades ausgelegten Fußboden, nach anderen von seinem Terminkalender, der die Form eines Rades bildet, oder von den im Kreise herumsitzenden Richtern tragen.«[60] Vielschichtigkeit und Verschränkung von Motiven sind in kulturellen Erscheinungen stets zu erwarten: »Meist ist vieles zusammengeflossen, so daß ein Brauch gewöhnlich verschiedene Seiten hat, wozu auch der gefühlsmäßige Anteil beiträgt. Eine einzige Bedeutung gültig zu setzen heißt in der Regel, den Sachverhalt über Gebühr zu vereinfachen.«[61] Diese Worte Richard Wolframs gelten gewiß auch für die geheimnisvolle Existenz des »heiligen römischen Rades in Purpurfarbe«.

Die Macht der roten Farbe

Aus dem Beispiel der Alchimisten ist zu ersehen, weshalb kräftig wirkende Substanzen rot vorgestellt werden. Wir sagten schon, daß der Stein der Weisen von zahlreichen Menschen, die behaupteten, ihn gefunden oder zumindest besessen zu haben, als rote Materie bezeichnet wird. Auch von Paracelsus wird er als »schwer und rubinfarbig« geschildert. Manchen Alchimisten schien es wichtiger, mit Hilfe der Ultima Materia nicht Gold, sondern das »Lebenselixier« herzustellen.Dieses Mittel, das alle Krankheiten heilen und das Leben verlängern sollte, wurde angeblich aus dem Stein der Weisen gewonnen. Wie nicht anders zu erwarten, wurde es »rotes Öl«, bei Paracelsus »Alkahest« genannt.

Ob es jemals rote »Wundermittel« gab oder sie nur Auswüchse einer wuchernden Phantasie waren, wollen wir nicht untersuchen. Uns interessiert aber die Tatsache, daß viele Männer den Stein der Weisen und das Lebenselixier in roten Substanzen vermuteten oder sogar annahmen, daß diese »kräftigsten Stoffe« rot gefärbt sein müßten.

Es ist bekannt, daß der Mensch dazu neigt, Ansätze zu Muskelbewegungen zu zeigen, sobald er intensiv an Bewegungen denkt. Auch vor dem Fernsehschirm »ballt sich die Faust« von selbst, wenn eine wilde Schlägerei vorgeführt wird. Wer an Kraftanstrengungen denkt, verspürt – wenn er sich selbst kontrolliert – eine unbestimmte innere Spannung. Diese »Bereitschaft«, etwas zu tun oder »mitzutun«, geht gewiß mit einer Erregung des sympathischen Nervensystems einher. Der Sympathikus hat ja die Aufgabe, den Organismus des Menschen auf Höchstleistungen einzustellen.

Wir haben schon gehört, daß die rote Farbe – oder in noch höherem Maße das rote Licht – den Sympathikus reizt. Nicht so stark wie andere Mittel, aber doch spürbar. Wenn man sich nun »kräftige« Substanzen vorstellt, also gleichfalls unbewußt eine Bereitschaft des sympathischen Nervensystems hervorruft, dann wird die Vorstellung eines unbekannten Stoffes die »gleiche Stimmung« in sich tragen. Er wird uns also in der Phantasie so gefärbt erscheinen, daß er den Sympathikus reizt, d. h. rot!

Auf diese Weise erscheinen nicht nur kräftige Heilmittel, mächtige »Umwandler« von Elementen rotgefärbt, sondern auch alle kräftigen Dinge, Figuren und Lebewesen.

Wer noch mächtiger erscheinen will, kann sich etwa das Gesicht rot färben! Das klingt wie ein Faschingsscherz.

Eine Tatsache aber ist es, daß den siegreichen Feldherrn des römischen Heeres bei ihrem Triumphzug durch Rom die Gesichter leuchtend rot gefärbt wurden!

Es ist nicht auszuschließen, daß diese auch heute noch begreifbaren Sitten aus viel älteren Verhaltensmustern hervorgegangen sind. Vielleicht hat sich in Urzeiten der Sieger mit dem Blut des Besiegten das Gesicht gefärbt. Ähnliche Bräuche gibt es in der Jagd: Der Jäger taucht in manchen Gegenden Tannenreisig in das Blut des erlegten Tieres, um damit seinen Hut zu schmücken.

Man glaubte sogar noch im Mittelalter, durch das Blut getöteter Helden selbst Mut gewinnen zu können.

Rote und schwarze Wächtergestalten

Der Kult, Götterfiguren *rot zu färben,* dürfte noch aus jener Zeit stammen, als man Göttern Blut opferte: Sie wurden damit bestrichen.

Griechen und Römer teilten »Stärke« den Himmlischen zu, die mit dem Wetter oder der Fruchtbarkeit und Vermehrung zu tun hatten. So wurden *Zeus und Jupiter Capitolinus, Dionysos und Bacchus* rot gefärbt.

Wir erwähnten schon, daß das analytische Denken ein Kennzeichen »später Kulturen« ist. So wurde zum Beispiel der Begriff »Kampf« in die Bestandteile aufgelöst: »Angriff«, »Verteidigung« oder »Einzelkampf«, »Massenangriff«, »Nahkampf«, »Fernkampf«. Die Zergliederung des Begriffes Fruchtbarkeit ist ebenfalls das Charakteristikum »späten Denkens«. Doch es gab auch schon im klassischen Altertum die Aufteilung in »Fachbereiche«.

So wurde *Priapos* als Spezialgott für die Sexualität angesehen. Manche Hermen trugen eindeutig sexuelle Kennzeichen. Es wird von einem Kult berichtet, demzufolge besonders Mädchen und Frauen die Gestalt des Priapos mit Blumen schmückten oder mit roter Farbe bestrichen. Bis in unsere Tage gibt es »verkappte« Fruchtbarkeitssinnbilder, die gleichzeitig *Wächterfunktionen* haben. Es wird angenommen, daß die Vogelscheuchen auf Feldern und in Gärten einstmals nicht nur die Aufgabe hatten, unliebsame Fresser zu verjagen und einen »männlichen« Schutz der Kulturen darzustellen. Sie werden noch heute vielerorts mit abergläubischen Vorstellungen verbunden. Im »Weinviertel« (Niederösterreich) werden sie »Tattermann« genannt, was anderswo den Tod bedeutet.

In Österreich heißen die aus Holz geschnitzten Brunnenfiguren, aber auch Strohpuppen ebenso. Es gibt verschiedene Versuche, diese Bezeichnung etymologisch zu deuten: »Zittermann«, »Tattergreis«, »Tropfemann«-Brunnenfigur und ähnliche »Lösungen«. Alle diese Worterklärungen können kaum befriedigen. Von der Farbe her erscheint die Lösung »Totenmann« gerechtfertigt, denn seine Farben sind *Rot oder Schwarz.* In manchen Gegenden des deutschsprachigen Raumes wird eine Puppe »Tod« oder »Winter« benannt und zu Beginn des Frühlings verbrannt.

In vielen Volksbräuchen wird ein »roter Judas« gejagt und vernichtet. Am vierten Sonntag in der Fastenzeit, dem Sonntag Lätare, »schlägt die Stunde des lästigen Winters« oder eisigen Todes. Als heiteren Kontrast zu dem feierlichen »Leichenzug des Winters«, der auch als *»Todaustragen«* bezeichnet wird, gibt es das »Sommergehen« (Schlesien), den »Heidelberger Sommertag« jüngeren Datums, das »Sommereinholen« usw.

Das Todaustragen ist einer der ältesten deutschen und vielleicht auch slawischen Bräuche. Der »Totensonntag« zu Lätare wurde schon auf dem Konzil des Jahres 692 – der sogenannten Trullanischen Synode – mißbilligt und das *Todaustreiben verboten!*

Über das Todaustragen hören wir gleichwohl noch aus Prag 1366, aus Franken 1520 und aus Thüringen, Schlesien und dem Innviertel bis in unsere Tage. Nicht uninteressant ist ein Bericht aus Graz: Im Jahre 1774 wurde die Verbrennung des Tattermanns, der dort als riesige Strohpuppe erschien, verboten. Das führte zu einer Revolte der Einwohner dieser Stadt, die sich das altgewohnte Volksfest des »Todverbrennens« nicht nehmen lassen wollten. Den Behörden fiel nichts anderes ein, als den Aufstand mit Waffengewalt niederzuschlagen.[62]

Ob es immer ein »Winter-Sommer-Spiel« war, das in den deutschsprachigen Gebieten stattfand, ist ungewiß. Sicher ist, daß Lätare in Schlesien und im Innviertel *»Totensonntag«* genannt wurde. Im Riesengebirge und anderen Gegenden hieß er *»schwarzer Sonntag«.*

Zuweilen erhält Lätare auch den Namen *Rosensonntag* (Lechrain, Allgäu, Westböhmen). Wir kennen die Verbindung zwischen Rose und Tod: »Ros« = »Rot« = »Tod«. Daher erscheint die Erklärung, der Papst hätte an diesem Tag eine goldene Rose geweiht, wenig plausibel! Glaubhafter wäre es, zuzugeben, daß man den Namen nicht verstehe oder einen neuen Namen suche, um die »heidnische« Form »Ros – Sonntag« oder »Roter Totensonntag« verschwinden zu lassen. Für jene Menschen, die am Brauche des schwarzen oder roten Sonntags hingen, war es ein glücklicher Umstand, daß die Ergebnisse der Trullanischen Synode als »byzantinisch« gewertet und von der katholischen Kirche nicht anerkannt wurden.

Daß der Tattermann oder die Vogelscheuche eine Wächterfigur ist, wird niemand bestreiten. »Wachestehen« und »Fruchtbarkeitskult« erscheinen in neuem Lichte, wenn man neben der schwarzen die Bedeutung der roten Farbe untersucht.

Das Problem der sexuellen Drohung

Durch die Primatenforschung kam der Gedanke an die »Ursprünglichkeit« der geschlechtlichen Drohung ins Blickfeld der Wissenschaft. Man hatte festgesellt, daß Affenmännchen, die den Schutz und die Wache für ihre Gruppe ausübten, ein phallisches Imponiergehabe zeigten. Sie wendeten sich von ihren Gruppenmitgliedern ab, starrten nach »außen« und präsentierten ihre sichtlich gereizten Geschlechtsorgane, die bei manchen Affenarten mit »Signalfarben« versehen sind.

Dieses eigenartige Gehabe ist für fremde Tiere eine Warnung, nicht zu nahe heranzukommen. Sollten neuankommende Männchen doch eine Annäherung versuchen, so kommt es zu einer Demonstration der Macht. Der »Wächter« stellt die »Rangordnung« her, indem er bei dem fremden Tier »aufreitet«.[63]

Die Völkerkunde kennt die Vergewaltigung als Drohmittel wie als Möglichkeit, einen schwächeren Gegner tief zu demütigen. Eibl-Eibesfeld führt ein Beispiel an, nach dem diese primitive Methode sogar noch im politischen Geschehen unserer Tage angewendet worden ist. 1962 soll in Algier der Repräsentant einer Großmacht auf diese Weise durch die siegreichen Rebellen öffentlich gedemütigt worden sein.

Manche Wüstenbewohner sehen es als ihr gutes Recht an, Einzelreisende, die in »ihr Gebiet« eindringen, zu überfallen und bis zur völligen Erschöpfung zu mißbrauchen. Die Opfer hatten oft nicht mehr die Kraft, das Wüstengebiet zu verlassen. Volkskundeforscher berichten aus dem Kaukasus, daß Frauen vom Volke der Kubarschiner in Dagestan, das 1500 m über dem Meere liegt, auf »fremde Männer« Jagd machen. Bis vor kurzem war es Brauch, von »Eingefangenen« Lösegeld zu fordern. Früher belustigte man sich, indem der Gefangene alle Launen der Frauen und Mädchen ertragen mußte. Alte Leute aber erzählen dort, daß einzelne, fremde Wanderer gefangengenommen und sexuell mißhandelt wurden: Der Unglückliche wurde ausgezogen und von den Frauen geschlechtlich gereizt, sodann sein Penis mit Hilfe von Brennesseln furchtbar gemartert.[64]

Wir sehen, daß die Drohungen der »Wächter und Wächterinnen« eines Gebietes keineswegs nur Symbolcharakter hatten. Die geschlechtliche Bedrohung wurde aber als Abschreckungsmittel von den menschlichen Wächtern auf Figuren übertragen, die dem gleichen Zweck dienten. Der *rote Anstrich* dieser Gestalten bedeutete Fruchtbarkeit, und im Lichte neuer Erkenntnis auch *sexuelle Kraft für den Wächter.* Wir haben schon davon gehört, daß die rote Farbe von vielen Männern als Stimulans für geschlechtliche Erregung aufgefaßt wird. Sollten wir nicht überlegen, ob auch jene Fruchtbarkeitsfiguren der Urzeit »Wächter« gewesen sein könnten? Wenn wir uns die sogenannten Venusgestalten des Paläolithikums ansehen, können wir wohl kaum eine Drohgebärde ablesen. Auch die Amulette könnten dem Zwecke der Abschreckung gedient haben. In der Tat finden wir noch bis heute Figuren mit sexuellen Gebärden, die als Abschreckung gedacht sind.

Nachbildungen von Gesten oder Körperteilen werden als Anhänger getragen. Die »Neid- oder Verschreifeige« zum Beispiel ist jedem volkskundlich Interessierten bekannt. In Italien und Spanien finden wir diese Anhänger, die auch in Österreich und Bayern als Mittel gegen den bösen Blick benutzt werden. Während im Jungpaläolithikum »die Summe« der Sexualorgane dargestellt wird, finden wir seit dem Altertum die sinnbildliche Darstellung der sexuellen Handlung, offensichtlich als Drohung. Z. B.: Der Daumen erscheint durch Mittel- und Zeigefinger eingeklemmt. Name und Geste sind seit dem Altertum bekannt und galten stets als obszön. Viele *Amulette werden auch heute noch rot gefärbt.* Man will ihnen offensichtlich besondere Wirksamkeit verleihen. So sind die »Neidflekkerln«, die überall dort angewendet werden, wo man um Mensch und Tier bangt, rot: auf den Kleidern der Kinder, am Brautwagen, am Pferdegeschirr. Die Steinzeitamulette allerdings sind von anderer Art. Sie zeigen durch ihre Verbindung zu den Phasen des Mondes, daß sie wohl der Fruchtbarkeitsmagie zugerechnet werden müssen.

W. Wickler berichtet über Wächterfiguren in Bali, die gleichfalls phallische Drohgebärden zeigen. Sie sind aus Holz geschnitzt, wobei das männliche Organ zuweilen rot gestrichen ist. Als Kontrast dazu ist das Skrotum grün gefärbt.

Wir könnten nun annehmen, daß die Drohungen von Wächtergestalten primitiv seien und nur bei »Wilden« vorkämen. Das ist keineswegs der Fall, denn noch im klassischen Altertum können analoge Gestalten festgestellt werden. Wer hält nicht die »Hermen« – also Pfeilerschäfte mit menschlichem Haupt – für einen »edlen Ausdruck« der antiken Kunst? Sie sahen aber ursprünglich wenig »gesellschaftsfähig« aus: Sie waren mit Phallus und Armansätzen ausgestattet! Offensichtlich wurden ihnen Wächterfunktionen zugeschrieben. Als Hermes Pylaios behüteten sie das Haus vor den bösen Einflüssen der Umwelt.

Hermes, dessen Name sich vom Steinhaufen herleitet, war auch der Gott, der die Wege beschützte. Die Wanderer opferten ihm im Vorübergehen einen Stein! Das heißt, daß jeder, der an einer Gedenkstätte des Hermes vorbeikam, auf eine bereits bestehende Steinpyramide eine weitere Steinplatte legte. Ähnliche Bräuche haben sich bis in unsere Tage in den Alpengegenden erhalten. Auch hier entstehen durch das unentwegte Deponieren von »Opfersteinen« die »Steinmandeln«.

Der deutsche Psychologe Peter R. Hofstätter und der amerikanische C. E. entwickelten eine Methode, die geeignet ist, die Bedeutung von Vorstellungen zu erkunden. Sie stellten die Frage: Wie muten uns bestimmte Begriffe an? Welche Empfindungen verknüpfen wir mit Worten? Das »Polaritätsprofil« oder »semantic differential« sollte z. B. klären, welche Zusammenhänge zwischen den Begriffen »Liebe« und »Rot« bestünden. Daß diese – vielleicht seit »urdenklichen Zeiten« – als zusammengehörig empfunden wurden, wußte man. Es ließ sich aber nirgends eine kausale Verknüpfung (nach Ursache und Wirkung) erkennen. Rote Rosen als Zeichen der Liebe sind in ganz Europa, vielleicht sogar in der ganzen Welt, bekannt; »rot ist die Liebe«: als Zitat überaus verbreitet! Hofstätter untersuchte, ob die »Verwandtschaft der Begriffe« durch weitere Assoziationen, d. h. Gedankenverbindungen, die beiden gemeinsam sind, begründet werden könne.

Hofstätters Methode läßt sich mit einem kleinen Gedankenexperiment veranschaulichen. Wir stellen uns vor, daß wir mit Hilfe von Gegensatzpaaren befragt werden, ob uns die Liebe »kalt oder heiß« anmute. Zweifellos antworten wir: »Heiß!« Eine weitere Frage, ob uns die Liebe »alt oder jung« erscheine, würden wir voraussichtlich mit »jung« beantworten. Die Frage: »Ist die Liebe frisch oder abgestanden?« ist nicht schwer zu entscheiden: Alle sagen wohl: »Frisch!«

Würden wir in gleicher Weise befragt, wie es um die Farbe Rot bestellt sei: »Erscheint Rot heiß oder kalt?«, »mutet es uns alt oder jung an?«, »erscheint uns diese Farbe frisch oder abgestanden?«, so wären die Antworten leicht vorauszusehen; denn wer könnte bei der zweiten Befragung anders antworten als bei der ersten?

Nach dem gleichen Prinzip geht Hofstätter beim »semantischen Profil« (vielleicht mit »Zeichnung der Sinnbedeutung« zu übersetzen) vor; er verlangt eine nach Graden abgestufte

Beantwortung durch seine Versuchspersonen. Darüber hinaus berechnet er die *Ähnlichkeit der Begriffe Liebe und Rot* noch mathematisch (nach der Methode der Korrelationsrechnung).[65]

Die »Verwandtschaft« von Rot und Liebe erwies sich als außerordentlich »nahe«! Offensichtlich werden durch die beiden Begriffe gleiche Gedanken erweckt, gleiche Gefühle hervorgerufen. Sollte hier ein Lernprozeß stattgefunden haben? Gewiß keiner, der auf mündlicher Überlieferung beruht. Die Tiefe der Verbundenheit beider Begriffe läßt eher darauf schließen, daß diese in ganz Europa festzustellende Verwandtschaft zwischen Liebe und Rot auf physiologischen Gegebenheiten des Menschen beruht.

Jeder Mensch, der sich die Farbe Rot vorsellt, verspürt zugleich die Wirkung dieser Farbe. Offentsichtlich wird der Sympathikus in bescheidenem Maße erregt. Wenn wir an Rot denken, meinen wir, die Wärme dieser Farbe zu verspüren, ihre »Wildheit«, ihren »Mut«, vielleicht sogar »Frische« und »Schönheit«. Wer sich in seiner Phantasie die Wirkung der Liebe vorstellt, prüft die »Initialzündung« des Verliebtseins: Eine Erregung des gleichen Nervensystems ist die Folge. Manchen Menschen wird es »heiß«, wenn sie an die geliebte Person denken, viele werden blaß, wenn unversehens von dieser gesprochen wird. Nicht wenige überkommen ein Kraftgefühl und eine Leistungsbereitschaft »aus Liebe«, die von den gleichen Personen bei der täglichen Arbeit nicht erwartet werden können. Alle diese Erscheinungen sind auf die Erregung des Sympathikus zurückzuführen.

Die Übereinstimmung der Nervenerregung bei den Begriffen Rot und Liebe ist die Grundlage des Symbolgehaltes der Farbe. Wenn die physiologische Verbindung dieser Begriffe – und nicht eine Überlieferung – den Spruch »die Liebe ist rot« hervorruft, so dürfen wir erwarten, daß bei verschiedenen Völkern die gleiche Anschauung festzustellen ist.

Tatsächlich berichtet Hofstätter von Paralleluntersuchungen

zu unserem Gegenstand: Bei Engländern wie bei US-Amerikanern korreliert der Begriff »love« sehr hoch mit der Farbe Rot. Auch Untersuchungen im französischsprachigen Raum und bei den Italienern zeigen ähnliche Resultate.[66]

Die Farbensymbolik im Mittelalter

Betrachten wir jene Zeit, die für die Liebe zwischen Mann und Frau eine Symbolsprache entwickelte, die in diesem Umfang und dieser Allgemeingültigkeit nie mehr erreicht wurde: die mittelalterlichen Farbensinnbilder der Blumen, Edelsteine und Kleider.

Die mittelalterliche Farbensymbolik drückt sich besonders deutlich in der »Sprache der Kleidung« aus. Es ist für uns heute nahezu unfaßbar, daß unsere Vorfahren ihren jeweiligen Zustand der Gefühle, die Leiden und Freuden der Liebe *öffentlich anzeigten.* Wir müssen uns daran erinnern, daß man im Mittelalter unter dem Begriff Liebe andere Bewußtseinsinhalte verstand als wir heute. Statt »unsere« Liebe als Maßstab zu nehmen, müssen wir daran denken, was damals »hohe Minne« bedeutete.

Aus der Provence kam jene Geisteshaltung, die ein ritterliches Streben nach »Veredelung« zum Inhalt hatte. Dies konnte durch Ausübung des Minnedienstes erreicht werden, eine geistig-körperliche, selbstgewählte Aufgabe, die eine unerhörte Selbstdisziplin erforderte und mit religiösen Zielsetzungen verbunden war. In der verehrten Frau, die zumeist verheiratet war, wurde das Abbild der heiligen Maria gesehen.

Es fällt uns heute schwer, diese Form des geistigen Lebens in unserer Phantasie nachzuvollziehen. Die stille Verehrung für eine fremde Frau, der man sich durch Symbole allgemein verständlich »verschrieb«, aber auch die Haltung des Gatten, der es als Ehre empfand, wenn seiner Frau solch ein Minnedienst angetragen wurde, sind uns fremd.

Außer dem Frauendienst spielte auch das Turnierwesen in

der Farbensprache eine große Rolle. Die Familien hatten bestimmte Farben, für die sie stritten. Wer die Verehrung zu einer Dame ausdrücken wollte, trug deren Wappenfarben auf seiner Kleidung, während deren Grundfarbgebung seinen Seelenzustand darstellen sollte. So drückte Grün die aufkeimende Liebe aus, Rot die bestehende, Blau die Treue usw. Auch eine Buchstabenallegorie wurde häufig mit den Farben und Wappen verbunden. So bedeutete »T« Treue, »S« Stäte. Jeder Teilnehmer an einem Turnier mußte eine der genannten Grundfarben wählen, die seine Angebetete bestätigen mußte. Wenn er vor ihren Augen Gnade fand, dann durfte er auch die Farben der Dame oder sonstige Abzeichen von ihr tragen, wobei ein siegreicher Kampf auch für die Frau und ihr Haus ehrenvoll erschien.

Es gibt viele Beispiele dafür, daß die Farbensymbolik von der Ritterschaft auf das ganze Volk, d. h. zuerst auf die Bewohner der Städte, später auch auf die Bauern, übergriff. Der Gebrauch der Farbensinnbilder bei den »Leibeigenen« wird durch die oft schriftlich festgehaltenen Anordnungen sichtbar. Mancher Landesherr oder Grundbesitzer gestattete nur das Tragen grauer Kleider. Besonders die aufreizende, »auftrumpfende« rote Farbe war sehr häufig Gegenstand von Verboten. Deshalb wurde gerade Rot von Bauern getragen, die darauf stolz waren, ihre Freiheit und Unabhängigkeit bewahrt zu haben.

Von der hohen zur niederen Minne

Noch ist nicht ganz geklärt, ob die Geisteshaltung der Katharer und Albigenser, die bekanntlich in Südfrankreich durch einen Kreuzzug ausgerottet wurden, nicht doch in Resten lebendig blieb. Jene Sekten verachteten den Körper und die materielle Welt als Werk des Teufels. Durch Ablehnung des körperlichen Seins sollte sich der Mensch für das gute Prinzip entscheiden.

Offensichtlich hatte die »rein seelische« Verehrung der Frauen viel Gemeinsames mit der Ansicht über einen Kampf zwischen gutem und bösem Prinzip. Die streng religiöse Denkart in Mittel- und Nordeuropa betonte die Selbstdisziplin, die ritterliche Tugend der Einhaltung von Eidesverpflichtungen. Im 14. Jahrhundert war der Höhepunkt des »seelischen Minnedienstes« bereits überschritten. Von nun an beginnen die Klagen über die beginnende Sittenverderbnis, die schließlich zur Sinnlichkeit führte.

Für die feudale Gesellschaft wird die Minne immer mehr zu einer Spielerei. *Die Sprache der Kleidung wird zu einer Kunst,* die vorwiegend der Frivolität dient. Damit kommt auch die *Sprache der Farben in ein schiefes Licht,* das auf bestimmten Gebieten bis zum heutigen Tage nachwirkt.

Früher wurde die Schönheit der Frauen als gottgewollte Aufmunterung zu einem geistig-geistlichen Minnedienst aufgefaßt. Im ausgehenden Mittelalter wandelte sich dieser fromme Sinn in sein Gegenteil!

Viele Menschen dieses Zeitalters fanden es empörend und als eine »Entweihung des Edelsten im Empfinden«, daß man es nun wagte, Gott zu bitten, eine körperliche Vereinigung mit der Geliebten zu ermöglichen.[67]

So ist verständlich, daß die einst hochgeehrten Farben (Grün für die aufkeimende Liebe, Rot für die glühende Verehrung) zu Sinnbildern der Sexualität werden mußten.

Wieder scheint es Frankreich – diesmal allerdings Nordfrankreich – gewesen zu sein, in dem die »neuen, schlimmen Sitten« ihren Ausgang nahmen. Fast alle Farben, die mit Liebe und Treue in Zusammenhang gebracht werden konnten, unterlagen der jetzt folgenden »Abwertung«. Wurde Rot als Sinnbild der »hohen Minne« früher geschätzt, so wurde es jezt als Abzeichen der niederen Minne mißachtet und zum Sinnbild des »lasterhaften Lebenswandels«.

Durch den Charakter, den die Farbe Rot in sich trägt, d. h. durch ihre den Sympathikus anregende Wirkung, wurde verhindert, daß sie allzu tief in der Achtungsskala sank. *Rot kann frech und ordinär wirken,* aber es behält immer noch *etwas Machtvolles,* Achtung Gebietendes.

Darüber hinaus blieb – unter der Schwelle des menschlichen Bewußtseins – immer noch die Korrelation Rot – Liebe bestehen! Ein restloses Absinken zur Bedeutung der sexuellen Tätigkeit ist auf lange Zeit für diese Farbe nicht möglich. Wir werden die gleichen Erscheinungen bei der Farbe Blau wiederfinden: Ein Mißbrauch alter Symbole bewirkt eine zeitweilige Abwertung. Nach einiger Zeit wird aber die alte, »naturgemäße« Bedeutung der Farben wiedergefunden.

Im 14. Jahrhundert erhielt die rote Farbe eine üble Bedeutung: 1398 wurde durch die Stadt Köln angeordnet, daß die Dirnen rote Schleier tragen mußten. »Rode Wilen« wurden diese »Verhüllungen« damals genannt.[68] In der Schweiz, in der Stadt Bern, mußten die »käuflichen Frauen« rote Mützen tragen. Die gleichen Kopfbedeckungen waren die Abzeichen der »Wirte« oder »Wirtinnen« jener Gastwirtschaften, die Damen des »ältesten Gewerbes« beherbergten. Vor allem in Italien waren die Bräuche sehr streng: In Padua mußten solche »Gastwirte« eine *rote Mütze mit Schelle* tragen; so wurde durch akustische Signale die üble Bedeutung der roten Farbe noch verstärkt.

Rote Tiere als Sinnbild des Feuers

Für die Menschen der Urzeit war das Feuer ein Lebewesen. Es gibt auch heute noch »urtümlich empfindende« Menschen, etwa Künstler, die von dem Leben des Feuers künden. Die Flamme beginnt klein und zaghaft, sie wächst, wird zur mächtigen Feuersbrunst und schließlich zur stillen, roten Glut, die »stirbt«, wenn sie keine Nahrung mehr findet.

Bei vielen Völkern wird der Hahn mit dem Feuer gleichgesetzt. Bei uns spricht man noch vom »roten Hahn« auf dem Dach. Aber auch andere Tiere, die rotgefärbt waren, wurden mit dem Feuer in Zusammenhang gebracht: Rotkehlchen, Rotschwänzchen, der Gimpel, der Stieglitz und manche Spechte. Rote Katzen sollen eine gute Abwehrwirkung gegen Blitz haben, und Wildkatzen trugen früher den Namen »Wetteraas« oder »Donnerkatze«, was mit dem Blitz, dem vom »Himmel fallenden Feuer«, zusammenhängt.[69] Feuergötter oder Blitzgötter trugen bei vielen Völkern rote Haare oder Bärte. Der Blitz soll dadurch entstanden sein, daß Donar in seinen Bart geblasen hat.

Wir finden eine Ambivalenz hinsichtlich der Bedeutung der roten Tiere. Zuweilen werden sie als nützlich gedacht: Sie sollen den Blitz fernhalten. Zuweilen werden sie als schädlich bezeichnet, weil sie den Blitz anziehen.

Diese Erscheinung finden wir bei vielen Bräuchen: Die magische Analogiehandlung – hier etwa das Pflanzen rotblühender Gewächse – kann in der rationalen, verstandesmäßigen Deutung eine Umkehr erfahren: Erklärungen können vergessen werden oder aus der Praxis keine Bestätigung erfahren haben, so daß sie sich ins Gegenteil verwandeln. Es kann aber auch der magische Gehalt absichtlich verändert worden sein: Manche heidnischen Ansichten wurden bei der Einführung des Christentums verteufelt. So werden Wodan und Donar, die beide rote Bärte trugen und denen wohl auch rote oder schwarze Kleidung zugeschrieben wurden, zum christlichen Teufel, der nun gleichfalls diese Farben trägt.[70] Die Verteufelung des roten Bartes soll zu dem Sprichwort »Rooden Baert, duivels aerd« geführt haben.

Heilmagie durch rote Farbe

Von J. G. Frazer, der sich mit der Heilmagie beschäftigte,[71] erfahren wir, daß Gleiches wiederum Gleiches hervorruft, oder daß Objekte, die einmal zueinander in Beziehung standen, auch weiterhin auf weite Entfernung aufeinander wirken. Dementsprechend teilt er die »sympathetische Magie« in »homöopathische Magie«, die dem Gesetz der Ähnlichkeit entspringt und in »Übertragungsmagie«, die das Gesetz der Berührung als Grundlage hat!

Wir könnten aber die moderne Psychologie zu Wort kommen lassen und dieses Schema der Heilmagie etwas erweitern. Seit Aristoteles sind die Assoziationsgesetze bekannt. Wenn wir die Einteilung dieser Gesetze nach Hofstätter zugrunde legen,[72] dann lassen sich verschiedene Möglichkeiten magischer Verwendung der Farbe Rot darstellen. Wir müssen uns nur darüber im klaren sein, daß Rot und Blut im Bewußtsein der Menschen gleichgesetzt wurden.

Kategorien der Assoziationen	Wirkung der Farbe Rot
1. *Gegensatz*	Durch Rot »rote Krankheiten abwehren«. Durch Rot »Blut abwehren« (z. B. Blutfluß).
2. *Identifikation*	
a) Ähnlichkeit	Durch Rot »Röte herbeirufen«. Durch Rot »Blut herbeirufen«.
b) Funktionaler Bezug	Blut erzeugt Blut, Rot erzeugt wieder Rot. Blut eines Mutigen gibt Mut, eines Kräftigen Kraft.
c) Überordnung	Rot ist Eigenschaft von Blut, Blut Grundlage des Lebens.
3. *Kontiguität*	Rot ruft zur bestimmten Zeit oder an bestimmten Orten Blut herbei.
4. *Spezifische Identifikation*	Blutstein zur Blutstillung.

Sehen wir uns konkrete Beispiele für die magische Wirkung der roten Farbe/des Blutes an.[73]

Gedankenverbindungen mit Rot

1. *Assoziation des Gegensatzes*
   Gegen Nasenbluten verwendete man ein rotes Band, das um den Hals getragen wurde. Rotes Tuch wurde gegen Scharlach und Rotlauf, Zunge und Lunge eines getrockneten Fuchses wurden gegen Rotlauf angewendet; als probates Mittel galt es auch, einen Gimpel (rot!) im Hause zu haben. Andere fühlten sich dann gegen Rotlauf gefeit, wenn sie am Fastnachtsmorgen eine Blutwurst verzehrten. Als rotfarbige Früchte hatten die Erdbeeren eine große Bedeutung in der Heilmagie: Sie waren gut gegen Frostbeulen und Sommersprossen. Die rote Rose durfte nicht fehlen, wenn Blut gestoppt werden sollte. Dies sind nur wenige Beispiele aus der ungeheuren Fülle der Verwendung roter Mittel gegen rote Krankheitssymptome oder gegen Blutungen.

2. *Identifikation*
   a) Ähnlichkeit — Blut oder Rot gibt Blut oder Kraft. Abgesehen von dem Wert, den Blut als Nahrungsmittel besitzt, sind die Völker auch in Europa seit grauer Vorzeit von der »Lebenskraft« des Blutes überzeugt.

   Wenn wir Beispiele aus der historischen Zeit anführen wollen, dürfen wir auch das Nibelungenlied nennen, wo wir das »Bluttrinken« als Kräftigung erwähnt finden (V. 2056). Auch bei den Römern galten schon Blut und rote Farbe als Kräftigungs- und Heilmittel. Das Blut von Schildkröten wurde gegen Schlangenbisse eingenommen, Ziegen- und Hirschblut waren gut gegen Verdauungsbeschwerden. Epileptiker tranken Blut aus den Wunden der Gladiatoren.

Nach der Tabelle finden wir unter

b) Funktionaler Bezug Blut erzeugt Blut.
Blut eines Mutigen gibt Mut.

Dazu ein Beispiel über magische und schockierende Handlungen aus dem Jahr 1632. Damals wurde in Toulon der Herzog von Montmorenci öffentlich hingerichtet. Er galt als ein hervorragend mutiger Mann. Nach der Exekution tranken Soldaten das Blut des Delinquenten, da sie überzeugt waren, sich dadurch seine Tapferkeit anzueignen.
Noch in der Gegenwart trinken Jäger das Blut des aufgebrochenen Wildes, weil sie davon überzeugt sind, dadurch eine »feste Brust« zu bekommen.

c) Überordnung Blut = Leben, Blut = Rot.
Alle roten Dinge verleihen Leben.

Diese Überordnung bedarf keiner weiteren Beispiele. Wir haben diesen Gedankengang durch längste Zeiträume verfolgt.

3. *Kontiguität*

Über die »innere Berührung« oder Kontiguität zwischen roter Farbe und Heilwirkung nur diese Beispiele: Nach einem Aderlaß – in früheren Zeiten ein beliebtes Mittel zur Blutdrucksenkung – wird das Blut unter einen Rosenstock gegossen. Man bekommt dann rote Backen (aus Bayern).
Bei Menstruationsbeschwerden befestigten Frauen in Nogent-le-Rotrou rote Bänder am Standbild der heiligen Venice. Die Farbe Rot sollte das Blut zu einer bestimmten Zeit an einen bestimmten Ort herbeirufen oder umgekehrt sollte Blut in magischer Weise Rot hervorrufen.
Aber auch das sogenannte »Versehen«, eine Vorstellung, nach der Schwangere durch Erschrecken auf das Kind unangenehme Eigenschaften übertragen können, gehört in die Assoziations-Gruppe der Kontiguität. So wurde angenommen, daß der Schreck über ein umfallendes Rotweinglas beim Kinde rote Muttermale im Gesicht hervorrufen könne.

Die seltenste Gruppe der Assoziationen ist jene der spezifischen Identifikation.

4. *Spezifische Identifikation*
   Als Beispiel sei hier ein rotes Remedium genannt: der Hämatit. Der sogenannte »Blutstein« soll die Fähigkeit haben, das Blut zu stillen. In pulverisierter Form hat dieser Stein tatsächlich diese Eigenschaft.
   Wir wissen, daß die rote Farbe Sinnbild des Krieges war. Schon in der Antike war sie als die Farbe des Kriegsgottes Mars bekannt. In anderer Sicht wurden Steine dieser Farbe im Sinne der häufigsten Assoziation, nämlich der des Gegensatzes, zur Verhinderung des Blutfließens, also gegen die Verwundung im Kriege, getragen.
   Als »Kriegsschutz« wurden durch Jahrhunderte Rubin, Spinell und Karneol angeboten.

Rot – die Farbe der Revolutionen

Die ungeheure Spannweite der Anwendung der roten Farbe erkennen wir daraus, daß sie einst als Farbe der Königsfahne galt, heute aber revolutionär denkenden Menschen als Symbol dient. Grundlage dieser Verwendungsmöglichkeit ist die bekannte *sympathikotone Wirkung* dieser Farbe.

Das *Aufstachelnde* ist der Faktor, der von Revolutionären gewünscht wird. Alle Menschen, die einen Umsturz bestehender Ordnungen herbeiführen wollen, wünschen, daß ihre Anhänger und Mitkämpfer nicht zufrieden und entspannt der Zukunft entgegensehen – dies wäre eine »vagotone Haltung« –, sondern sich voll Zorn über die Ungerechtigkeit, Mißstände, Verfolgung, Unfreiheit usw. empören. Es heißt, die »Notfallsfunktionen« in den Körpern der Revolutionäre zu mobilisieren. Unter Wirkung des Sympathikus verspüren sie die Kraft zu revolutionären Taten.

Der sympathische Teil des vegetativen Nervensystems läßt

sich auf verschiedene Weise reizen. Die rote Farbe stellt unter den stimulierenden Faktoren gewiß nicht den stärksten dar. Vielmehr scheint es sich um einen der bekanntesten zu handeln. Die *rudimentären Vorstellungen* über die Wirkung der roten Farbe werden z. B. im Versuch des »semantischen Profils« (nach Hofstätter) als Assoziationen abgefragt (vergleiche Abschnitt »Weshalb ist die Liebe rot?«).

Man kann von Revolutionären keine »psychosomatischen Kenntnisse« erwarten. Schon gar nicht zur Zeit der Französischen Revolution. Wie es im Falle der Befragung zu sein pflegt: Wer über die gefühlsmäßigen Motive seines Handelns keine Auskunft zu geben vermag, »rationalisiert« im psychologischen Sinn, d. h., er bringt logisch erscheinende »Scheinbeweggründe«.

So werden nach der Französischen Revolution nicht Erklärungen abgegeben, die besagen, daß die rote Farbe zur Gemütslage der Menge hervorragend gepaßt habe, sondern »historische Begründungen«. Rot wurde zum Symbol der Freiheit, weil die Jakobiner eine eklatante Befreiungsaktion – nämlich die Befreiung der Galeerensträflinge – unvergeßlich machen wollten.

Im Jahre 1792 wurde das markanteste Kleidungsstück der Galeerensträflinge, der *Bonnet Rouge* – die sogenannte rote, phrygische Mütze –, durch die Jakobiner zum Symbol der revolutionären Gesinnung erklärt. Es handelte sich um Spitzmützen, die nach vorne geneigt an der Spitze ausgestopft waren und von den Jakobinern demonstrativ getragen wurden. Die »Jakobinermütze« wurde mit ihrer grellroten Farbe auch auf »Freiheitsbäume« gesteckt, wo sie ein Kampf- und Siegeszeichen darstellte. Alsbald wurde diese Mütze mit der herausfordernden Farbe auch auf Flaggen abgebildet. Endlich wurde von einem revolutionären Komitee eine Fahne *ganz in Rot* mit einer Inschrift hergestellt, die zur Rache aufforderte. Damit war die revolutionäre rote Fahne geboren.

Unter Napoleon verschwand diese Fahne wieder, nur die

phrygische Mütze wird als französisches Emblem noch zuweilen sichtbar. Die rote Farbe aber blieb das gemeinsame Sinnbild aller linksgerichteten Parteien. Sie wurde auf Flaggen, Armbinden, Kokarden und ähnlichen Abzeichen getragen. Unterscheidungen stellen nur Worte oder Zeichen dar, die die einzelnen Parteien oder Gruppen voneinander trennen. Sozialdemokraten wie Kommunisten galten im »Volksmund« seit jeher als »Rote«. Das flammende Rot wurde von allen Menschen, die den Gedanken von Karl Marx folgen, als ihr Symbol anerkannt.

II.
ROTE UND WEISSE FARBEN

sind die Sinnbilder für das weibliche und männliche Geschlecht. Sie galten und gelten noch heute als Fruchtbarkeitssymbol. Seit dem Mittelalter ist Rot-Weiß die Flaggenfarbe vieler europäischer Länder.

Rot-Weiß, die Hochzeitsfarben

In weiten Bereichen Europas ist die Farbenkombination Rot-Weiß das Sinnbild für

Fruchtbarkeit, Hochzeit, das Land. Seit der Zeit des »Heiligen Römischen Reiches«, das die gleichen Farben zeigte, haben viele Länder und Städte Rot-Weiß als ihr Symbol.

Für die Hochzeit könnte man die Farbkombination so deuten: Rot = Liebe, Weiß = Braut, Unschuld; oder nach kirchlicher Symbolik: Rot = Heiliger Geist, Weiß = Reinheit.

Um zu den Quellen dieser Farbenverbindung vorzustoßen, müssen wir sehr weit zurückgehen. Bei den Alchimisten finden wir die »chymische Hochzeit«, eine Vereinigung zweier Substanzen in den Farben Rot und Weiß. Aber die mittelalterlichen Goldmacher waren nicht die Erfinder dieser Symbole. Sie bezogen ihre Kenntnisse zweifellos aus dem Geheimwissen der Spätantike. Die Gnostiker des zweiten nachchristlichen Jahrhunderts erklärten sich die Zeugung durch das Gerinnen des weiblichen Blutes bei Zutritt des männlichen Spermas, wenn das »Feuer des Begehrens« den Vorgang begünstigt.[1]

Gnostisches Gedankengut wurde durch zahlreiche Sekten im Mittelalter verbreitet; durch die Katharer und Albigenser in Südfrankreich, Oberitalien, Deutschland und Sizilien; durch die Waldenser in Deutschland, Böhmen, Mähren, Polen und Ungarn.

Die Farbensymbole müssen spätestens im 12. Jahrhundert ins Brauchtum Mitteleuropas gelangt sein, denn im Kreuzzug gegen die Albigenser (1209–1229) und durch die nachfolgende Inquisition wurden die manichäisch-gnostischen Sekten ausgelöscht. Nur der Name Ketzer – von Katharer abgeleitet – erinnert noch an die Häretiker!

Man orientierte sich nach dem Augenschein. Weiblichen Wesen – so erkannte man bei Mensch und Tier – entströmt von Zeit zu Zeit Blut (Menstruation). Männlichen Wesen der Samen. So wurde der Weiblichkeit die Farbe Rot (Blut), der Männlichkeit die Farbe Weiß (Samen) zugeordnet.

Bei Hochzeitsbräuchen finden wir zwei Gruppen von Farbgebungen vor: rote, die sich aus dem Totenbrauch herleiten lassen, und Rot und Weiß als Kennzeichen des weiblichen und männlichen Prinzips. Die symbolische Verknüpfung roter und weißer Bänder ist für die Menschen der vorwissenschaftlichen Zeit leicht verständlich und wird auch für magische Analogiehandlungen verwendet.

Wenn wir uns vorstellen, daß vor nicht allzu langer Zeit andere Maßstäbe für eine »moralisch zulässige Hochzeit« gegolten haben als heute, werden wir verstehen, daß auch das Gewicht der Symbolfarben anders verteilt war. Einst galt es als wenig schicklich, »vorwiegend aus Liebe« zu heiraten. Die Bauerngeschlechter konnten nur Bestand haben, wenn der Bestand des Hofes gesichert war und die Erbfolge den Boden nicht zerstückelte, wenn das »Ausgedinge« gesichert war usw. Die Fruchtbarkeit bei Pflanze, Tier und Mensch war höchst erstrebenswert.

Wenn Liebe eine Rolle spielte, dann wurde sie als ein Geschenk des Himmels, als eine glückhafte »Draufgabe« angesehen.

Wir finden also bei vielen Bräuchen die rote Farbe als Appell an die Vorfahren, dem jungen Paar hilfreich zur Seite zu stehen.

Bei anderen Bräuchen steht die Fruchtbarkeit im Vordergrund. Gesunde Fortpflanzung ist der Hauptwunsch der Menschen auf dem Lande: Vervielfältigung des Saatgutes durch reiche Ernten, Vermehrung des Viehbestandes durch richtige Aufzucht und schließlich, aber nicht zuletzt, reicher Kindersegen!

Rot-weiße Perchten

Fruchtbarkeit wurde nach einer Anschauung, die sich schon in der Megalithzeit feststellen läßt, auch dadurch auf magische Weise hervorgerufen, daß Abgeschiedene durch Hinterlassen von Fußspuren die Äcker und damit die Hinterbliebenen segneten. Für das Megalithikum finden wir solche Spuren an Gräbern, z. B. am Petit Mont in der Bretagne.[2] Interessanter sind aber Fußspuren, die offensichtlich aus demselben Grund auf bronzezeitlichen Felsbildern in Skandinavien zu finden sind. Auf ihnen finden wir die Fußabdrücke stets neben einem begehrten Objekt: in der Nähe von Wild oder von Fischernetzen.

Wenn Spuren hinterlassen werden, kann man in diese auch »eintreten«. Nach germanischem Recht bedeutet dies: Nachfolge. In die Fußspuren aber paßt ein »Leisten«. Das gotische Wort »laistjan« bedeutete »Eintreten in die Spur«. Das Eintreten in einen Schuh zum Beispiel findet sich als Adoption im mittelalterlichen Brauchtum Norwegens.[3]

Wenn wir uns die Anhäufung von Fruchtbarkeitssymbolen vor Augen führen, erkennen wir die Verbindung zu unserem Problem der roten und weißen Farben. Schon öfter fanden wir die Vereinigung bestimmter »magisch wirksamer« Merkmale, die eine Multiplikation der Wirkung ergab. So finden wir auch die roten und weißen Farben in Verbindung mit anderen Kennzeichen, die für Fruchtbarkeit gesetzt werden. »Fußspuren von Außerirdischen« hinterlassen Wesen wie etwa die Totengöttin oder der Anführer der Abgeschiedenen mit seinem Gefolge. Also auch die Percht mit ihrer »jenseitigen Schar«, den maskierten Männern, die sich zum Teil bis zum heutigen

Tage der Tatsache bewußt sind, »zum unheiligen Volk zu gehören«, wie Richard Wolfram bei Befragungen feststellen konnte.

Man war der Meinung, daß man nicht nur eine Rolle spiele, sondern solche »Jenseitige« repräsentiere und an ihrer Stelle »handeln« könne. Also sollten nutzbringende Spuren hinterlassen werden. Dies geschieht tatsächlich auch heute noch: Die Perchten »springen« und behaupten, durch diese Handlung auf den Feldern eine gute Ernte zu sichern.[4] Vielfach tanzen die Perchten auch, und zwar in einem besonderen stampfenden Rhythmus. Richard Wolfram beschreibt den Tanz der Pinzgauer Schönperchten, das »Trestern«.[5]

Die Tänzer sind eigenartig, aber für uns leicht verständlich gekleidet. Sie tragen einen Hut mit 40 weißen Hahnenfedern. Wie wir bereits wissen, ist Weiß die Farbe der Männlichkeit. 40 ist im magischen Denken die Zahl der Tage des »lebenden Leichnams«, heute wohl nur mehr die Zahl der Tage, an denen Trauer getragen werden muß. Als Maskierung dienen lang herabwallende rot-weiße Bänder, die das Gesicht verhüllen. Ihre Kleidung zeigt die rote und weiße Farbe der Fruchtbarkeit. Sie tanzen und springen ihren Tanz, bei dem sie »unsichtbare Spuren« setzen. Daß diesen Spuren aber Bedeutung beigemessen wird, können wir daran erkennen, daß die Schwelle des Hauses vor und nach dem Besuche der Perchten sorgfältig gekehrt wird.

Die »Kehrbräuche« sind nicht nur in den Alpengebieten beim Perchtenlauf üblich. In ganz Europa wird überall dort gekehrt, wo ein alter Ahnenbrauch vielleicht nicht mehr verstanden, aber immer noch geübt wird. Darüber hinaus wird das »Kehren«, das eigentlich »Spurenverwischen« heißen müßte, auch dort geübt, wo noch nach altem Herkommen eine Wiederkehr der Toten befürchtet wird: beim Begräbnis.

So wird in Rußland nach dem Leichenzug gekehrt; es sollen keine Lebenden »nachgezogen werden«.

Die »Kehrmagie«, die mit den rot-weißen Fruchtbarkeitsbräuchen zusammenhängt, ist in ganz Europa so verbreitet, daß man eine gewisse Ordnung in diese Vielfalt bringen muß, wenn man den jeweiligen Sinn dieses Brauches verstehen will.[6]

Auch in christlichem Gewande leben die alten Bräuche, die mit »Spuren« zusammenhängen, fort. Zwar wurde vielfach versucht, die abergläubischen Spurenbräuche ganz zum Verschwinden zu bringen. So duldete Burchard von Worms (1024) keine Zauberhandlungen mit Fußspuren, wie sie aus der heidnischen Zeit her noch immer überliefert und durchgeführt wurden.[7] Wenn sich aber diese Bräuche einen christlichen Sinn unterlegten, wurden sie bis zum heutigen Tage geduldet. So genießen »Herrgottstritte« eine große Verehrung, z. B. in der Wallfahrtskirche von Einsiedeln. Ein beliebtes Wallfahrtsziel war der »Herrgottstritt« auf dem Rosenstein in Schwaben, bis er 1740 auf Befehl des Herzogs gesprengt wurde. In Würzburg wird die »Fußspur Mariens« verehrt. Auch die Spuren von Heiligen genießen zuweilen hohes Ansehen, so etwa die der heiligen Gertrud oder der heiligen Ursula von Helgoland, während in Hessen zu Honberg die Fußspur der heiligen Elisabeth gezeigt und verehrt wird.

Nicht nur Fußspuren sind die »Kennzeichen« der Perchtenbräuche des Alpenraumes. Zuweilen haben die Tänzer eine »übermenschliche Größe«, sie tanzen auf Stelzen.[8] Ihre Holzbeine sind unter rot-weißen Hosen verborgen. Sie tanzen ähnlich den »Tresterern«, indem sie rhythmisch stampfen. Manchmal führen sie den Bandltanz vor. Von einem in die Erde gerammten Stab hängen Bänder in zwei Farben (oft Rot-Weiß) herab. Die Tänzer nehmen weiße, die Tänzerinnen rote Bänder, die während des Tanzes durch Verflechten immer näher an den »Baum« rücken. Hernach folgt bei froher Tanzmusik die Entflechtung. Nach Wolfram hatte dieser Tanz früher volksreligiöse Bedeutung.[9] Man findet den Bandltanz in Bayern, in Kärnten, in der Steiermark und in Salzburg. 1860 wurde er noch im Odenwald, 1811 im Taunus getanzt. Wie aber kam dieser Tanz in die Provence und nach Marseille? Im

Schweizer Wallis heißt er »La Chevillière«. In Rom wurde er 1502 bei der Hochzeit von Lukrezia Borgia getanzt!

Wer an eine »mystische Kontinuität« glaubt, erinnere sich an die Zeugungsfarben der Gnostiker! In all jenen Ländern, in denen es solche Sekten gab, finden wir heute noch die Verflechtung der Farbbänder. Allerdings wird heute auf die Farben nicht mehr geachtet.

Von der roten zur rot-weißen Königsfahne

Die deutschen Könige, oft zugleich Kaiser des »Imperium romanum«, führten als Herrscherzeichen, wie schon erwähnt, den roten Wimpel der Römer. So hatte Karl der Kahle (838–877) eine Lanze mit zwei Wimpeln. Auch Otto III. (983–1002) wird in einem Evangeliar mit Lanze und roten Wimpeln dargestellt.[10]

Der Wimpel war als rote Fahne besonders »geeignet«, wird er doch schon bei einem geringen Luftstrom zur »roten, züngelnden Flamme«! So heißt die in St. Denis aufbewahrte fränkische Königsfahne: »Goldflamme« = *»Oriflamme«* (aurea flamma). Sie hat rote Zungen oder Zacken, die im Wind zur »Flamme« werden.

Diese »flammula aurea«, wie sie auch genannt wird, hat Bezug zum Totenkult: Sie besteht aus *rotem Taft* und soll das Leichentuch des heiligen Dionysius, des Schutzpatrons von Paris, gewesen sein. Einst soll die fünfzackige Fahne dem Grafen von Vexin gehört haben. Sie gelangte später mit der Grafschaft in den Besitz der französischen Könige, die sie in die Ruhestätte des heiligen Dionysius (St. Denis) brachten, von wo sie als Kriegs- und Siegesfahne Frankreichs zuweilen hervorgeholt wurde.[11]

Es ist verständlich, daß auch die Kirche ihren Sieg über die Mächte der Finsternis mit einer roten Königsfahne (Christus rex) dokumentierte. Die rote Fahne soll auch als Sinnbild des Agnus Dei gegolten haben.

Die »Fabula de lancеariis« von Heinrich Bebel (Straßburg, 1508), nach der die gefallenen Landsknechte unter dem roten Zeichen (sub rubro signo) zur Hölle hinabziehen, könnte als Nachwirkung der »roten Kriegsflagge« gedeutet werden. Es sind aber auch Assoziationen – »Flammenfahne« führt zu »Flammenort« (= Hölle), oder Landsknechtleben führt unter der roten Fahne zum »Rosgart« (= Totenstätte = Unterwelt) – denkbar.

Im 12. Jahrhundert begann der Übergang von der roten zur rot-weißen Königsfahne. Es war die Zeit der Kreuzzüge, in der das christliche Abendland 200 Jahre lang versuchte, das Gebiet, in dem Christus geboren worden war, gelebt, gelehrt und schließlich den Opfertod erlitten hatte, für die europäische Christenheit in Besitz zu nehmen. Obgleich dieses Bestreben aus vielerlei Gründen nicht zum Ziel führte, schuf es ein europäisches Bewußtsein des gemeinsamen Kampfes.

Es lag nahe, daß die Kreuzfahrer das Symbol ihres Glaubens an ihre Kleidung hefteten. Es lag ebenso nahe, das Kreuz auf die rote Fahne des Königs oder Kaisers zu heften. Heinrich VI. hatte der alten Königsfahne ein goldenes Kreuz beigegeben.[12] Er soll dies schon getan haben, ehe er im Jahre 1195 zu Bari einen Kreuzzug gelobte. Bei einer Belehnungszeremonie in Cremona verlieh Heinrich VI. schon *eine rote Fahne, in die ein weißes Kreuz gestickt war.* Seit jener Zeit gilt die rotweiße Kreuzfahne als Feldzeichen des Kaisers. Allerdings machte der politische Streit zwischen Ghibellinen und Guelfen auch vor der kaiserlichen Fahne nicht halt:

Weißes Kreuz auf rotem Grund
war das Zeichen der Staufer (Ghibellinen),
rotes Kreuz auf weißem Grund
dasjenige der Welfen (Guelfen).

Die rot-weißen Banner und die Adlerfahne blieben nun die kaiserlichen Symbole. Auch die Habsburger übernahmen sie als Zeichen der Macht und Würde.

Sehr rasch setzte sich diese Farbenkombination nicht nur für

Landessymbole durch, sondern auch im ganzen Gebiet des »Heiligen Römischen Reiches«. Erstaunlich ist, daß die beiden großen Rivalen um die Kaiserwürde, Hohenstaufen und Welfen, sich auf dieselben Farben »geeinigt hatten«.

Die Magie der rot-weißen Fahnen

Bis in die Gegenwart spielen Fahnen im Brauchtum eine bedeutende Rolle. Otto Höfler macht darauf aufmerksam, daß man Symbole nicht »beleidigen« darf.[13] Es wäre selbst in unserer rational eingestellten Welt lebensgefährlich, eine Flagge in den Staub zu werfen, mit Füßen zu treten oder ihr sonst eine »Schmach« anzutun. Sie »bedeutet« nämlich nicht nur »etwas«, sondern sie ist in der Vorstellung des Staatsbürgers »ein Teil des Staates«, in der des Parteianhängers ein »Teil seiner Partei«. Eine Schmähung verlangt daher eine »furchtbare Genugtuung«!

Symbole, für die es gilt, nötigenfalls das Leben einzusetzen, werden nicht »schnell« erfunden. Wenn keine Überlieferung für solche Zeichen oder Farben besteht, so pflegen die »Neuschöpfer« auf »uralte« Zeichen oder Farben zurückzugreifen. So ist die Grundlage der rot-weißen »Reichsfahne« die rote, bildlose Königsfahne. Weshalb hat sich Heinrich VI. zu einem weißen Kreuz auf rotem Grund entschlossen, wenn er vorher ein goldenes auf seine Königsfahne setzte? Gold und Gelb werden häufig gleichwertig empfunden, weshalb wurde aus »Ersparnisgründen« oder der Einfachheit halber nicht das gelbe Kreuz verwendet?

Manche Forscher sind der Meinung, daß Rot und Weiß fränkische »Lieblingsfarben« gewesen seien: Aus der Zeit der Karolinger sind Bauten erhalten, die ursprünglich in den Farben Rot und Weiß gehalten waren.[14] Aber auch die »alten Feinde« der Franken, die Niedersachsen, schätzten Rot und Weiß. Das »Wittekindsche weiße Roß« auf rotem Grund reicht bis in die Zeit Karls des Großen zurück.[15]

Andere Forscher schreiben den Schwaben eine Vorliebe für die Farbe Rot-Weiß zu. Und die Schweizer hätten wohl kaum an den alten »Farben der Hohenstaufen« (= weißes Kreuz auf rotem Grund) festgehalten, wenn sie nicht Traditionen aus einer »vorkaiserlichen Quelle« verspürt hätten.

Die magische Anwendung der roten und weißen »Reichsfarben« kann mehrere Wurzeln haben:

1. Seit vorgeschichtlicher Zeit ist Rot die Totenfarbe, die Farbe des Krieges, des Sieges. Weiß ist gleichfalls eine Totenfarbe aus dem Bereich der »schwarz-weißen Schicksalsgöttinnen«. Weiß, die alte Bestattungsfarbe, kann mit der noch älteren roten Farbe kombiniert worden sein. Daß die Vorfahren bei Krieg, Not und Gefahr »zu Hilfe« gerufen wurden, ist hinlänglich bekannt.
2. Die »Körperemanationen« (Blut oder Samen) wurden in Farbensymbolen dargestellt. Rot stellt hier die Frau vor, Weiß den Mann. Die Vereinigung wird als Fruchtbarkeitssymbol im Brauchtum verwendet. Rot-Weiß ist zugleich das »Hochzeitssymbol«. Auch die Alchimisten lehren, daß die »chymische Hochzeit« in den Farben Rot und Weiß stattfindet. Fruchtbarkeit ist eines der wichtigsten Wunschziele einer bäuerlichen Bevölkerung.
3. Die seit der vorgeschichtlichen Zeit wirksam gedachte rote Farbe wird nun durch das »weiße Kreuz« des Christentums »veredelt«. Man kann nicht mehr der heidnischen Gesinnung bezichtigt werden, wenn man statt der roten Farbe bei Hochzeits- und Taufbräuchen die rot-weiße Farbenkombination zeigt: Es sind die Farben des »Heiligen Römischen Reiches«.

Wir könnten auch rational argumentieren: Heinrich VI. hat die rot-weiße Farbenkombination geschaffen, indem er der roten Königsfahne ein weißes Kreuz hinzufügte. Diese zufällige Kombination übernahmen flugs die verschiedenen Länder und Städte Deutschlands und bestätigten damit die Zugehörigkeit zum Heiligen Römischen Reich.

Etwas schwankend wird diese Hypothese, wenn wir überlegen, daß es nicht wenige Länder oder Städte gab, die diesem Reich gar nicht untertan sein wollten und trotzdem die rot-weiße Farbenkombination als die ihre betrachteten!

Die Farben des »Heiligen Römischen Reiches«

Eine Theorie besagt, daß die »Marken« (Grenzländer) des Heiligen Römischen Reiches die rot-weißen Zeichen der kaiserlichen Macht besonders geschätzt hätten. Denn diese Randgebiete waren immer durch Nachbarn in ihrer Existenz bedroht. Ein starkes Reich bedeutete für sie eine Möglichkeit des Überlebens. Daher haben sie die Reichsfarben mit besonderer Ehrfurcht und Hoffnung verwendet. Tatsächlich scheint es im Mittelalter für die Marken nur diese beiden Farben gegeben zu haben.

Merkwürdig erscheint nur, daß viele dieser Randgebiete nicht das »kaiserliche Kreuz«, sondern *ältere Symbole* in den gleichen Farben zeigen.

Es führen z. B. folgende *Marken*, Grenzgebiete und Hafenstädte die rot-weiße Farbenkombination; dabei wollen wir die Kernlande des Reiches im Uhrzeigersinn umrunden:

Burgund	Brandenburg	Pommern
Brügge	Wismar	Polen
Bremen	Rostock	Böhmen
Hamburg	Stralsund	Österreich
Holstein	Danzig	Tirol
Lübeck	Riga	Schwyz
		Savoyen

Wir haben hier die mittelalterliche Einteilung der Länder als Grundlage genommen und nur Beispiele gezeigt. Die genaue Feststellung der rot-weißen Grenzlandherrschaften würde eine ungleich größere Zahl ergeben. Auch die ständig um ihre Freiheit bangenden Reichsstädte trugen die Farben des Heiligen Römischen Reiches gern zur Schau, ebenso manche Erzbistümer. Rot-weiße Fahnen hatten die Erzbistümer Mainz, Trier, Bremen, Magdeburg, Salzburg und die Reichsstädte Wien, Nürnberg, Frankfurt a. M.

Aber nicht nur Randgebiete oder einzelne Städte, sondern auch die »Kernlande« des Reiches führten die rot-weiße Farbenkombination, z. B. große Teile Frankens, Thüringen (Landgrafen), hessische und nassauische Fürstentümer, verschiedene Grafschaften und Teilgebiete Niedersachsens.

Wir wollen nicht vergessen, daß im späteren preußischen Staatswappen, das 50 Wappen von kleinen Herrschaften enthielt, 22mal die rot-weiße Farbenkombination vorkam.[16]

Es ist kaum glaublich, daß die »Erfindung« Heinrichs VI. sich dahin auswirkte, daß das ganze »Römische Reich« binnen kurzer Zeit diese Farben »verehrte«! Dabei herrschte weder eine straffe, zentrale Leitung, noch gab es entsprechende Kommunikationsmittel. Wir gehen wohl kaum fehl, wenn wir diesen erstaunlichen Gleichklang in der Farbenwahl der europäischen Gebietsherrschaften auf die magische Bedeutung der Farben Rot und Weiß zurückführen.

Die Frage wird zuweilen erhoben, ob nicht Heinrich VI. einfach das Kreuzessymbol zugleich mit den »heiligen Farben« eingeführt habe. Dies bleibt unbestätigt, denn viele Wappen in Rot-Weiß zeigen keine religiösen Sinnbilder, z. B.

Brandenburg	=	roter Adler auf weißem Grund,
Böhmen	=	weißer Löwe auf rotem Grund (Silber-Weiß),
Holstein	=	weißes Blatt auf rotem Grund,
Pommern	=	roter Greif auf weißem Grund,
Polen	=	weißer Adler auf rotem Grund,
Westfalen	=	weißes Pferd auf rotem Grund.

Die Fülle der Hinweise bringt uns keine Lösung des Problems. Wir müssen an Einzelfällen untersuchen, wie diese Flaggen entstanden sind.

Ein aufschlußreiches Beispiel haben wir in der rot-weiß-roten Fahne Österreichs: Nach einer Legende entstand sie während des 3. Kreuzzuges (1191) in Akkon (heute Akko in Nordisrael). Der weißgekleidete Herzog Österreichs, Leopold V., der Tugendhafte, soll dermaßen unter den Sarazenen gewütet haben, daß er über und über mit Blut bespritzt war. Als er nach dem Kampf übermüdet zu Boden sank, nahm ihm sein Knappe den Schwertgurt ab und rief überrascht: »Rot-weiß-rot!«

Interessant ist nicht die patriotische Legende, sondern die Tatsache, daß diese Entstehungsgeschichte – ähnlich der Tellsage in der Schweiz – weitgehend geglaubt und bis zur Gegenwart unterrichtet wurde. Sollte es daran liegen, daß Blut und Tod eine faszinierende Wirkung ausüben?

Die Geschichtsforscher, bestrebt, die wirkliche Herkunft des »Bindenschildes« herauszufinden, teilen mit, daß der Babenberger Herzog Friedrich II., der Streitbare, der Schöpfer des Symboles war. Er galt als ein Mann, der die *Mode* sehr schätzte. Er wird nicht nur die Form des Schildes (als Dreiecksschild) dem Zeitgeschmack angepaßt, sondern auch die »Modefarben« der damaligen Zeit, Rot und Weiß, angenommen haben. Als 21jähriger wurde er im Jahre 1232 zum Ritter geschlagen und soll von da an die neuen Farben zum ersten Mal geführt haben.[17]

Daß sich die Ritter im »hohen Minnedienst« nach dem »Westen« – also vor allem nach Südfrankreich – orientierten, ist bekannt. Aber was ereignete sich dort zu dieser Zeit? In Südfrankreich bekehrten sich alle Ketzer, die nicht der Inquisition anheimfallen wollten. Manche »emigrierten« und wurden Lehrmeister des höfischen Ritterlebens in den Burgen und an den Höfen Europas.

Wer für mystische Zusammenhänge aufgeschlossen ist, könnte daraus ableiten, daß das ketzerische Rot-Weiß der Zeugung und Fruchtbarkeit damals als »Modefarbenkombination« in viele Länder getragen wurde.

III.
SCHWARZ UND WEISS

waren die Farben, in denen der Mensch Tod und Wiedergeburt zuerst erlebte, symbolisiert im »Schicksal des Mondes«. Bis heute orientieren sich Frauen, Kämpfer, Tänzer und Trauergäste an seinen Farben.

Der Mond und die schwarz-weißen Frauen

Seit der Mensch die Natur beobachtet und daraus Schlüsse zieht, muß ihm der Mond zum Problem geworden sein. Denn dieser Himmelskörper ist der einzige, der dauernd und in regelmäßigen Zeiten seine Gestalt ändert oder verschwindet. Das »Stirb und Werde« in ununterbrochener Folge hat die Menschen zu einer mythologischen Deutung geradzu herausgefordert.

Wir »wissenschaftlich verbildeten Menschen« der Gegenwart sehen vier Phasen des Mondes. Der naive Beobachter bemerkt deren nur drei. Das Wort Neumond bedeutet ja nicht Finsternis, sondern »neuer Mond«, »new moon«, »nouvelle lune«, »nova luna« usw. Neumond war das erste Erscheinen einer ganz schmalen Mondsichel. Die Menschen beobachteten:

1. den zunehmenden Mond: »Geburt des Mondes« = Neumond,
2. den Vollmond: »den Mond in voller Lebenskraft,
3. den abnehmenden Mond: »den Tod des Mondes«, in vielen Sprachen auch mit »Verfall des Mondes« gekennzeichnet.

Daß der Mond den biologischen Rhythmus der Frau beeinflußt, wurde schon in der Steinzeit, genauer gesagt, vor ungefähr 30 000 Jahren, dargestellt. Es ist daher nicht verwunderlich, daß bei vielen Völkern der Mond als weibliche Erscheinung aufgefaßt wird. Vielleicht sah man in ihm eine »Urmutter«, die alle irdischen Mütter beeinflußt, oder in den »drei Gestalten« des Mondes drei verschiedene »Urmütter«.

Den Zusammenhang zwischen Mond und Gezeiten erkannte der Mensch sehr früh. Alle Arbeiten, die mit Wasser oder Feuchtigkeit zu tun haben, wurden und werden oft mit den Mondphasen abgestimmt: noch heute Baumfällen, Düngen usw. (Österreich, Norwegen).[1] In den USA (1900/1949) und in Australien (1901/1925) fanden Wissenschaftler eine Übereinstimmung zwischen Mondrhythmus und Stärke der Niederschläge. Nach Voll- und Neumond traten besonders schwere Regenfälle auf.[2]

Seit vorgeschichtlicher Zeit gab es Männerbünde mit Aufnahmeriten. In der Regel handelte es sich um Mutproben mit »Scheintod« und Wiedererweckung. Solche Vorgänge zeigt der Mond deutlich genug. Er gilt deshalb auch als Vorbild der Initiationsriten.

Im deutschsprachigen Raum heißt es »der Mond«, man hält diesen Himmelskörper für männlich. Für die Romanen ist er weiblich: »la luna«, »la lune« etc. In alter Zeit wurde im deutschen Sprachgebiet der Mond auch weiblich gesehen: Neben althochdeutsch »mâno« (ebenso angelsächsisch) finden wir für Mond auch »mânin«, also »Möndin«. Im Mittelhochdeutschen gibt es neben einem »mâne« ein Femininum »moenin«.[3] Auch soll die Ansicht moderner deutscher Psychologen nicht übersehen werden, der Mond besitze *ein weibliches Image.*

Als sicher darf angenommen werden, daß das Schicksal des Mondes, seine immer wiederkehrende Geburt, sein Leben und sein sich stets wiederholendes Sterben, das erste »Schicksalsdrama« der Menschheit darstellte. Man mußte allmonatlich das »Durchlaufen« der drei Mondphasen erleben, wobei auch die Perioden der Frauen oder die Zeit der Schwangerschaft sich nach der Anzahl der Nächte zu richten schienen.

Die besonders bei den indoeuropäischen Völkern anzutreffende *Dreiheit der Schicksalsgöttinnen* läßt sich ebenfalls vom Mond und seinem »Schicksal« herleiten.

Es ist verständlich, daß auch das menschliche Leben in drei Phasen zerlegt wurde: Geburt, Leben und Tod. Jeder Zeitabschnitt wurde einer der drei »heiligen Frauen« zugeteilt. Auf irgendeine Weise wollte man sich ihr Tun nach Art weiblicher Tätigkeit vorstellen. Das Garnspinnen, Aufspulen und Abschneiden schien »symbolträchtig« zu sein. Das Leben als Garn, das jederzeit zerrissen werden kann, ist auch für uns noch ein einleuchtendes Sinnbild.

Die Schicksalsgöttinnen hießen bei den Griechen Moiren, bei den Römern Parzen. Bei den Germanen waren es die Nornen, die als Wurd (urd), Werdandi und Skuld jene Dreiheit bildeten. Bei den Slawen hießen sie Swetice, Rucka und Keltna. Auch den keltischen Völkern waren die »tria fata« bekannt.

Wir wissen, daß die Einzahl, die Vielzahl oder die Dreiheit bei den verschiedenen Mythologien, ja nicht einmal bei den einzelnen Völkern »stabil« ist. So lesen wir zuweilen, daß die Moiren in ihrer Zahl reduziert wurden, die Parca hingegen, eine römische Geburtsgöttin, wäre unter griechischem Einfluß zur Dreiheit der Parzen geworden usw.

Unser »Himmelsbegleiter« Mond kann als Einheit oder Dreiheit – nach seinen Phasen – gesehen werden. Wenn wir Cäsar glauben wollen, daß der Mond eine bedeutende Rolle bei den Germanen gespielt habe, so kann es nur die »Luna« in Gestalt der drei Frauen – oder vielleicht einer Frau – gewesen sein. Es ist nachgewiesen, daß die germanischen Feste auf verschiedene Daten fallen konnten, da sie sich nach dem *Vollmond* richteten.[4]

Der Mond wird zum göttlichen Symbol

Aus der kleinasiatischen und der hinzukommenden Kultur der indoeuropäischen Völker entstanden im Raume des Mittelmeeres Göttinnen, die mit dem Mond in Verbindung standen. Die griechische Selene und die römische Luna galten als Personifizierung der »Möndin«. Artemis (griechisch) und Diana (römisch), als jeweilige Göttin der Tiere, tragen eine Mondsichel als Wahrzeichen. Dies wurde daraus erklärt, daß im Altertum bei Vollmond gejagt worden sei. Glaubwürdiger ist, daß eine Verbindung zur alten »großen Mutter« oder den »Schicksalsmüttern« in ihrer Dreiheit bestand, also die Inhaber des »weiblichen Mondkalenders« den Ursprung des Mondsichel-Sinnbildes verursacht haben. Daß Diana eine »weiße Göttin« war, geht schon aus ihrem Namen hervor: *»Diana«* wird von *»Diviana«* (= die *»Leuchtende«*) abgeleitet.[5]

Es gab noch weitere weibliche Göttergestalten, denen eher die schwarze Farbe zugebilligt werden muß, die aber gewisse Ähnlichkeiten zu den genannten »Mondgestalten« aufweisen. Etwa Hekate, eine Göttin, die aus dem kleinasiatischen Raum stammte. Die »wilde Jagd«, mit Fackeln bei Nacht durchgeführt, war ihr Bereich. Im 7. Jahrhundert bekamen die Griechen das erste Mal Kontakt mit Isis, der ägyptischen Göttin. Ob dieser Kult viele kirchliche Handlungen vorweggenommen hat, wollen wir nicht entscheiden: das »Ewige Licht«, das »Räuchern«, die Tonsur des Klerus, das Weihwasser und vieles andere soll auf den Isiskult zurückgehen.[6]

Durch Mozarts »Zauberflöte« wird der Gedanke an Isis bis zum heutigen Tage lebendig gehalten!

Kybele, eine phrygische Göttin, auch *»große Mutter«* genannt, genoß auch in Rom hohes Ansehen. Das Frühlingsfest der Gottheit wurde im kaiserlichen Rom mit großem Prunk gefeiert. Was aber heute noch interessiert: Nach dem Beschluß des kirchlichen Konzils zu Ephesus wurden die »heiligen Stätten« der Kybele in solche der heiligen Maria umgewandelt. Daß gerade Ephesus als Ort des Konzils ausgewählt worden war, hatte tiefere Bedeutung: Hier stand einst der riesige Artemis-Tempel, eines der sieben Weltwunder der alten Welt. Vom wahnsinnigen Herostratos durch Brandstiftung im Jahre 356 v. Chr. zerstört, wurde er bald darauf schöner und größer wiedererrichtet. Ephesus war in der hellenistischen Zeit Hauptstadt der Provinz Asia. Wo könnte die Mutter Gottes anders gewohnt haben und gestorben sein als in diesem uralten Zentrum weiblicher Gottheiten? Sie trat das Erbe aller Vorgängerinnen an, was durch das ephesische Konzil besiegelt wurde.

Wir wissen, daß besonders die Künstler des Mittelmeerraumes die Jungfrau Maria sehr häufig auf der Mondsichel stehend abbildeten. Dürfen wir an eine Kontinuität des Symbols über Jahrhunderte und Jahrtausende hinweg denken?

Nach katholischer Anschauung lassen sich in der Einbeziehung des Mondes in die kirchliche Symbolik zwei Phasen unterscheiden:[7]

1. *Die Kirchenväter* waren bestrebt, die an naturreligiöse Vorstellungen gewöhnten »Neophyten« (Neugetauften) mit den christlichen Anschauungen über den Symbolgehalt des Mondgeschehens vertraut zu machen. Der heilige Ambrosius, Bischof von Mailand, schrieb in diesem Sinne über das Thema »Die Leiden des Mondes«.
2. *Die Künstler des Mittelalters* stellten die Mutter Gottes auf der Mondsichel stehend dar; besonders seit der zweiten Hälfte des 16. Jahrhunderts galt diese Darstellung als Sinnbild der »Unbefleckten Empfängnis« und als Symbol für die gesamte Kirche.

In den Ländern an der Grenze hielten sich manche Erscheinungen am Leben, die im Zentrum des Reiches seit langem verschwunden waren: So blieben in Außengebieten heidnische Kulte länger erhalten. Diana-Bräuche gab es in Frankreich, solche der Isis noch lange in den Donauländern und in Britannien.

Wir erinnern uns noch an die »sexuellen Drohbilder« in roter Farbe. Dort, wo weiße Götter als Schicksalsgestalten verehrt wurden, gab es die gleichen Figuren in leuchtend weißer Farbe, z. B. in England. Die Natur gestattete es hier, mit einfachen technischen Mitteln grandiose Monumente solcher »himmlischen Gestalten« herzustellen. Ein Kreidegrund, mit einer dünnen Vegetationsschicht bedeckt, erlaubte es, mit Spatenstichen den weißleuchtenden Untergrund freizulegen. Auf diese Weise konnten auf Flächen, die mit Gras bewachsen waren, weithin sichtbare Gestalten »gezeichnet« werden.

Auf dem »Giant Hill« bei Cerne Abbas in der Nähe von Dorchester gibt es eine Figur, die wir als Wächter mit sexueller Drohgebärde einstufen können. Ein riesiger, erigierter Phallus und eine drohend geschwungene Keule unterstreichen seine Aufgabe. Ob diese Figur – wie übrigens alle »Wächter« der Art – auch mit dem Glauben an Fruchtbarkeit zu tun hatten, wissen wir nicht. Daß die Keule zu den uralten und oft als »heilig« angesehenen Waffen zählt, ist bekannt. Noch heute hat die Keule (engl. »club«) die Funktion, daß sich unter ihrem Zeichen die Männer versammeln!

Manche Autoren erklären, daß die Figur von Giant Hill entstellt sei, da sie in früherer Zeit über ihren rechten Arm einen »Umhang« getragen habe, während die Keule in der linken Hand gehalten werde. Bis ins 19. Jahrhundert sollen noch abergläubische Bräuche bestanden haben, wonach kinderlose Frauen eine Nacht auf dem Felde des Riesen verbrachten.[8] Eine noch größere Figur ähnlicher Art ist der »lange Mann« von Wilmington (Sussex), der eine »Höhe« von 77 m besitzt. Er zeigt weder sexuelle Sinnbilder noch Kennzeichen seiner Bestimmung. Offensichtlich wurde er im Laufe der Jahrhunderte stark verändert. Wir wissen nicht, ob Kelten, Germanen oder »Ureinwohner« Englands die Schöpfer dieser gigantischen Figuren in Weiß waren.

Denken wir auch daran, daß Thor/Donar, der germanische Fruchtbarkeitsbringer und »Segner der Hochzeiten«, oft als phallische Drohgestalt mit erhobenem Hammer dargestellt wurde.

Selbst ein christlicher Heiliger schwingt den Hammer: der heilige Thomas, dessen Festtag auf den 21. Dezember, auf die Wintersonnenwende, fällt. Diesen »Ehrenplatz« erhielt er 1582 durch die Kalenderreform; bis dahin war die heilige Luzia an jenem Tag gefeiert worden. Von Westfalen bis nach Südtirol ranken sich eine Menge Bräuche um diesen Heiligen; nicht nur

Bräuche, die an das Perchtentreiben (Geschenke und Strafen) erinnern, sondern auch Orakel, die besonders von den Mädchen gerne versucht werden, sollen sie doch den Zukünftigen erkennen lassen! Der Heilige, der auch als »Zwiebart« dargestellt wird, könnte keltischer Herkunft sein: befindet sich doch ein Thomaskopf auf dem berühmten Kessel von Gundestrup.[9]

Rote Totengötter gegen schwarz-weiße

Als der Mensch von der Jäger- und Sammlertätigkeit zum Akkerbau überging, schuf er sich mit der neuen Tätigkeit auch eine veränderte Religion. Er beobachtete nun, daß das Versenken von Saatkörnern in den Boden nach einiger Zeit wieder neues Leben hervorbrachte: Der Samen gelangte ins »Dunkel« der Erde, um sich nach angemessener Zeit wieder von selbst einen Weg zum Licht zu bahnen.

Die abgeschiedenen Vorfahren waren auch »unten«, sollten sie nicht Einfluß auf das Geschehen in der Erde haben? War es ihnen nicht möglich, Wachstum und Reife der Pflanzen zu beeinflussen?

Die »roten Götter« konnten doch bisher für Fruchtbarkeit bei Mensch und Tier in magischer Weise zur Hilfe herangezogen werden, sollten nicht »schwarze Götter« des Erdinneren beim Pflanzenwuchs und bei der Fruchtbarkeit helfen?

Die beiden Ansichten führten bemerkenswerterweise zu keinem »weltanschaulichen« Kampf. Es hat vielmehr den Anschein, daß noch lange Zeit die roten Götter neben den schwarz-weißen ihre Position behaupten konnten. Oder die Götter blieben die gleichen, es *wechselten nur die Farben!* Ob der Totengott rot oder schwarz gedacht wurde, immer wurde der gleiche verehrt; hatte er früher ein rotes Röcklein getragen, so trug er eben jetzt ein schwarzes oder weißes. Während einer sehr langen Zeit sind beide Symbolfarben nebeneinander wirksam.

Im Fasching – zur Fastnachtszeit – wo seit jeher die Fruchtbarkeitsbräuche der Maskierten stattfanden, finden wir noch heute »die alten Farben«. Wie weit die »Darsteller« der Jenseitigen noch wissen, was ihre Rolle bedeutet und bewirken soll, können wir nicht sagen.

Südlich von Innsbruck gibt es noch solches Brauchtum in den Farben Weiß, Blutrot und Weiß-Rot. Anno 1978 wurde im österreichischen Fernsehen das »Wampeler-Reiten« aus Axams/Tirol übertragen. Am ersten Tag dieses Volksbrauches traten die »Blutigen« in Erscheinung, Männer, die ihre nackten Oberkörper sorgfältig mit Blut bestrichen hatten. Wir könnten meinen, daß sie ihre Vorbilder bei den alten Römern oder Germanen gesehen haben! Ihnen voran schritt einsam die Gestalt eines weißen Todes mit Knochenschädel und Sense.

Der Tod und die »Blutigen« sollten vermutlich andeuten, daß an diesem Ort »jenseitige Gestalten« erscheinen werden, die bereit und gerüstet sind, mit den »Lebenden« Kampfspiele auszutragen, was seit jeher dem Wachstum auf den Feldern förderlich gewesen sein mag.

Am folgenden Tag kämpften die Bauernburschen gegen unförmig ausgestopfte »Wampeler« – Bäuchige könnten wir sie nennen. Sie sind offensichtlich Eindringlinge, die an den Hausmauern entlangschleichen. Nicht unähnlich den Astronauten, sind sie mit einem Hemd bekleidet, das viel zu groß geschnitten ist. Die Oberschenkel werden durch rote Kittel bedeckt. Diese Überkleider werden mit Unmengen von Stroh ausgestopft. Stroh und rote Kleidung werden im Brauchtum oft zusammen verwendet. Etwa im Kärntner Unterland, wo das rote Gewand des »Narren« mit Stroh behängt wird.[10] Der »Narr« spielt bei den Bräuchen der Jungmännerbünde schon seit dem Mittelalter die Rolle des Anführers.

Die Beschränkung, daß ein Wampeler nur auf der Straße »geworfen« – d. h. besiegt – werden könne, deutet, wenn wir seine Zufluchtsorte betrachten, auf eine sehr alte Überlieferung. Um von den Burschen des Ortes nicht sogleich zu Boden gerissen zu werden, dürfen sie sich mit einer – bescheidenen – »Keule« zur Wehr setzen. Wertvoller ist für die »ausgestopften Kämpfer« allerdings der Schutz, den die Hausmauern gewähren: Die Dachtraufe entlang der Hausmauern war schon zu alten Zeiten ein »friedenbringender Ort«. Ein bedrängter Wampeler kann auch bei einem Holzzaun Zuflucht suchen, der schon seit einigen Jahrhunderten magische Bedeutung hat.

Im Mittelalter durfte unter keinen Umständen ein Zaun beschädigt werden. Den Zaunstöcken wurden geheimnisvolle Kräfte zugeschrieben. Frauen, die auf solchen Stäben »ritten«, glaubten fliegen zu können. Sie wurden wegen der Zaunstöcke »Zaunweiber« und »Zaunreiterinnen« genannt, woraus später (aus »hagazussa«) »Hexe« entstand.

Der Kampf der »Jenseitigen« (= Maskierten) gilt als ehrenvoll und nutzbringend. Mancherorts bekämpfen sich auch die Maskenträger untereinander: geschwärzte, weiße oder rote. Verhaltensforscher werden darin vielleicht das »Revierbewußtsein« von Tierrudeln wiedererkennen.

Das Wampeler-Reiten vereinigt bedeutsame Symbole: den Tod in Weiß, die »Blutigen« – die alten Kämpfer in Rot – und die rot-weiß gekleideten, »strohgefüllten« Vegetationsförderer. Kann eine derartige Häufung von Sinnbildern durch den Zufall erklärt werden? Wir glauben, daß es kein Zufall ist. Weil wir aber viele dieser Bräuche und Symbole nicht bis in die Vorgeschichte verfolgen können, haben wir unseren Titel mit einem Fragezeichen versehen.

Les Dames Blanches – Verwandte der Percht

Im keltischen Westen, in jenem Gebiet des heutigen Nordfrankreich, das zuerst unter römischer Herrschaft, später unter fränkischer leben mußte, wurden gleichfalls schwarz-weiße Frauengestalten verehrt.

In Gallien feierten die *Dianitici*, also Anhänger der Göttin Diana, gemeinsam mit den »Bauern« nächtliche Orgien. Diese Bräuche vorchristlicher Provenienz müssen noch im Mittelalter verbreitet gewesen sein, da im 13. und 14. Jahrhundert in kirchlichen Schriften von berittenen Frauen, die »zur Ehre Dianas nächtliche Spiele« veranstalteten, die Rede ist.[11]

In französischen Quellen wird erwähnt, daß der Göttin Diana ein männlicher Begleiter Dis (= Janus) beigesellt wurde. Dieser Janus oder »Dianus« gibt der Wissenschaft besondere Rätsel auf. Er wird als doppelköpfiger Gott dargestellt. Richard Wolfram hat darauf hingewiesen, daß diese Doppelhäupter auf den kriegerischen Charakter eines Volkes schließen lassen.[12] Wenn etwa Kelten oder Germanen zur Landnahme aufbrachen, wählten sie Doppelkönige. Es ist heute noch nicht ganz geklärt, ob dies eine Vorsichtsmaßnahme gegen die Eventualitäten des Krieges war. Das Symbol der beiden Könige aber waren Doppelköpfe – zuweilen auch in Tiergestalt. Noch in der Merowingerzeit sind derartige Sinnbilder lebendig gewesen (Reims). Auch aus dem germanischen Raum sind uns *zweifarbige* Doppelhäupter bekannt.

Als nach dem Abzug der Römer die Franken von Flandern her nach Gallien eindrangen, sollen sie in den hier bestehenden heidnischen Bräuchen eigene vorchristliche Gestalten »wiedererkannt« haben:

die Schicksalsfrauen, »Disen«, einen männlichen Totenanführer, eine Diana in den Farben Schwarz und Weiß und die erwähnte Janusgestalt für eine glückliche Landnahme.

Wie weit eine derartige »Kollaboration« zwischen keltisch-romanischer Bevölkerung und den fränkischen Kriegern stattfand, können wir nicht genau sagen. Jedenfalls waren die Franken nicht nur »böse Eindringlinge«, sondern auch höchst erwünschte Bundesgenossen gegen heranstürmende, alles vernichtende und versklavende Feinde: die Hunnen. In der entscheidenden Schlacht auf den Katalaunischen Feldern waren die Franken Kampfgefährten der Römer.

Wie es bei Religionsänderungen zu geschehen pflegt, wurden nach der Christianisierung die früheren Gottheiten »verteufelt«. Diana wurde nun zur »schwarzen Königin der Hexen«. Aber noch verschwanden die alten schwarz-weißen Göttinnen nicht aus dem Bewußtsein der Bevölkerung. Wie es sich auch anderswo feststellen läßt, erhielten sie sich in ländlichen »Rückzugsgebieten« und erwarben dort »Lokalcharakter«. Die weiblichen Gottheiten wurden nun in weißer Farbe verehrt, vielleicht wegen der kirchlichen Warnung vor einer »schwarzen Hexe«. Sie wurden nun *»les dames blanches«*, die weißen Frauen genannt. Mit der alpenländischen Percht verband sie eine gewisse Ambivalenz: Sie waren »freigebige Göttinnen«, aber auch solche, die belohnten oder bestraften; offensichtlich brachten sie die »volkstümliche Meinung über Gerechtigkeit« zum Ausdruck. Die gleiche Tendenz zu richten, finden wir bei den Perchten des Alpenraumes, bei ihren Nachfolgerinnen im christlichen Gewande, ja, sogar noch bei Jungmännerbünden, die sich in Perchtenmasken als das »unheilige« Volk bezeichnen.

Diese weißen Damen wurden im französischen Raum zuweilen auch als »grüne Frauen« verehrt. Grüne Erscheinungen ähnlicher Art sind auch in Mitteleuropa nicht unbekannt: Gab es doch hier die Vorstellung von den grünen »wilden Frauen« neben grünen »wilden Männern«. Bis heute ist ihre Herkunft ungeklärt. Wir wissen aber, daß der »wilde Jäger« auf sie nicht gut zu sprechen war: Er jagte sie nämlich im Walde, wie es in vielen alten Mitteilungen heißt. Diese grünen Vegetationsgestalten gibt es noch im Maskenbrauchtum der Schweiz und Österreichs.

Daß auch Weiß in Frankreich als Totenfarbe galt, ersehen wir daraus, daß die Witwen der Könige weiße Kleider tragen mußten, und zwar bis an ihr Lebensende. Wenn sie Kinder hatten, wurden die Königinnen »Blanches«, also Weiße, genannt. Erlangte ein Sohn die Königskrone, so wurden sie zur »Königinmutter«.[13]

Aus der Fülle der »Disen« oder »Idisi«, die als »Walküren« auf dem Schlachtfeld wirkten, entstand eine Einzelgestalt, die sich um die Toten bemühte. In Norddeutschland ist sie heute noch aus Sagen bekannt: die Frau Holle oder Hel. Auch diese Göttin wird teils schwarz, teils weiß dargestellt.

Im Alpenraum aber finden wir eine weibliche Gestalt, die unter dem Namen Percht, Bercht, Berta und Stampe oder Stampa bekannt ist. Sie wird oft schwarz und weiß dargestellt. Wo befindet sich ihr Ursprung, und wie verhält es sich um die »große Mutter« der Veneto-Illyrer?

Es gibt im Alpenraum noch heute Reste einer »Urbevölkerung«. Diese romanische Bevölkerung, die ursprünglich aus Venetern und Illyrern hervorging, gelangte einst unter keltische Herrschaft, ehe sie dem Römischen Reiche eingegliedert wurde. Flur-, Berg- und Flußnamen sind veneto-illyrisch mit manchen keltischen Wörtern. Die Nachkommen der Noriker und Räter, die in den Jahren 15 und 16 v. Chr. römisch geworden waren, sprechen noch heute eine Art Vulgärlatein. Sie mußten für das Römische Reich im Heer dienen. Heute sind sie auf mehrere Staaten aufgeteilt und werden Rätoromanen, Ladiner und Furlaner genannt. Manche von ihnen wurden in höhere Alpentäler abgedrängt, besitzen aber heute noch ihre Sprache und eigenständige Kultur. In Teilen Graubündens, Südtirols und Friauls wohnen gegenwärtig mehr als 560 000 Angehörige dieses Volkes, wobei in der Schweiz Rätoromanisch als offizielle Staatssprache zugelassen ist.

Wir wissen heute, daß Noriker, Räter und Römer in den Alpenregionen eine oder mehrere Göttinnen verehrt haben, die oft identisch gewesen sein mögen: Rethia – oder nach römischer Version Isis-Noreia – wurde auch bildlich dargestellt. In Oberitalien als Dreiheit, diesseits der Alpen als Einzelgestalt, wurde sie als Wassergöttin, für Geburt, Fruchtbarkeit und Tod angerufen. Sie verschmolz mit den volksreligiösen Gestalten der einströmenden Bajuwaren und Alemannen zu einer gemeinsamen Totenanführerin und Richterin, die »eigenständig« zwischen Hel, dem »wilden Jäger« und ähnlichen Gestalten auftrat: zur *Percht*. Die Germanen am Rhein nannten unter römischem Einfluß ihre Schicksals- und Fruchtbarkeitsgöttinnen »matrones« (Ehefrauen). Man denke etwa an die Göttinnen Freya oder Nerthus (die schwarze Erde), die in Wagenumzügen gefeiert wurden. Auch Tafana scheint in die Gruppe der Fruchtbarkeitsgottheiten zu gehören.

Nerthus, die auf einer Insel im Ozean einen Hain besessen haben soll, wie wir bei Tacitus nachlesen können, wurde auf einem Wagen von Kühen gezogen.[14] Die Göttinfigur wurde, unter einem Tuche verdeckt, durchs Land geführt, während das Volk fröhliche Tage mit Orgien der Fruchtbarkeit feierte. Sklaven, die den Zug begleiteten, wurden nach der Reinigung des Wagens und der Göttinfigur im Wasser ertränkt.

Es ist wahrscheinlich, daß die Göttin Nerthus (= Erde), die in den meisten indoeuropäischen Religionen schwarz, nach dem Erdinneren, gedacht wurde, auch mit den Schicksalsgöttinnen in Zusammenhang gebracht wurde. Wenn die Disen oder »Idisi«, wie sie in Mitteleuropa genannt wurden, mit Fruchtbarkeit – oder in neuzeitlichem Sinne mit »Sexualität« – zu tun hatten, wäre es verständlich, daß die Germanen in lateinischer Sprache von den »Ehefrauen« und nicht im Sinne der Kelten und Römer von den »heiligen Müttern« sprachen.

Bei den Nordgermanen waren es die Disen oder Walküren, die oft als Schlachtenlenkerinnen bekannter sind. Ein wichtiges Stück deutscher Literatur, das uns einen Blick in die graue Vorzeit der germanischen Welt gestattet, sind die »Merseburger Zaubersprüche«.

Im ersten Zauberspruch werden die »Idisi« angerufen, sich in den Kampf einzuschalten. Mancher gefesselte Germane mag im Stoßgebet zu den Idisi gesprochen haben: »insprinc haptbandun invar vigandun!« (= »Entspringe den Fesseln, entwische den Feinden!«)

In prähistorischer Zeit finden wir schon die beiden Gruppen von Bestattungsarten nebeneinander: Beerdigungen mit roter Farbe gab es neben Beisetzungen in schwarzer Trauer oder mit weißem Leichentuch.

In psychologischer Hinsicht drücken sich aber durch die Farben zwei verschiedene Einstellungen zu den Toten aus:

1. Die Verwendung der roten Farbe zeigt zweifellos eine *altruistische Einstellung* den Toten gegenüber an. Man opferte die oft nur schwer zu beschaffende rote Farbe in der Hoffnung, den Abgeschiedenen in irgendeiner Weise zu helfen.
2. Die schwarze Trauerfarbe hingegen »nützte den Toten« nichts. Vielleicht haben jene Forscher recht, die meinen, daß man sich den Verewigten noch eine Zeit lang »ähnlich machen wollte« und mit ihnen zu »leben« beabsichtigte. Die schwarze Farbe bedeutete einst wie heute: eine *Selbstdarstellung des eigenen Seelenzustandes.* Die Farbe Weiß ist zwar keine »Trauerfarbe«, aber gleichfalls »Ausdruck der Trostlosigkeit«. Selbstbespiegelung könnten wir aber auch als *Egoismus* deuten!

Wahrscheinlich vollzog sich noch in prähistorischer Zeit ein Übergang von der Verehrung des roten Totengottes, der Blut oder Farbe »verlangte«, zur Hochschätzung der schwarz-weißen Schicksalsmächte, die sich vom Monde herleiteten und gleichfalls den Charakter der Totenbegleiter annahmen.

Verschiedene psychologische Experimente zeigen, daß Versuchspersonen, denen die Aufgabe gestellt wird, Gefühle durch Farben darzustellen, folgende Auswahl treffen:

Schwarz + Grau = »tiefe Traurigkeit« und »nagender Kummer«.[15]

Auch bei Farbenzuordnungen zu Gemütsbewegungen befand sich an erster Stelle der Reihung: Trauer = Schwarz.[16]

Goethe sah in der Farbe Schwarz eine *Darstellung des Innen-*

lebens: In der »Natürlichen Tochter« begründet der Herzog das Verhängen der Wände mit schwarzem Tuch:

»Daß, finster wie mein Inneres, auch von außen
ein ewig nächt'ger Schatten mich umfange«.[17]

Daß nach der Christianisierung das Spenden von roter Farbe sinnlos geworden war, kann niemand leugnen. Gleichwohl wurden die Bestattungen mit roter Farbe auch dann noch weiter fortgesetzt. Vielleicht war der magische Gehalt dieser Bräuche zu jener Zeit nicht mehr bekannt. Nach Jahrhunderten, in denen die roten Bestattungen fortgeführt wurden, galt der Totenbrauch zwar als unverständlich, aber »vornehm«. Er wurde nun mittels roter Tücher vollzogen. Die Phantasie des Volkes schuf nun neue Begründungen für die althergebrachten Handlungen.

So finden wir noch in neuester Zeit bei den Ukrainern Bestattungen mit roter Kleidung.[18] Russische Wissenschaftler meinten, daß die Kosaken häufig mit roten Tüchern beerdigt worden seien, weil es in alten Liedern geschildert werde. Diese Vorstellungen hätten so auf die »gebildeten Ukrainer« eingewirkt, daß nun nach ukrainischer Sitte *rote Totenkleider* angefertigt würden.

Wenn der ursprüngliche Sinn eines Brauches nicht mehr erfaßt werden kann, wird sein Sinn *»rationalisiert«.* Unter Rationalisierung versteht man in der Psychologie die Umdeutung von Handlungen, die oft emotional motiviert sind, in verstandesmäßig begründete. Die Menschen sind niemals verlegen um eine »Begründung ihres Tuns«.

Wir können aber nicht behaupten, daß die Ukrainer, die jene uralten Bräuche weiter fortführen, »altruistischer« wären als Mitteleuropäer, die ihre Toten in Schwarz bestatten!

Es liegt nahe, die Farben jener Schicksalsmächte vom Erscheinungsbild der Toten herzuleiten: Tote sind von wächsernem und weißem Aussehen oder schwarz, zuweilen auch blau gefleckt. Es ist nun nicht mit Egoismus zu erklären, wenn die Lebenden versuchten, sich den Toten »anzugleichen«. Wir hörten schon davon, daß man noch mit ihnen »leben wollte«, bis sie dem natürlichen Zerfall anheimfielen. 30 oder 40 Tage wurde als Frist angesehen, während der die Toten noch betreut werden mußten! Diese Termine spielen noch heute in vielen Gegenden als »richtige Trauerzeit« eine Rolle! Ob hier eine geistige Analogie zu den Bräuchen der Megalithzeit vorliegt, können wir nicht sagen. Damals sollen die Verstorbenen laufend »versorgt« worden sein.

Schon in vorchristlicher Zeit »verschrieb« man sich den Toten mittels Schwarzfärbens. So erfahren wir von Germanenscharen, die als rote oder schwarze Kämpfer auftraten. Kelten haben offenbar außer der roten Farbe auch die blaue benutzt, um sich der Unterstützung ihrer Toten bei den Kämpfen zu versichern. Hier könnten wir allerdings schon versucht sein, vom Egoismus der Kämpfer zu sprechen, wenn wir uns ein zweckgebundenes Handeln vorstellen. Versuchen wir, uns ein wenig in die Mentalität jener Menschen zu versetzen: Tote waren ihnen kein Mittel zum Sieg, sondern Lebende und Verstorbene bildeten die Großfamilie oder den Stamm. Sie alle »halfen« einander: Die Lebenden durften den Abgeschiedenen keine »Schande« bereiten, und die toten Streiter konnten nicht anders, als ihre Kinder, Enkel und Urenkel zu stärken! Die Totenfarben waren das Abzeichen der Zusammengehörigkeit, das Tote und Lebende verpflichtete!

Die slawischen und germanischen Totenbräuche

Vielfach wird behauptet, daß vor allem die Slawen »Weiß« als Trauerfarbe trugen. Wenn wir aber den gewaltigen Umkreis betrachten, in dem es »weiße Beerdigungen« gab, müssen wir doch annehmen, daß in vielen Orten eine deutsche Basis für diese Bräuche bestanden haben muß.

So finden wir das Gebiet der Niederlausitz als Gebiet der »weißen Totenbräuche«. Die slawischen Wenden dürften hier diese Bräuche geschaffen haben. In Mecklenburg wurden weiße »Trauertücher« getragen. Auf der Insel Rügen und im hannoverschen Wendland weiße Laken für die Trauergäste. Auf Sylt trugen die Frauen ein weißes Kopftuch. Für Nord-Hannover beschreibt ein Forscher das »weiße Notlaken«, das erst seit 1860 vom Kopftuch in Schwarz verdrängt worden sein soll. Notlaken gleicher Art gab es in der Gegend von Fallingbostel. In Niedersachsen hießen diese weißen Kleidungsstücke die »Hoiken«. Weiße Leinentücher waren die Begräbnistracht in Göttingen (1840). Desgleichen wurden sie 1829 im Saaletal getragen. In Nürnberg gab es neben den schwarzen auch weiße Trauerkleider (17. Jahrhundert). In Bayern den »Stauchen«, ein weißes Gesichtstuch (1840). In Salzburg bestand die »männliche Klag« aus weißem Leibchen und weißen Strümpfen. Die »weibliche« hingegen: Kragen, Strümpfe, Kopftuch weiß, schwarze Schürze (1796). Aus dem gleichen Jahr berichtet der Autor Hübner: Im Pinzgau trug man unter einem schwarzen Hut ein weißes Tuch, schwarzen Rock und weiße Strümpfe. Im Bregenzer Wald war die Vermummung besonders stark: Sie bestand aus Sack, Leidmantel und »Stucha«. Augsburg und Ulm kannten in ähnlicher Weise als Kleidung den »Mummel« und »Fürbinder«. In der Schweiz kannte man den »Stauchenschleier«.[19]

Wie die ganz kurz wiedergegebene Aufstellung zeigt, wäre es sinnwidrig, in der Schweiz, in Schwaben oder in Salzburg wie in Niedersachsen oder Mitteldeutschland von »slawischem Volksgut« bei »weißen Beerdigungen« zu sprechen. Wahrscheinlicher ist, daß ursprünglich Germanen und Slawen die schwarz-weißen Schicksalsgestalten in gleicher Weise verehrten und in Angleichung an die Toten erst die rote Farbe, später die schwarze und weiße verwendeten. In historischer Zeit wandten sich die Slawen den weißen, die deutschen Stämme den schwarzen und weißen Begräbnissen zu. Anfänglich war die »gebotene Totenklage« – oft durch ehrenamtliche oder professionelle Klageweiber – bei beiden Völkern gebräuchlich. Später gewann bei den Deutschen die *»Selbstdarstellung«*

der Trauernden die Oberhand. Das Klagen der Frauen blieb bei den Slawen erhalten. Zur Darstellung der »trauernden Seele« war Schwarz besser geeignet als das »trostlose Weiß«.

Die Slawen nahmen an, daß der Tote noch eine Zeitlang alles hören könne, was zu ihm gesagt werde. Auf die Totenklage folgte eine Gedenkfeier mit fröhlichen Liedern, damit sich die Toten erfreuen könnten und nicht traurig ihr Haus verlassen müßten.[20] Bei den Ukrainern von Podolien und Galizien gab es 1927 noch Spiele am Sarg des Toten; bis in jüngster Zeit sollen Faustkämpfe stattgefunden haben, die schließlich von den Behörden verboten wurden.

An ihrer Stelle wurden zur Belustigung des Toten Tierkämpfe mit Gänsen, Hähnen und Hunden veranstaltet.[21] Nachdem die Totengedenktage auch – wie im deutschsprachigen Raum in alter Zeit – in den Fasching fielen (russisch »Butterwochen«), sehen wir weitgehende Übereinstimmung der russischen und deutschen Bräuche bezüglich der Totenbräuche im Mittelalter.

Das Handwörterbuch des deutschen Aberglaubens lehrt uns, daß die Klagen, gleich den anderen Mitteln des »Austobens der Trauer« (Selbstpeinigung!), keinesfalls nur altruistisch gesehen werden dürfen. Die »tobenden« Witwen kämen durch diese »erschöpfende« Pflicht leichter über Trauer und Verzweiflung hinweg![22]

»Mütter« und »Frauen« wurden am Rhein verehrt

Im Rheintal, dem Grenzgebiet zwischen germanischen und keltischen Volksstämmen, wurden Weihedenkmäler, die lateinische Inschriften trugen und vielfach mit figürlichen Darstellungen versehen waren, in größerer Anzahl gefunden. Nicht selten stammten die Stifter aus germanischen oder keltischen Völkern, die entweder hier seit langem wohnten oder in römische Dienste getreten waren. Gewidmet waren die Gedenksteine vor allem den »Müttern« oder »Ehefrauen«. Religionsforscher schreiben diese Verehrung der »Matrones« dem germanischen Stamm der Ubier zu, die zuerst am rechten Rheinufer wohnten, später aber ohne Zwang auf das linke Rheinufer übersiedelten.

Seit fast 2000 Jahren werden die Mütter verehrt. In Schweden schloß das vorchristliche Opferfest der Julzeit mit dem Disablot, dem Disenopfer. Wir wissen schon, daß die Disen jene schwarz-weiß gedachten Gestalten waren, die man zuweilen – vielleicht in einer älteren Schicht – den Nornen oder Schicksalsgöttinnen zurechnen durfte.

Vom bekannten Beda venerabilis, der uns über die Angelsachsen berichtet, erfahren wir, daß es im Januar eine »Mütternacht« gab (»Modraniht id est Matrum noctem«), die gefeiert wurde.

Auch für Dänemark und Norddeutschland läßt sich ein »Weihetag« der Mütter nachweisen: In dänischer Sprache wird der Februar »hustrumaaneden«, im Niederdeutschen »wiwermond« genannt. In den Alpenländern gilt heute noch der Ausklang der »Zwölften« oder der »Rauhnächte« (= »Raun Nächte«) als »Großperchtentag«. Wir wissen, daß die Percht die Totenanführerin in den Alpengebieten war und zum Teil – besonders in Sagen – als solche ausdrücklich genannt wurde. In jenen Gegenden wird noch heute an die Einkehr der Verstorbenen gedacht. Es werden ihnen Mahlzeiten auf dem Tisch kredenzt.

Manche Forscher sind der Meinung, daß die germanischen Alagabiae (die »Geberinnen«) mit Holle, Percht oder den Idisen identisch seien. Es existieren auch Weihesteine mit Widmungen wie »Matribus Suebis«, »Euthungabus, meis Germanis«, »Maternis Marsacis« und ähnliche germanisch-religiöse Inschriften.

Allerdings dürften auch die romanisierten Gallier keine »strahlenden, heiligen Frauen« verehrt haben. Es wird keltisch-germanisches Erbe sein, sich heilige Mütter menschlich, mit »Licht- und Schattenseiten«, d. h. schwarz-weiß, vorzustellen.

Wertvoll ist der Hinweis, daß sowohl bei den Kelten wie bei

den Germanen die Mütter, also »matres« wie »matrones«, in Dreizahl auf den Steinbildern dargestellt sind. In der Gallia Narbonnensis soll es nur ein Matronendenkmal gegeben haben, in der Cisalpina hingegen 50. In Germania Superior wurden zwei Widmungen gefunden, in Germania Inferior – dem eigentlichen Germanien – sogar 86. Von den keltischen »matres« finden wir in der Narbonnensis 50 Belege, in der Cisalpina keine. In Britannien hingegen 29 und in Germanien insgesamt 28.[23]

Die Matreia der Alpenländer

Es gab Völker, die einen Mütterkult besaßen, ehe noch Kelten, Germanen und Römer ins Land kamen. In der ersten großen indogermanischen Welle entstanden in den meisten europäischen Ländern in Verbindung mit der dort ansässigen vorindogermanischen Bevölkerung neue Völker und neue Staaten. So in den Alpenländern die Menschen der Hallstattkultur. Zum Teil erinnern uns ihre Gefäße mit Stierköpfen an die religiösen Vorstellungen der Mittelmeerwelt, zum Teil aber auch an die indoeuropäischen Vorstellungen jenes Kultes, der mit Schicksalsgöttinnen zusammenhängt.

Zu den wertvollsten Funden aus jener Zeit zählt ein aus Bronze gefertigter Wagen, den die Wissenschaft unter dem Namen »Wagen von Strettweg« kennt. Die Hauptfigur dieses Fahrzeuges stellt eine Göttin dar, die auf ihrem Haupte eine flache Schale trägt. Lange Zeit wurde angenommen, daß diese Schale rituell gebraucht und mit Feldfrüchten gefüllt wurde. Heute neigt man der Ansicht zu, daß hier eine Göttin des Wassers Regen in ihrer Schale sammelt.

Dies allein würde allerdings noch keinen Zusammenhang mit unseren Schicksalsmüttern ergeben. Das interessanteste an diesem Wagen ist aber eine Gruppe von Figuren, die sowohl in der »Fahrtrichtung« des Wagens als auch in der Gegenrichtung angebracht sind. Vorne sieht man jeweils zwei Figuren, die einen Hirsch in ihrer Mitte führen, und zwar wird er von ihnen am Geweih gehalten. Offensichtlich soll das eine friedfertige Geste sein. Hinter dieser Dreiergruppe aber kommen die »wilden Jäger«, die ihre Waffen gegen den Hirsch erhoben haben und ihn jagen wollen. Uns fällt eine sehr bekannte Volkssage der Alpenregion ein: Der »wilde Jäger« verfolgt einen Hirsch, der sich nach einem Sprung in eine »andere Welt« als eine der verzauberten Schicksalsfrauen entpuppt und dem Jäger die Zukunft weissagt.

Im Alpengebiet im alten Bereich der Illyrer und Veneter ist diese Sage bekannt, etwa im venetischen Friaul. Die Gruppe »Wilder Jäger und Hirsch« wird heute noch auf der Kirche San Zeno in Verona gezeigt. Dort wird sie als Theoderich, der den Teufel verfolgt, interpretiert.

Wenn wir uns klarmachen, daß die Matres einst »Matrai« gesprochen wurden, so denken wir sogleich an die Orte in jenem alten illyrisch-venetischen Gebiet, die Matrei heißen, z. B. Matrei am Brenner, Matrei in Osttirol. Die illyrisch-venetische Matreia – jetzt in »Einzahl« – wurde noch in der Römerzeit als Isis-Noreia verehrt. Wenn wir ferner bedenken, daß die Isis, eine Totengöttin, schwarz vorgestellt wurde, dann schließt sich der Kreis. Auch die im angrenzenden Rätien verehrte Muttergestalt Rethia dürfen wir als Matreia ansehen.

Nach der Interpretatio Romana, also der »römischen Erklärung«, ist der Matreia-Noreia-Rethia-Kult als indoeuropäischer Zweig der Verehrung einer fruchtbringenden schwarzen oder weißen Totenmutter zu betrachten.

Geheimnisvolle Brunnenbestattungen

Wir kennen solche Bestattungen aus Bayern. Sie dürften noch aus der Zeit der Hallstattkultur stammen. Der zugeschüttete Brunnenschacht wurde durch eine unbehauene Stele aus Sandstein gekrönt, deren obere Hälfte entfernte Ähnlichkeit mit einem Gesicht aufwies.[24]

In diesen Schächten wurde offensichtlich noch die alte Form des Totenkultes gepflegt: nämlich die Beerdigung mit roter Farbe. Vielleicht wurde auch Blut als Opferspeise nachgegossen, sicher aber auch rote Farbe verwendet. Es wird angenommen, daß die Toten in den Brunnenschacht versenkt und sodann mit Holz bedeckt wurden. Die Scheite wurden in Brand gesteckt, wie noch heute an den Brandresten festzustellen ist. Die Toten selbst verbrannten nicht, vermutlich wurden sie durch das Wasser im Brunnen davor geschützt. Dagegen verkohlten organische Substanzen, in denen man Reste von Blut oder Organen zu erkennen glaubt. In einer weiteren, darüber liegenden Schicht wurde roter Farbstoff in reicher Menge gefunden. Es handelte sich um karmesinroten Ton. Der Schacht wurde mit einem »Grabhügel« bedeckt und eine Eingußrinne für spätere »Totenspeisen« nicht vergessen.

Ob hier eine der Wurzeln für die große Zahl der Sagen liegt, die im Brunnen einen Zugang zur Unterwelt annehmen, ist nicht nachgewiesen. Vielleicht handelt es sich auch hier um eine indoeuropäische Anschauung, die von den Germanen geteilt wurde.

Während wir also in Bayern noch die alte Bestattung mit roter Farbe für Brunnenbeisetzungen finden, ist es in Frankreich bereits die schwarze Farbe, die bei ähnlichen Kulthandlungen nachzuweisen ist. Diese »puits funéraires«, wie die Kultschächte in Frankreich genannt werden, stammen aus späterer – keltischer – Zeit. Wann der Übergang von der Hallstattkultur zur keltischen Kultur erfolgte, ist noch ungeklärt. Mit dieser Zeitenwende, so dürfen wir annehmen, ereignete sich auch der Übergang von der »Rot-« zur »Schwarzbeerdigung«.

Schon in der Mitte des 19. Jahrhunderts untersuchte ein Abbé aus der Vendée die Hügel von Troussepoil. Dieser Name läßt sich in französischer Schriftsprache mit »trois puys« oder »trois butes« (drei Bergkuppen oder drei Hügel) wiedergeben. Der Forscher – heute würden wir ihn als Amateur bezeichnen – glaubte, römischen Funden auf der Spur zu sein. Er fand in den Brunnenschächten neben den sterblichen Resten Figuren von Göttinnen, zum Teil weiß, zum Teil schwarz bemalt.[25]

In 13 m Tiefe war ein gewaltiger Deckel angebracht, unter dem eine Muttergestalt aus Eichenholz sitzend, mit Kind auf dem linken Knie, dargestellt war: schwarz bemalt.

Im Laufe der Jahre hat dieser begeisterte »Brunnengräber« zwanzig Kultschächte erschlossen. Trotz der großen Zahl von Begräbnisstätten, die in Europa gefunden worden waren, wird angenommen, daß solche Schächte einer »Elite« von Toten vorbehalten waren. Die Toten sind offensichtlich unter dem Schutz einer mitbeerdigten Göttin mit Beigaben von Speisen, die in den aufgefundenen Tonscherben vermutet werden, bestattet worden. Da in unterirdischen Wasseradern ein Zugang zur Unterwelt vermutet wird, sollte diese Art der Beisetzung dem Abgeschiedenen wohl den Weg ins Jenseits auf sicherste und müheloseste Weise gestatten. Wir finden in Märchen häufig das Motiv: Brunnen als Eingang in eine jenseitige Welt.

In Frankreich ist auch die Verehrung schwarzer Steine bis in die jüngste Zeit üblich. Sogenannte Bétyles werden gerieben, angefaßt, durchkrochen usw. Es handelt sich um Fruchtbarkeitsbräuche, die zuweilen noch im christlichen Gewande geübt werden. Von diesen schwarzen Steinen oder schwarzen Figuren läßt sich eine Verbindung zu den in Frankreich in großer Zahl verehrten »schwarzen Madonnen« herstellen.

Die schwarz-weißen Mütter in Frankreich

Im romanisierten Gallien wurden Isis, Kybele und Artemis verehrt. Französische Forscher behaupten, daß die Gallier den Unterweltsgöttinnen mehr zugetan gewesen seien als den entsprechenden Göttern. Sie finden auch viele Parallelen zwischen Isiskult und christlicher Religion.

Kybele war gleichzeitig Fruchtbarkeitsgöttin und Totenbegleiterin. Der Kybelekult war häufig mit dem Sonnenkult des Mithras vereinigt, der besonders unter den römischen Soldaten beliebt und vor allem an den Grenzen des Römischen Reiches, an der Donau und am Rhein verbreitet war. Auf den Mithras-Stier geht es zurück, wenn noch im 4. Jahrhundert in Frankreich beim Fest der Kybele deren Wagen von Ochsen gezogen wurde.

Nach dem Konzil von Ephesus wurden die Kybele-Verehrungsstätten der christlichen Gottesmutter zugesprochen. Damals sollen 48 Städte die Jungfrau Maria anstelle der Göttin Kybele als Schutzgöttin angenommen haben.

Es ist für die französische Volkskunde ungleich schwieriger als für jene der »germanischen Völker«, eine Vielfalt von Bräuchen bis in die Vergangenheit römischer oder keltischer Zeit zurückzuverfolgen. Die französische Volkskultur ist aus vielen Schichten zusammengewachsen. Die keltische Schicht wurde von der römisch-hellenistischen überlagert. Die eben beginnende Christianisierung wurde durch die fränkische Vorherrschaft unterbrochen, die mit ihren heidnisch-germanischen Bräuchen besonders in ländlichen Gebieten Frankreichs eine »Renaissance des Heidentums« entstehen ließ.

Wieder sind es schwarze oder weiße Figuren, die Verehrung genießen. Erst die Christianisierung unter Karl dem Großen beendete – zumindest nach außen hin – das Treiben der schwarz-weißen Totengötter. Daß dennoch Reste der alten Volksreligion bestehen blieben, haben viele Volkskundeforscher nachgewiesen. Die Zeit der alten Totenbräuche war besonders der Fasching. Die Fastnacht leitet ihren Namen bekanntlich von »fas« (= Fruchtbarkeit) her. Das aus dem Latein stammende Wort Karneval stammt von »Carrus navalis« (= »Schiff auf Rädern«); das waren jene Fahrzeuge, die schon bei den Germanen Erwähnung fanden und die noch heute bei Umzügen mitgeführt werden.

Wir dürfen uns die Totenbräuche, die ja zugleich Fruchtbarkeitsbräuche waren, nicht zu ernst oder schweigsam denken: Die als Vorfahren oder auch »Totemtiere« maskierten jungen Männer lärmten mit den alten »Gespensterinstrumenten«, den Schellen. Sie tanzten und sprangen, um die Fruchtbarkeit »zu fördern«. Da wir hier die französischen Bräuche betrachtet haben: Harlekin bedeutete ursprünglich Heer- oder Höllenkönig, der unschwer als germanischer Anführer des »wilden Heeres« zu identifizieren ist. Auch der Hanswurst oder Hansnarr, die »lustige Person«, die den volksreligiösen, ekstatischen Narren zum Ursprung hat, gehört hierher.

Das Problem der schwarzen Madonnen

Weil gerade in Frankreich schwarz-weiße Götter – vorwiegend weiblichen Geschlechts – verehrt wurden, glauben französische Religionsforscher, daß ihr Land die »Urheimat« der schwarzen Madonnen sei. Tatsächlich stellten sie in Frankreich für das Mittelalter nicht weniger als 190 »schwarze Madonnen« fest.[26]

Nach der gleichen Quelle soll es heute in Deutschland und Österreich 12 oder 13, in den Beneluxstaaten 11, in Spanien 22, in Portugal 3, in England früher 2, jetzt 1, in Ungarn 1, in Polen 1 und in Italien 11 schwarze Muttergottesbilder oder Statuen geben, die große Verehrung genießen.

Es liegt nun nahe, daß die französischen Forscher hier auf die unerhört lange und intensive Tradition der »schwarz-weißen Göttinnen« hinweisen, die sich in den Bildern und Statuen der Muttergottesverehrung fortgesetzt haben könnte. Es stellt sich hier wieder einmal das Kontinuitätsproblem: Gab es tatsächlich eine durch Jahrtausende andauernde »ungebrochene Tradition«, die noch heute wirksam ist? Oder geht aus der gleichen seelischen Veranlagung immer wieder der gleiche Wunsch hervor, der sich an Beispielen aus der Vergangenheit präzisieren läßt?

Wo es sich um schwierige geisteswissenschaftliche oder

naturwissenschaftlich-psychologische Probleme handelt, fehlen gewöhnlich auch nicht jene einfachen Patentlösungen, die im »Handumdrehen« eine schnelle und oberflächliche Beantwortung gestatten. So auch hier: Solche Standbilder und Gemälde entstünden durch Kerzenrauch, weil vor verehrten Bildern stets Kerzen brennen. Andere bieten als »Patentlösung« an: Alte Kunstgegenstände würden oft durch Brand, Wasser, Rauch oder chemische Einflüsse verfärbt. Künstler mit dunkler Hautfarbe werden bemüht, ja es gibt sogar die Vermutung, die heilige Maria wäre Zigeunerin oder Nordafrikanerin gewesen.

Wenn wir nicht annehmen wollen, daß seit der Urzeit die Götterbilder gewohnheitsmäßig oder durch Erziehung schwarz oder wahlweise weiß »gesehen und gewünscht« werden, müssen wir uns einer psychologisch vertieften Lösung zuwenden, die etwa folgendermaßen lautet: Es besteht möglicherweise das Bedürfnis, göttliche Personen in menschlicher Form »wie du und ich« zu sehen. Auch Gott selbst ist für die meisten Menschen nur in menschlicher Gestalt vorstellbar, wer kann sich einem abstrakten Gott nähern? Wenn wir uns aber die Gottesmutter vorstellen, so ist vielleicht die Strahlende, die Makellose, die unsagbar Gütige oder, in unseren Farben ausgedrückt, »die leuchtend Weiße« für den einfachen Menschen zuviel an Herrlichkeit. Er wird vor ihr so verlegen wie ein Bettler, der von einer Königin zu Tisch gebeten wird.

Eine Mutter soll auch dunklere Seiten haben. Vielleicht wird einer »schwarzen Mutter«, die auch die finsteren Seiten des Lebens kennt, besonders vertraut. Das »Engelsgleiche« und Helle, das die meisten Künstler in Madonnenbildnisse hineinlegen, ruft die Sehnsucht nach einem Gegenpol wach. Gespräche mit Frauen, die Bilder schwarzer Madonnen besonders schätzten und verehrten, ergaben, daß sie bei der Betrachtung dieser Bilder die Empfindung hätten, daß das dunkle Bild »besonders hilfreich« sein müsse. Zahlreiche Votivtafeln in Wallfahrtskirchen mit schwarzen Madonnen künden ja auch von der wundersamen Hilfe, die Gläubigen dort zuteil geworden ist.

Wir könnten also psychologisch von dem »Gleichgewicht« der Erscheinungsbilder, die das Volk anstrebt, sprechen. In vielen Relikten der vorchristlichen Volksreligion, die heute entweder als Aberglaube gelten oder, mit christlichen Anschauungen verbunden, als Volksbräuche weiterleben, treffen wir auf das Phänomen des Gleichgewichts der Gegensätze.

Schwarz-Weiß für Heiterkeit und Trauer

Viele unserer Brauchtumsgestalten – die heute für heitere Stimmung sorgen – zeigen die gleichen Farben wie die Trauergäste bei Begräbnissen: Schwarz und Weiß. Wir glauben nicht, daß das Zufall ist. Es hat sich nur der Charakter der Figuren, die »lustige« Bräuche üben, geändert! Der schwarze Klaubauf, Krampus oder Knecht Ruprecht wird noch heute von Kindern als ernst und bedrohlich empfunden. Auch die Percht und »Pudelmutter«, weiß oder schwarz dargestellt, wirkte früher abschreckend und furchteinflößend.

Wir sahen schon bei den Totenbräuchen in roter Farbe, daß Totenanführer, Tote und Trauergäste die gleiche Farbe trugen wie ihre kämpferische Gefolgschaft. Das gilt auch für die »neueren« Totenfarben Schwarz und Weiß. Kurt Ranke hat aus verschiedenen Quellen der Antike die Farben der »Trauergäste« und Hinterbliebenen erforscht.[27]

Griechen	konnten als Angehörige des Toten zwischen weißer und schwarzer Kleidung wählen. Zuweilen war für Frauen Weiß vorgeschrieben, z. B. in Mysien.
Römer	trugen beide Farben. Männer zumeist Schwarz, Frauen Weiß.
Illyrer	kleideten sich schwarz.

Germanisches Brauchtum Disen, Schicksalsfrauen, Percht, Holle, Reiter auf Schimmel, »Habergeiß«	Farben: *Schwarz-Weiß* Bestattungsfarben: *Schwarz-Weiß*
Keltisch-römisches Brauchtum Diana, »dames blanches« usw. Farben: *Schwarz-Weiß*	Bestattungsfarben: *Schwarz*, in Frankreich auch Weiß nachweisbar
Slawisches Brauchtum (Ostslawen) »Nixen« (= unreine Tote), Rusalienfrauen, Spiel mit Pferd, das auch Nixe heißt Farbe: *Weiß*	Bestattungsfarbe: Weiß
Veneto-illyrisches Brauchtum Seit der Ost-Hallstatt-Kultur weibliche Schicksalsgestalten Farbe: *schwarze* Figuren in »Brunnenschächten«	Bestattungsfarbe: soweit bekannt, Schwarz

Wir sehen eine weitgehende Übereinstimmung zwischen den Farben der Brauchtums- oder *Schicksalsgestalten*, die – hier schließt sich der Kreis – oft zugleich *Totenanführer* sind.

Ein Beweis für die *Langlebigkeit* der Gestalten, vor allem aber der *Farbenvorstellungen*, die mit ihnen verbunden sind, sind die Bräuche, die mit Heiligen in Zusammenhang stehen und nun in christlichem Sinn die gleichen Farben führen wie ihre heidnischen Vorläufer.

Christliche Heilige im schwarz-weißen Brauchtum

Die Kirche hat zu allen Zeiten bekehrten Völkern ihre Bräuche belassen, wenn eine von drei Bedingungen gegeben war:

1. wenn die Bräuche nicht mit den Geboten des Glaubens in Widerspruch standen;
2. wenn die vorchristlichen Brauchtumshandlungen mit neuem, christlichem Gedankengut zu erfüllen waren;
3. wenn vorchristliche Götter entweder durch christliche Heilige ersetzt werden konnten, die nun den Vorgängern einen neuen Sinn verliehen, oder heidnische Götter in »Nebenrollen« verdrängt wurden, deren Bedeutung im Laufe der Zeit dahinschwand.

Durch das Heranführen der uralten Bräuche an den neuen Glauben war es immer möglich, »volkstümlich« zu bleiben und eine Bindung zum christlichen Gott durch Aufrechterhaltung alter Bindungen – soweit möglich – zu festigen. Religion kommt bekanntlich vom lateinischen »religio« (= Verbundenheit mit Gott).

Wie wir wissen, gab es zwei Gruppen von vorchristlichen, schwarz-weißen göttlichen Gestalten, die während der Zeit der Christianisierung und noch lange nachher »ersetzt« oder »verdrängt« werden mußten. Wir kennen heute nur noch die kirchlichen Verbote eines noch Jahrhunderte hindurch fortgesetzten heidnischen Treibens. Die *stillen Glaubenskämpfe* gegen schwarze und weiße Götter und Göttinnen können wir nur ahnen. Die Wissenschaft bezeichnet die vom großen Strom geistigen Geschehens abgeschnittenen Alpentäler als »kulturelle Retentionsgebiete«. Dort haben sich schon die prähistorischen Kulturen und Völker am längsten gehalten.

Heutzutage, im Zeichen des Fremdenverkehrs, bekommt jedes Tal seine Autostraße, seine Skilifte und Seilbahnen, so daß die noch erhaltenen vorchristlichen Bräuche zumeist zu einer – gut bezahlten – Fremdenverkehrsattraktion werden. Darüber hinaus gibt es nur noch wenige »Wissende« – ohne akademische Bildung –, die heute noch einigermaßen erklären können, was die uralten Bräuche »bewirken«. Wenn ein »Erklärer« von Volksbräuchen den interessierten Zuhörern erläutert, was sie bedeuten, so ist er zweifellos bereits »angekränkelt«, er glaubt nicht mehr im Sinne des Volksglaubens.

Das weiß-schwarze Nikolausbrauchtum

Der heilige Nikolaus war Bischof von Myra in Kleinasien (300 n. Chr.). Obgleich er zunächst in der Ostkirche verehrt wurde, gewann er auch in Europa, besonders aber im deutschsprachigen Raum, wachsende religiöse Bedeutung. Die außerordentlich schnelle Ausbreitung der Nikolausverehrung ging zunächst auf die griechische Prinzessin Theophano, Gemahlin Ottos II. (973–983), zurück. Im 13. Jahrhundert, in der Blütezeit der Hanse, war er besonders beliebt, denn er gilt auch als Schutzpatron der Seeleute und der Handelsherren. Er ist seit dem Mittelalter als der »Kinderbischof« bekannt, der am 5. Dezember die Kinder beschert und in mahnender und belehrender Weise auf die Jugend einwirkt.[28] Seine schwarzen Begleiter können aber kaum als *pädagogische Drohfiguren* entstanden sein. Sie tragen Züge vieler anderer, zum Teil bis in die vorchristliche Zeit zu verfolgenden Gestalten. Es war immer schon so, daß durch das Treiben jener schwarzen Gesellen Schreckerlebnisse bei Kindern befürchtet wurden. Heute wird im Fernsehen, im Rundfunk und in den Tageszeitungen vor dem 5. Dezember gewarnt: Kinder könnten Schäden neurotischer Art davontragen.

Wenn auch früher in der Erziehung weitaus autoritärer vorgegangen wurde als heute, so sind psychische Einschüchterungsmittel schon vor Generationen bei Eltern verpönt gewesen. Besonders bei solchen, die ihre Kinder liebten. Niemand weiß, weshalb gerade der Landbevölkerung eine »frühere brutale Haltung« den Kindern gegenüber vorgehalten wird. Wie noch die heutigen Nikolausbräuche zeigen, werden sie vor allem von Männern für Erwachsene durchgeführt. Auch bei den Krampusbräuchen in der Großstadt wird zumeist den »herausfordernden Mädchen« gegenüber Scherz getrieben, selten gegenüber Kindern. »Hilflose Eltern«, die nicht wissen, wie den »schlimmen« Kindern beizukommen ist, wird es wohl immer geben. Die Erziehungsberechtigten drohen dann mit allen »Mächten«, die ihnen in den Sinn kommen.

Manche Forscher sind der Ansicht, daß der christliche Gehalt der volkstümlichen Nikolausbräuche mit der Länge des Weges vom Orte seiner Entstehung abnimmt. So wird etwa von einem sehr entfernten Gebiet, etwa von Ostpreußen, berichtet, daß dort die Nikolausbräuche den christlichen Charakter fast gänzlich vermissen ließen. Vielleicht erfuhren breite Schichten der Bevölkerung niemals den religiösen Sinn.

In evangelischen Gegenden wurde der Nikolausbrauch zumeist abgeschafft. Reste früherer Bräuche zeigt z. B. noch das »Niklas-Singen« in Bremen, wo je drei Kinder vortragen, von denen zwei weiß gekleidet sind, eines jedoch schwarze Gewänder trägt.[29] Möglicherweise liegt hier auch eine Analogie zu den Dreikönigsgestalten vor. In Norddeutschland verblieb die »neutrale Figur« des Weihnachtsmannes.

Wenn wir die volkstümlichen schwarzen Gesellen dem lichtvollen, weißen Heiligen gegenüberstellen, fragen wir uns, wie diese »Kontrasterscheinungen« entstanden sein können.

Entweder: Sie traten im Lauf von mehreren hundert Jahren als »Neuschöpfungen« auf; oder: Die kirchlichen Bräuche der Nikolausverehrung wurden in vorchristliche Bräuche integriert. Aus den letztgenannten stammen die schwarzen Gesellen.

Die Theorie der Neuschöpfung hat wohl weniger Wahrscheinlichkeit. Die Kirche wäre gegen eine »Verwilderung« der frommen Nikolausbräuche energisch eingeschritten. Wenn ein volkstümliches Bedürfnis nach schwarzen Gesellen bestand, so könnten wir uns eine Lösung im Sinne der »schwarzen Madonnen« unschwer vorstellen.

Die Theorie der Integration hat im Sinne der *Konstanz der Brauchtumsfarben* die größere Wahrscheinlichkeit. Wir kennen genug Maskenbräuche im deutschsprachigen Raum Europas, die fast die gleichen Erscheinungsbilder bieten wie die »dunklen Gestalten« im Nikolausbrauchtum. Vor allem scheinen es die Figuren der Perchten-, Hollen- und Schimmelreiterbräuche zu sein, die in manchen Variationen im Nikolausgefolge auftauchen. Es ist verständlich, daß die Kirche bestrebt war, diese heidnischen Vorgänge von ihrem Sinngehalt her aufzulösen und durch Eindringen in jene Brauchtumswelt die schwarzen Gesellen zwar nicht zu verbieten, aber zu »dämonisieren« und schließlich der Lächerlichkeit preiszugeben.

Der böse Nickel und andere heidnische Relikte

Richard Wolfram macht darauf aufmerksam, daß es eine vorchristliche Gestalt gibt, die »Nickel« heißt, was verständlicherweise nichts mit der mittelalterlichen Kurzform von Nikolaus zu tun hat. In der Schriftsprache ist dieser Nickel heute verschwunden. In der Mundart tritt er noch als »Bosnigel« in Erscheinung.

Die Nickelbräuche des Odenwaldes zeigen uns einen alten Mann in schwarzem Mantel mit Schlapphut und langem Bart, dem ein Buckel unter dem Mantel aufgebunden wird. Er heißt auch Belznickel oder Benznickel, eine Bezeichnung, die noch ungeklärt ist. Zu der Nickelgruppe zählt auch ein weißes Christkind, das weiblich dargestellt wird und »Fraache« oder »Hullefraache« genannt wird. Sowohl der Nickel wie das »Fraache« bringen Geschenke für die Kinder. Das weitere Gefolge dieser Maskengruppe ist nicht weniger mysteriös: das weiße »Mehlweibl«, das auch im Gesicht weiß gefärbt ist; eine weiße »Stoppelgans«, ein Tier undefinierbarer Art; der

»Gumphinkel« und der »Bohlischbock« als weißverhüllter Zweibeiner, der ein aus zwei Stangen gebildetes großes Gehörn trägt.[30]

In Tirol und Oberösterreich gibt es ein Gegenstück zur Fraache des Odenwaldes: die »Nikolausfrau«.

Sollen wir in solchen Erscheinungen urtümliche Schwarz-Weiß-Bräuche sehen, wie sie vielleicht im ganzen deutschen Sprachgebiet existierten? Oder sind diese Gestalten Neubildungen der Volksphantasie? Der Name der »Hullefraa« ist jedenfalls alt, es ist die bekannte Frau Holle oder Hel. Helle als Raum der Hel in der Unterwelt (althochdeutsch »hella«) wurde vom Christentum übernommen und mit Änderung des Sinngehaltes zur »Hölle«.

Wenn wir in Volkskundebüchern nachlesen, welche Relikte aus einer vorchristlichen Zeit in den volkstümlichen Nikolausbräuchen auf uns gekommen sind, finden wir folgende Merkmale:[31]

1. *Vervielfältigung der Gestalten*
   Es gibt Scharen von Chläusen, Zantichloisen in der Schweiz, Klausen in Bayern und Österreich, von Niklasen und Ruhklasen in Norddeutschland.
2. *Nichtkirchliche Überlieferung*
   überwiegt: variabler Zeitpunkt des Erscheinens (Heiligabend, in den »Zwölften«, zu Silvester), oft ein Heische-Umzug anstatt Zug der Spender! Vorchristliche, volksreligiöse Bräuche erlaubten das »Heischen« der Maskierten, weil diese die verstorbenen Familienmitglieder vorstellten. Der heilige Nikolaus aber ist Gabenbringer für die Kinder.
3. *Weltliches Brauchtum*
   aus alter Zeit erscheint: Knallen, Lärmen, Schellen, Schießen.
4. *Der schwarze Nikolaus*
   wird kaum aus der christlichen Anschauung stammen: Mantel mit Schlapphut, als Greis usw.

5. *Die schwarzen Begleiter*
   sind in schockierender oder »teuflischer Art« maskiert, z. T. sogar als »Fruchtbarkeitsdämonen«, »Erbsstrohmänner« oder Bären.
6. *Weibliche Gestalten,*
   z. B. Klausenweibchen (Vorarlberg), Klasa (Tirol), Butzenpercht (Bayern), Hullefraache (Hessen), gehören nicht zur christlichen Auffassung.

Aber nicht nur die Nikolausbräuche sind heute noch zu den schwarz-weißen Volksbräuchen zu zählen. In ähnlicher Weise trugen auch weibliche, volkstümliche Heilige seit ältesten Zeiten diese beiden Farben. Es sind dies *Heilige, die in den Schicksalszeiten des Jahreslaufes gefeiert werden.* Gemeint sind die »Zwölften«: etwa die Zeit vom Thomastag bis zum Fest der Heiligen Drei Könige.

Schicksalsfrauen und Luzienbräuche

Schwarz-weiße, volksreligiöse und kirchliche Brauchtumsgestalten finden wir auch bei den West- und Südslawen. Die angrenzende deutschsprachige Bevölkerung dürfte einen gewissen Einfluß ausgeübt haben.

Mittwintergestalten gibt es im magyarisch-slowakischen Raum und im mährisch-böhmischen Gebiet. Von Neuhaus in Böhmen hören wir, daß ein Bursche in Weiberkleidern mit einem Vogelkopf, der durch zwei Holzspäne und ein weißes Leinentuch gebildet wird, als »Schnabelpercht« erscheint.[32] Ein mystischer Zusammenhang besteht seit vorgeschichtlicher Zeit bis heute zwischen »heiligen Frauen« und Vogelgestalten. Es wird vermutet, daß das magische Bild des Zugvogelfluges (ein »weibliches Dreieck« formend) seit Urzeiten die Ursache des Zusammenhangs zwischen Frau und Zugvogel bildet. Die slowakische »Luck«, ganz in Weiß gekleidet, trägt das Gesicht verhüllt. Wer sie nicht erkennt, den ergreift »panische Furcht«.[33]

Jene Slawen, die einst bis nach Niederösterreich, Steiermark und Kärnten, ja sogar bis Osttirol gelangten, wurden in die deutschsprachige Bevölkerung, bis auf Reste in Südkärnten, integriert. Wir treffen daher in Österreich Bräuche der Bajuwaren, Schwaben, aber auch der romanisierten Noriker, Räter und der Slawen an. In jenen Gebieten, in denen sich Völker und Kulturen überschneiden, hat nicht der »deutschsprachlich« bevorzugte heilige Nikolaus besondere Verehrung genossen, sondern eine Heilige, die aus dem Süden stammt:

Santa Lucia, eine Märtyrin des christlichen Glaubens, gestorben in Syrakus (300 n. Chr.). Ihr Festtag, der 13. Dezember, war vor der Einführung des Gregorianischen Kalenders (1582) der kürzeste Tag des Jahres! Sie galt deshalb als Lichtbringerin! (Lateinisch lux, lucis = Licht!)

Nach den Heiligenlegenden war die heilige Luzia außerordentlich standhaft im Glauben. »Ochsen« vermochten sie nicht nach einem sündhaften Leben zu ziehen. Weder konnte ihr siedendes Öl noch Feuer etwas anhaben, sie starb durch einen Dolchstoß.[34] Sie gilt als Schutzpatronin der Augen, weil sie sich die Augen, die einem heidnischen Freier begehrenswert erschienen, ausriß und ihm in einer Schale übersandte, um der Sünde zu entgehen. Diese Verbindung der Heiligen mit den »Augen« erfuhr aber auch eine schlimme heidnische Deutung, auf die wir noch zu sprechen kommen.

Die Luzienbraut (= Lussibrut in Schweden) ist aus der Volksphantasie entstanden und vereint den christlichen Namen der Lichtbringerin aus dem fernen Süden Europas mit der Lichtsehnsucht des Nordens. Die »Lichterbraut« geht in Schweden von Hof zu Hof und bringt den Männern einen Trunk. Auf dem Kopfe trägt sie eine Krone aus brennenden Kerzen. Diese lichtbringenden jungen Mädchen und Frauen, sowohl die Heilige als auch die Brauchtumsfigur aus Skandinavien, sind weiß gekleidet.

Leopold Kretzenbacher bezeichnete allerdings die Luzienbraut als die »dunkle Erscheinung« ohne christliche Sinngebung.[35] Wohl aber können wir diesem Brauchtum in Schweden einen poetischen Reiz nicht absprechen, wenn man erlebt, wie ein nettes, junges Mädchen die Hoffnung auf Wiederkehr des Lichtes und der Sonne mit freundlichen Gaben erweckt.

Die slawischen Bräuche kennen viele weiße Gestalten. Vor allem die »Nixen«. Ob der Name richtig gewählt wurde, wollen wir nicht entscheiden. Es handelt sich nicht um Wassergeister, sondern um Frauen, Mädchen und Kinder, die frühzeitig oder gewaltsam gestorben sind. Männer, denen dasselbe zustieß, folgen unter gleichem Namen, dem »Wirbelwind«. Ein weißes Pferd, das ebenfalls *Nixe* genannt wird, ist Mittelpunkt ritueller Spiele. Es wird mit Totenbräuchen in Zusammenhang gebracht. Zur Weihnachtszeit erscheint eine *weiße Ziege*, die früher im Zentrum von Maskenbräuchen stand.[36] Hier trifft sich die Volkskunde Mittel- und Osteuropas: Bei den Nikolausbräuchen wird der Esel, das Reittier des Heiligen, mit Ziegenfutter gefüttert! Tatsächlich tritt die »Habergeiß« auch bei Nikolausbräuchen in Erscheinung.[37]

Im Grenzgebiet, in dem deutsche, romanische und slawische Bräuche aufeinanderstoßen oder sich überschneiden, gab es die finstere, zum Teil auch zweifarbige *Perchta*, *Pehtra* oder *Pehtrababa*. Sie war jene Frau, die Faulen und Bösen die Augen ausstach und bei Maskenumzügen ein blankes Messer schwang! Es ist verständlich, daß die Kirche eine derartig wilde, blutrünstige Gestalt »veredeln« mußte. Die heilige Luzia erschien dafür geeignet. Die »Augenheilige« schien die nötigen Assoziationen zu schaffen: Wer wollte, konnte nun an eine Heilung kranker Augen denken; wer den alten Gedankengängen folgte, mußte sich fürchten, daß sie ihm das Augenlicht raubte.

Viel deutlicher als bei Nikolausbräuchen tritt beim Luzienbrauchtum die Überschichtung des heidnischen Mittwintertreibens durch christliche Bräuche zutage. Mancherorts wurde sogar der Name geändert; die weiße Frau, die Gaben beschert, heißt in der Oststeiermark bis zum heutigen Tage: »Pudelmutter«. Diese Bezeichnung rührt von »pudeln« (= kollern oder auf dem Fußboden rollen) her. Sie wirft nämlich ihre Gaben zur Tür herein und verschwindet wieder. Die »gewitzten« Kinder wissen, daß von ihnen Bescheidenheit erwartet wird, und heben zunächst die »minderwertigen Gaben« vom Boden auf: z. B. Rüben oder Kartoffeln, in denen oft Geld verborgen ist.

Die Pudelfrau hat aber auch eine »finstere Seite«. Obgleich sie in der Oststeiermark und im Burgenland als altes Weiblein auftritt, das – »mit pädagogischen Absichten« – spendet, trägt sie als *»Fersenlutz«* ein Messer und Salz bei sich.[38] Mit diesen Requisiten bedroht sie »Schmutzfinken«, sie werde ihnen die Ferse abschneiden und die Wunden einsalzen. Solche Drohungen sind uns nicht unbekannt: Luzias Hinweis auf die Augen soll ja auch nicht immer harmlos ausgelegt werden!

Noch deutlicher wird die alte Herkunft der Drohungen, wenn wir an die »Percht« denken: Diese droht heute nur an, Faulheit und Unsauberkeit dadurch zu bestrafen, daß sie den Sündern den Bauch aufschneidet, um Stroh oder Kieselsteine einzufüllen. Früher überprüfte sie auch das Spinnen der Mädchen; in anderen Gegenden tat dies die Hollefrau (Spilahole, Popelhole).

Luziengestalten, die wenig oder gar nichts mit christlichen Vorstellungen zu tun hatten, aber alle *weiß gekleidet* und zum Teil sogar mit *schwarzen Begleitern* erschienen, gab es bei den Slawen des böhmischen, mährischen und slowakischen Gebietes und bei den Ungarn.

Die Ostslawen ließen ihre vorchristlichen Schicksalsfrauen sehr oft in weißer Kleidung erscheinen, was zugleich die Begräbnisfarbe war. Daß die Slawen im mittel- und südeuropäischen Raum zuweilen schwarz-weiße Frauen verehrten, mag der Einfluß aus den benachbarten deutschsprachigen Gebieten sein, vielleicht auch ein illyrisches »Erbe«. Wie wir wissen, kannten die Veneto-Illyrer schwarze Schicksalsfrauen und auch die Beerdigung in schwarzer Farbe.

Im Murfelde bestand der Brauch, daß zwei Frauen oder Männer als »Luzia und Dienerin« erschienen (1884). Luzia war schwarz, ihre Dienerin weiß! Luzia trug einen Teller, auf dem zwei Augen und ein langes Messer lagen. Sie verteilte Maisbrot und drohte Kindern, die nicht beten wollten, »die Augen auszukratzen«. Die weiße Dienerin trug gar eine mit Flügeln versehene Axt.[39]

Dieses »gefährliche Requisit« ist unter den volksreligiösen Gegenständen der Ostslawen nicht unbekannt. Es muß seine Existenz nicht der Luzia »zur Last gelegt werden« – obgleich man auch schon von Drohungen des »Kopfspaltens« gehört haben will. Die Flügelaxt scheint noch aus der Zeit der Urslawen zu stammen.

Wieder müssen wir zugunsten der Eltern die Stimme erheben! Auch die Slowenen haben ihre Kinder lieb, und zu vermuten, diese Gestalten wären nur zur »Disziplinierung« der Kinder erfunden worden, hieße Eltern Unrecht tun. Solche »Erklärungen« sind oft der Versuch, komplizierte Probleme mit »Patentlösungen« rasch zu beseitigen.

Wer sich mit volksreligiösen Bräuchen beschäftigt, kommt zur Ansicht, daß viele Handlungen, die einst bitterernst waren, heute kaum noch verstanden und als »Kinderspiel« dargestellt werden. Oft werden Bräuche, die früher nur von Männern geübt werden durften, heute von einer Kinderschar »aus Spaß« weitergeführt. Es wäre durchaus möglich, daß jene finsteren Drohungen und freundlichen Belohnungen in vorchristlicher Zeit keineswegs nur Kindern galten, sondern für Erwachsene gedacht waren.

Schwarze und weiße Schleier

Die Witwen oder weiblichen Nachkommen trugen einen Schleier, entweder um sich dem Toten »anzugleichen« und seine Hilfe zu erlangen – oder um sich zu verhüllen, damit der Tote »nicht weiß, wen er beneiden soll«.

Was uns hier interessiert, ist der Zeitpunkt des Übergangs von den weißen »Notlaken« zum »weißen Schleier« und nachher zum »schwarzen Trauerschleier«.

Im 14. Jahrhundert trugen die Frauen in Kärnten schwarze Gewänder aus Samt mit einfachen weißen Kopftüchern. Das 14. und das 15. Jahrhundert wurden schließlich, von Burgund ausgehend, zur Zeit der Schleiermode an den Höfen.

Bis ins 16. Jahrhundert trugen die Witwen und Mädchen der »höheren Stände« dichte weiße Trauerschleier. In dieser Zeit war die technische Entwicklung wieder so weit gediehen, daß man richtige »Schleier« anfertigen konnte.

Im 17. Jahrhundert konnten sich auch »Handwerksleute« und »dererlei Weibern«, wie es in den zeitgenössischen Schriften heißt, die teuren Schleier leisten. Man rief nun nach »Verboten wegen der langen Maulschleier«. Offensichtlich waren die Trägerinnen dieser »Maulumhüllung« über ihrem Stande gekleidet! Das »einfache Volk« trug Schleier nur selten und erst, als die Oberschicht im Barock und Rokoko den Schleier nicht mehr bevorzugte.

Vor allem schien es den Menschen der damaligen Zeit zu modern und für »niedere Stände« unzulässig, »lange, schwarze Schleier« zu tragen.[40]

Hobby Horse und Robin Hood

Das Tier als »Seelenbegleiter« ins Jenseits ist ein Gedanke, den wir bei vielen Völkern finden. Manche Forscher nehmen an, daß die »Tierdämonen« eine Vorstufe der als Menschen vorgestellten Götter gewesen seien. Das Pferd war als »Seelentier«

besonders für die indoeuropäische Welt charakteristisch. Bei den Germanen soll Wodan ursprünglich in Pferdegestalt erschienen sein, bei den Kelten hieß die Pferdegöttin Epona. Im zweiten Merseburger Zauberspruch gibt es die Zeile »Phol ende Wodan ...«, das »Pferd und Wodan«.[41]

In England hat der Pferdedämon den Namen »Hobby Horse«. Zwischen dem bekannten Volkshelden »Robin Hood«, »Hooden Horse« und »Hobby Horse« soll eine Verwandtschaft bestehen; Hobby soll eine Koseform von Robin sein.[42] »Hobby Horse« spielt eine gewichtige Rolle bei den Schwert- und Morristänzen und anderen Bräuchen der Jungmännerbünde in England. Es wird angenommen, daß ein Konkurrenzverhältnis zwischen der Tiergestalt und dem Anführer der »Outlaws« bestanden hat. Im Volksbrauch und Spiel tritt er auch als Anführer einer maskierten Schar von jungen Männern auf. Der »Captain of misrule« versammelt um sich eine Schar von Mitstreitern, die sich durch »Heischegänge« das Recht der »Jenseitigen« anmaßen: nämlich Speisen zu verlangen.[43]

Wir dürfen wohl auch Verbindungen zwischen Wodan und Robin Hood annehmen. Der germanische Gott wurde ja auch »der Roßbärtige« (= Hrossharsgrani) oder »Hrosselbart« (= König Drosselbart) genannt.

Weiße Riesenpferde in England

Weil das Totenroß in den Farben der Toten erscheint, finden wir häufig den Schimmel oder den Rappen bei den Bräuchen, die mit dem Totenheer oder den Totengöttern in Verbindung gebracht werden.

Wenn wir in unserer »aufgeklärten Zeit« einen beliebigen Mitbürger fragen, was er sich darunter vorstellt, daß einen Menschen der »Schlag getroffen« habe, so wird er in den meisten Fällen nur eine sehr unbefriedigende Antwort auf unsere Frage geben können. Denn er weiß ja nicht, daß man früher sagte, »das weiße Pferd habe ihn mit dem Hufe geschlagen«.[44] In Skandinavien wurde für »Helhestr« – das »Unterweltspferd« – Hafer bereitgestellt, um es abzulenken.

Aber auch im deutschen Raum bat man: »Wode, hol deinem Roß nun Futter.« Daß die Germanen die Schimmel für heilig hielten, berichtet schon Tacitus: ». . . eine besondere Eigenart des germanischen Volkes ist es jedoch, auch Witterung und Weisung von Rossen prüfend zu erforschen. Die Tiere wurden auf Kosten des Stammes in den bereits erwähnten Hainen und Lichtungen gehalten, weißglänzend und durch keinerlei irdischen Dienst entweiht.«[45]

Es ist bekannt, daß die Angelsachsen die weißen Pferde als ihr Wappen und Segenszeichen betrachteten. Das weiße Riesenroß bei Uffington, 114 m lang und 40 m hoch, soll König Ethelred I. (866 – 871) errichtet haben, als die Dänen in sein Land eindrangen.

Die Sommersonnenwende zu feiern ist bei allen Völkern germanischer Abstammung üblich. Es könnte auch so sein, daß die Angelsachsen schon vorhandene »Pferdemonumente« der Kelten übernahmen und nun ihrer Religion entsprechend verwendeten. Das Pferd von Uffington weist Ähnlichkeiten zum keltischen Latène-Stil auf.[46] Bekannt ist, daß Epona, die gallische Pferdegöttin, auch in Britannien verehrt wurde.

In England hat es zahlreiche Riesenbilder von weißen Pferden gegeben. Was diese Pferdemonumente bezweckten, läßt sich zwar nirgends nachlesen, aber leicht verstehen. Weder für Astronauten noch für vorzeitliche »Gleiter« wurden diese Luftbilder geschaffen. Man darf sie aber als Anruf an die fliegend gedachten Götter oder an ihre Tiergestalten integrieren. Der Epona- und Wodan-/Odinkult sollte die Himmelsbewohner herabrufen; die Bilder mußten also von oben gesehen werden können – was auch vorzüglich gelungen ist, wie Luftbilder zeigen!

Gekreuzte Pferdeköpfe als Schmuck des Hausgiebels und Glückssymbol sind in Europa sehr stark verbreitet: Die Südgrenze läßt sich etwa von Südtirol über Steiermark bis ins Burgenland und darüber hinaus festlegen. Die Westgrenze läuft durch Teile der Schweiz und der Niederlande. Im Osten aber strahlt dieses Segens- und Schutzzeichen vom ehemaligen Ostpreußen über Polen und Baltikum bis in die Gegend von Nowgorod.[47] Im Norden finden wir sie in Norwegen und Schweden, in England sind sie aus dem Mittelalter belegt.

Nicht überall erscheinen diese Segenszeichen als Pferde, zuweilen sind es auch Schwäne. Auch diese »heiligen Tiere« wurden *schwarz und weiß paarweise dargestellt.* Zuweilen wurden auch die Farben Schwarz und Rot verwendet. Wolfram verfolgt diese Bräuche bis ins Altertum, ja, sogar bis in die prähistorische Zeit. Auch die Wikinger stellten gekreuzte Tierköpfe in den Farben Schwarz und Gelb dar (siehe »Das schwarzgelbe Signal«).

Den Schlüssel zu einer befriedigenden Erklärung fand Richard Wolfram in der Bezeichnung der »Giebelpferde« in Niedersachsen: »Hengist« und »Horsa«. Als die Sachsen im 5. Jahrhundert zur Eroberung nach England aufbrachen, trugen ihre Doppelkönige die gleichen Namen wie die Giebelzeichen! Dies konnte nicht mehr als Zufall gedeutet werden. Bei näheren Untersuchungen finden wir bei den meisten indoeuropäischen Völkern stets dann ein Doppelkönigtum, wenn Völker zur »Landnahme« aufbrechen. Bei den Wandalen etwa hießen die Anführer »Assi« und »Ambri« (= Holz und Pflock). Später wurden sie von einem anderen Brüderpaar geführt: »Rhaos« und »Raptos«, als »Rahe« und »Balken« zu deuten.[48]

Wenn einmal die Quelle einer Erscheinung erkannt ist, beginnt ein Strom neuer Erkenntnisse zu fließen: so auch hier.

Das spartanische Doppelkönigtum leitete sich vom göttlichen Zwillingspaar der Dioskuren ab. Das Symbol der Dioskuren bestand aus zwei Balken, die durch ein Querholz verbunden waren. Wieder finden wir die »Pfosten« in Verbindung mit den Doppelkönigen. Auch die Kelten zogen, von zwei Königen angeführt, zur Landnahme aus. Göttergestalten nach »Dioskurenart« verehrten auch die Bewohner Galliens. Bei den Indern gab es die »Ashvinau« (= die Pferdeherren). Weiße Hengste ziehen den goldenen Himmelswagen. Die Ashvinen wurden auch mit Schwänen verglichen.

Wolfram weist darauf hin, daß schon die Spartaner ihre Doppelkönige nicht nur mit dem Holz in Beziehung setzten, sondern auch *mit weißen Pferden.* In Sparta wurden sie genannt »Leukopoloi« (= Besitzer weißer Pferde). Auch bei anderen griechischen Stämmen finden wir Doppelgötter und Doppelherrscher mit Pferdenamen und weißer Farbe.

Besonders interessant ist, daß auf altgriechischen Vasenbildern einer der beiden Dioskuren auf einem *weißen Hengst*, der andere auf einem *schwarzen* reitet. Auf einem alten Tempel zu Lokroi wurden die Dioskuren sogar als Giebelfiguren verwendet.[49]

Eine germanische Sitte liefert vielleicht die Erklärung für die Verbindung zwischen den schwarz-weißen Tieren und dem Holzpflock (oder den Giebelbrettern): Es ist bekannt, daß die Germanen zur Abwehr von Feinden oder bösen Kräften Neidstangen errichteten. Das waren Masten, auf denen in Richtung des Feindes ein Pferdekopf die Zähne bleckte. Auch die Steven der Wikingerschiffe mit ihren Drachenköpfen hatten die gleiche Aufgabe. Weshalb sollte der Bauer seinen Hof nicht mit den schwarz-weißen »Neidpferden« schützen? Dazu kam noch, daß die Doppelköpfigkeit seit den Zeiten der Landnahme eine glückliche Leitung verhieß.

Über die Entstehung des Wortes »Amtsschimmel« gehen die Meinungen auseinander.[50] Wir finden den Hinweis, daß in der Schweiz die Boten der eidgenössischen Kantone auf Schimmeln ritten, die auf Staatskosten gehalten wurden. Die weiße Farbe sollte also eine Art »Staatsuniform« für Tiere darstellen. Aber auch derjenige, der annimmt, daß der Amtsschimmel von dem Begriff »schimmelig werden«, also etwa durch das Schimmeln der Akten, die auf Bearbeitung warten, erklärt werden könne, geht nicht ganz fehl: Nach dem etymologischen Wörterbuch war im Mittelhochdeutschen »schimel« ein Eigenschaftswort.[51] Es entstanden erst die Wendungen: »Schemeliges perd« (Frankfurt a. M., 1374), »dat scymelinghe perd« (mhd. 1373), bis schließlich die Bedeutung der »Schimmel« (= »weißes Pferd«) im Spätmittelhochdeutschen entstand.

Der Einwand, daß der »Schimmelreiter« nicht »uralt« sein könne, wenn es den Schimmel als Pferdebezeichnung erst seit dem 14. Jahrhundert gäbe, wird leicht dadurch entkräftet, daß sich zwar nicht das Wort, wohl aber der Gegenstand der Darstellung bis in vorchristliche Zeit zurückverfolgen läßt: Wir müßten also »Reiter des weißen (oder schwarzen) Pferdes« sagen. Der Ausdruck »Schimmelreiter« wurde wahrscheinlich erst im späten Mittelalter geläufig; u. a. steht er im Buch der Offenbarung, das sich damals großer Beliebtheit erfreute.[52]

Einen Schimmel zu reiten war lange Zeit den Würdenträgern vorbehalten; weiß gezüchtete Tiere – nicht die »ergrauten« – galten als vornehm. In vorchristlicher Zeit waren diese »heiligen Tiere« den Göttern als Reittiere vorbehalten. Später stellte man sich zahlreiche kirchliche Heilige als »Schimmelreiter« vor: den heiligen Michael, den heiligen Martin, den heiligen Nikolaus, den heiligen Stephan, den heiligen Georg, den heiligen Ulrich. Der Letztgenannte wird mit dem Sieg Ottos über die Magyaren auf dem Lechfeld bei Augsburg verbunden (955). Die Ulrichskreuze gewannen in der Volkskunst bedeutendes Ansehen und gelten als Vorläufer des »Eisernen Kreuzes«.

Religiöse Umritte, Leonhardiritte und Leonhardifahrten (z. B. in Tölz) wurden bevorzugt mit Schimmeln durchgeführt. Magische Umritte auf weißen Pferden finden wir auch im Salzbergbau. Dort umreiten die »Halloren« den Salzbrunnen. Der uralte Brauch des Feuerreitens, d. h. mit einem Pferd einen Bannkreis um eine Feuersbrunst zu ziehen, um den Brand »einzuschließen«, war besonders mutigen Männern vorbehalten. In Windeseile mußte der Mann auf seinem Schimmel durch dreimaliges Umkreisen das Feuer in »Bann schlagen«. In einer Stadt mußte der Kreis ganz eng gezogen werden, damit möglichst viele Häuser gerettet werden konnten! Im Handwörterbuch des deutschen Aberglaubens wird ein Graf Trenk erwähnt, der noch im Jahre 1809 eine Stadt durch rasendes Umreiten auf einem »schäumenden« Schimmel gerettet haben soll!

Es trifft sich in dieser magischen Vorstellung das »weiße Pferd« mit dem Komplex des »Kreises«. Das »Einkreisen« dürfte zu den ältesten indoeuropäischen Bräuchen zählen. Wir berichteten schon von Fadenumgürtungen und von Umschließungen von Heiligtümern durch Ketten. Seit alter Zeit gibt es das Fest des heiligen Leonhard, der zu den 14 Nothelfern gezählt und oft als »bayerischer Herrgott« bezeichnet wird. Die »Leonhardiritte« waren seinerzeit Pferdesegnungen und Umritt um die Kirche, wobei Schimmel bevorzugt wurden.

Vor der Pest hoffte man sich retten zu können, wenn man um den Ort der Seuche mit dem Pflug eine Furche zog. Daß diese Bräuche des Umreitens und Umpflügens in die vorchristliche Zeit zurückreichen, geht aus den Verboten des Konzils von Lestines (743) hervor. Im »Indiculus superstitionum et paganiarum« (kleines Verzeichnis des Aberglaubens und Heidentums) werden unter anderem das Umpflügen (sulcius circa villas) und das Anwenden des »Notfeuers« (= nodfyr) als heidnisch verurteilt.[53] Das Notfeuer war gleichfalls eine Maßnahme gegen Seuchen. Tiere wurden durch ein solches Feuer getrieben, um sie von Krankheiten zu reinigen. Die beiden Männer, die mit einem »Feuerbohrer« das Notfeuer entzünden mußten, sollten nach altem Brauch Zwillinge sein. Richard Wolfram erwähnt dies im Zusammenhang mit den Doppelgottheiten und Doppelkönigen, die mit weißen Pferden verglichen werden.

Schwarz, die lebensfeindliche Farbe

Die Natur und das menschliche Gemütsleben gehen konform: Finsternis, d. h. Mangel an Licht, bedeutet das Absterben aller Organismen. Zunächst würde die Pflanzenwelt ohne Licht zugrunde gehen, weil sie keine Lebensenergie durch Assimilation erhielte. Nachher wären Mensch und Tier dem Untergang geweiht, da sie der Pflanzennahrung direkt oder indirekt bedürfen. Als Farbe gesehen: Das Fehlen von Licht ist die schwarze Farbe – schwarze Gegenstände »verschlucken« die Lichtstrahlen –, und dieser Mangel an Energie »bringt den Tod«.

Bei allem Bedrohlichen »vergeht uns das Lachen«. Schwarz ist deshalb die ernsteste Farbe, die denkbar ist. Sie ist lebensfeindlich und daher als »böse« zu betrachten.

Wir finden Schwarz in folgenden Bedeutungen:

Tod:	als Vorgang, Gedanke, Sinnbild;
Geistiger Tod:	Sünde, ewige Verdammnis;
Trauer:	Gedenken an unwiederbringlich entschwundene Menschen, Denken an verpfuschtes Leben, Zukunftslosigkeit;
Bedrohliches:	das Böse an sich, böse Wesen, böse Menschen, böse Übel, gefährliche Krankheiten (z. B. »Pest«);
Feindliche Umwelt:	früher Hölle, Höhle, Unterwelt, heute auch chemisch-physikalische Bedrohung;

Mächte der Unterwelt: Teufel, Dämonen, Totenzüge, wilde Jagd, Perchten.

Bei dem Versuch, Gefühle zu malen, d. h. farbig auszudrükken, war Schwarz die »vorherrschende Farbe« bei den Gefühlen »nagender Kummer« (in Verbindung mit Grau), »tiefe Traurigkeit« (gleichfalls mit Grau).[54]

Der Farbenpsychologe Frieling findet bei seiner Farbenzuordnung zu verschiedenen Gemütsbewegungen die Farbe Schwarz

an 1. Stelle für Trauer,

an 3. Stelle für Zwang.[55]

Goethe läßt im Faust den Mephisto erklären, daß er ein Teil der Finsternis sei. Der Teufel haßt das Licht.

In einem Paralipomenon zur Farbenlehre versucht Goethe, die »Angst vor dem Dunkel« – im weiteren Sinne könnten wir darunter auch die Farbe Schwarz verstehen – zu erklären: Durch Dunkel oder Schwarz bleibe die Retina in Ruhe. Die Netzhaut befände sich in »völliger Bestimmbarkeit«. Sie fordere gleichsam eine Tätigkeit für sich. Die Unmöglichkeit, von der Fähigkeit zur Tat zu schreiten, sei, so meint Goethe, die peinlichste Empfindung, und die Bestimmbarkeit ohne Bestimmung würde zur Beängstigung.[56]

Schwarz steht für die seelische Situation derer, die trauern. Aber weshalb werden dann bei frohen Festen gleichfalls die schwarzen – oder weißen – Kleider getragen bei Hochzeiten, bei Bällen, bei frohen Festen? Es kann also nicht immer die Darstellung der Trauer sein, die auch die Gegenwartsmenschen – in ihrem »relativ großen Egoismus« der Selbstverwirklichung – veranlaßt, Schwarz zu bevorzugen. Woher kommt es, daß sich eine Festtracht mehr als hundert Jahre halten kann, wie es bei dem schwarzen Frack und bei der Abendkleidung der Damen in Weiß (oder in Pastellfarben) der Fall ist? Auch bei der bürgerlichen Hochzeit – die immer mehr den bäuerlichen Bereich erfaßt – haben sich die schwarze Männerkleidung und das weiße Brautkleid mit weißem Schleier durchgesetzt.

Es handelt sich bei dieser Farbenwahl zweifellos um ein Kontrastphänomen: Das Maximum an Licht (= Weiß) wird gleichzeitig mit dem Höchstmaß an Dunkelheit geboten, was eine besondere Wirkung auf die Menschen hat. Die beiden Farben vereinigen sich zu einem »Nonplusultra« der Empfindung. Es gibt keine Erscheinung, die so ernst und strahlend zugleich ist wie diese Farbenkombination!

Die lustigen Trauergäste

Die Nordgermanen schätzten Bier und Met; später lieferte der Wein der romanischen Völker jenen »Stoff«, der für Feste unbedingt nötig erschien. Schon bei Tacitus erfahren wir, daß Weizen und Gerstenbier, am Donau- und Rheinufer aber auch Wein getrunken wird. Der römische Schriftsteller meinte sogar, daß die Germanen zu besiegen wären, wenn ihnen »genügend« alkoholische Getränke geliefert würden. Andererseits wußte er, daß man bei Zusammenkünften, die stets mit geistigen Getränken verbracht würden, eine Stimmung vorfinde, die der Wahrheit aufgeschlossen sei.[57]

Familienfeste standen im Zeichen des Alkoholgenusses: Verlobungsfeier, Hochzeitsfest und Erbmahl. Daneben gaben Empfangsfeste, Rechtshandlungen wie Verträge, Kaufabschlüsse, Adoptionen und Freilassungen Anlaß zu trinken. Im Totenkult sollte durch Festmahl und Umtrunk die Kraft der Familie zum Ausdruck gebracht werden; Zutrunk und Umtrunk wurden als ein für den Toten »wohlgefälliges Tun« angesehen. Es gibt heute noch Relikte aus jener Zeit. So meinen die Ostslawen, daß sich der Hinterbliebene freuen müsse, da die Toten »noch einige Zeit« alles hören könnten und an angenehmer Unterhaltung teilnehmen würden. In Irland wurde noch vor nicht allzulanger Zeit dem Aufgebahrten ein »angezündetes Pfeifchen« geboten, damit er sich in seinem Kreise in gewohnter Weise wohlfühle.

In den Alpen geht es noch heutzutage bei den Totenwachen

recht munter zu. Trunk und Tanz gehören in mancher Gegend zum Ehrendienst an den Verstorbenen. Die Kirche sieht solches Treiben nicht gern; ihr Kampf gegen die »lustige und sündhafte Feier in Schwarz« dauert immerhin schon mehr als tausend Jahre!

Bereits Hincmar von Reims wetterte im Jahre 852 gegen die üppigen Totenfeiern, bei denen jeder der Sitte gemäß – wenn er sich nicht eine böse Feindschaft zuziehen wollte – beim Umtrunk aus der Kanne, aus dem Krug oder Horn mithalten mußte.

Beim Zutrunk mußte der Zutrinkende seinem Freund den Becher widmen, aus dem er trank. Zumeist war ein Gegentrunk ein Gebot der Ehre. Regino vom Prüm rügte diese Sitten als Zwang, dem sich auch die Priester nur schwer entziehen konnten.

Hinzu kam noch das Minnetrinken zu Ehren irgendeines bedeutenden Wesens. Ursprünglich galt es Göttern, aber auch den eigenen Vorfahren. Nach der Christianisierung wurde zu Ehren der Verstorbenen und der Heiligen getrunken. Die Kirche war bestrebt, diese Relikte des Heidentums einzudämmen. So wurde zunächst das Minnetrinken auf Heilige eingeschränkt.

Das »Schwärzen« und die Jugend

In vorchristlicher Zeit wurde in großen Teilen Europas versucht, durch *Maskenbräuche* »das Wiederkommen der Verstorbenen« darzustellen und auch in magischer Weise zu bewirken. Die nun erscheinenden Abgeschiedenen waren zu bewirten, ja, sie hatten das Recht, Nahrung von den Lebenden zu fordern: zu heischen! Dabei bedienten sich die Repräsentanten der »Jenseitigen« der jeweiligen Totenfarben: zuerst der Farbe Rot, später dann Weiß und Schwarz.

Nach Tacitus hat das schwarze Heer der Harii etwa schon um Christi Geburt bestanden. Bei zahllosen Volksbräuchen in

Europa finden wir vor den Maskierten schon die »Geschwärzten«, die »unerkannt bleiben wollen«, nicht, weil die Träger dieses Brauches als verächtlich gelten könnten, sondern weil sie »Besondere« sind, die sich als Jenseitige vorkommen! Nach uralten Vorstellungen können sie – wenn sie sich in ihr neues Wesen hineinleben – als »Unterweltsangehörige« mancherlei bewirken, z. B. Fruchtbarkeit auf den Feldern.

Eine von diesen Brauchtumsgestalten, der »Rauchfangkehrer«, ist in den Alpen heute noch in der ursprünglichen Form anzutreffen. Der Schornsteinfeger wird gerade zu Neujahr durch die einschlägige Industrie in tausendfältiger Weise kommerziell verwertet. Nur wenige Menschen bedenken, daß es sich um eine weit in die Vergangenheit zurückgehende Symbolfigur handelt.

Beim »Anklöckeln« in Salzburg beschäftigt sich der »Schwarze« mit den Öfen der besuchten Häuser.[58] Er nimmt Ruß aus der Feuerstelle und streicht ihn den anwesenden Mädchen ins Gesicht. Das »Schwärzen der Mädchen« ist nicht nur Spaß und Neckerei, sondern hat in ganz Europa den gleichen Sinn: Es bedeutet Heirat und Kinderkriegen.

Der »Wildschütz« ist eine weitere schwarze Wunschfigur der bäuerlichen Bevölkerung. Immer dann, wenn es dem eingesessenen Volk aus irgendeinem Gesichtspunkt verwehrt wurde, in »seinen Wäldern« zu jagen, tritt der Wildschütz auf. Lange ehe die Politiker von der Natur als einem Gemeinschaftsbesitz spachen, war die bäuerliche Bevölkerung Europas schon davon überzeugt, daß Flüsse und Seen, aber vor allem der Wald, allen Ansässigen gehörten und von diesen uneingeschränkt genützt werden könnten.

Sobald die Jagd dem Bauern verboten wurde, galt der beamtete Jäger als »Aufpasser«. Im alten Faschingstreiben, wenn alles Untergründige frei wird, treten die »verdrängten Komplexe« der Landbevölkerung zutage. Die Wilderer schwärzen ihre Gesichter, um unerkannt zu bleiben. Das Schwärzen hat aber auch einen anderen Aspekt: Schwärzen gilt heute noch in manchen Gegenden als Abzeichen der »freien jungen Männer«, die sich der jeweiligen Obrigkeit nicht beugen wollen. Ähnlich wie »Robin Hood« stehen sie als Geschwärzte außerhalb des Gesetzes des jeweiligen »Establishments«. Sie fühlen sich als Repräsentanten der »alten Freiheit«.[59] Wer sich nicht um Verordnungen und Gesetze kümmert, handelt nach unserem Sprachgebrauch »schwarz«: Schnaps wird schwarzgebrannt, Waren werden schwarzeingeführt (geschmuggelt), in Notzeiten wurde schwarzgeschlachtet (entgegen strengen staatlichen Anordnungen), es wird schwarzgehört (Rundfunk) oder schwarzferngesehen, zuweilen auch noch schwarzgejagt und gefischt; Schwarzarbeit umgeht die Steuer.

Die Morristänzer

Was bedeuten die sogenannten »Mohrentänze«? Unter Mohr wurde früher der »schwarze Mann« verstanden. Unterschiede zwischen »Mauren« und Negern waren in einer Zeit, als Erdkunde nur in ganz bescheidenem Ausmaß gelehrt wurde, der Bevölkerung kaum bekannt. Noch im 19. Jahrhundert war ein Mohr jeder dunkelhäutige Mensch, wie wir aus dem »Struwwelpeter« erfahren können.

Ein Erklärungsversuch besagt, man wollte einst die »Heiden« tanzen lassen und ließ sie unter der Bezeichnung Mohren auftreten. Manche vermuten, daß mit diesen Tänzen die Gegner des Christentums gemeint waren: Für Spanien – wo dieser Brauch gleichfalls lebt – wäre ein Tanz gegen den maurischen Gegner sinnvoll gewesen. Aber was sollen dann Mohrentänze in Österreich? Waren hier die »Schwarzen« die Türken? Vollkommen unverständlich aber wäre ein derartiger Mohrentanz für England, wo besonders viele »Morristänzer« auftreten. Hinzu kommt noch, daß die Morristänze oft mit dem Schwerttanz verbunden sind.

Die Mohren sind ganz einfach junge Männer, die sich ihr Gesicht schwärzen oder sich einen schwarzen Punkt auf die Stirn malen. Das bedeutet immer: sich unkenntlich machen. Es handelt sich um die einfachste Form des Maskenbrauches. Das Schwarzfärben kann aber noch andere Gründe haben: In vielen Gebieten Europas färbte man sich schon in vorgeschichtlicher Zeit das Gesicht schwarz, ehe man in den Kampf zog. Man wollte nicht nur dem Gegner durch sein Aussehen unheimlich erscheinen, sondern durch die Totenfarbe auch die Unterstützung der Vorfahren gewinnen.

Wie überall in Europa finden wir auch in England eine enge Verbindung zwischen »Narrenbrauchtum« und Vorfahrenkult. Die »Narren« sind oft die Anführer der schwarzen Scharen. Narren waren Menschen, die außer sich geraten konnten – nicht, wie man heute meint, »Narren der Heiterkeit«. Diese Menschen in Ekstase waren seit vorgeschichtlicher Zeit die Anführer bei Kämpfen. Denken wir an die Berserker, die an der Spitze von Kriegsscharen in ekstatischer Wut bis zur Vernichtung des Gegners oder bis zum eigenen Untergang fochten. Bei den Langobarden waren ähnlich Maskenkrieger am Werke: die »Hundsköpfe«. Erinnern wir uns aber noch an die Maskenkrieger der Schweizer Freiheitskämpfer. Nicht der »Tell« existierte als historische Gestalt, sondern die »Dellen«, ekstatische, oft maskierte Anführer von Jugendverbänden, die den Kampf gegen die unbeliebte Obrigkeit aufnahmen.

In England heißen die »Narren« Toms, die ihre Gesichter schwärzen und künstliche Bärte aus schwarzer, weißer oder roter Wolle tragen, damit sie niemand erkennt. Sie beteiligen sich u. a. an Fruchtbarkeitsbräuchen, die bei uns in Mitteleuropa unter dem Namen Pflugumzüge bekannt sind.

Wir finden also auch in England diese Verquickung von Vorfahrenkult und Fruchtbarkeitsbrauch. Ein verwandter Brauch in der Steiermark ist das Ådl-Fahren: Acht Burschen, deren Gesichter schwarz gefärbt sind, und ein Anführer, der »Spitzroß« genannt wird, ziehen einen alten Holzpflug. Dabei lärmen und schreien sie, kurz, sie gebärden sich als ekstatische Menschen: als »Narren«!

Die Schwarzhäupter von Riga

Eine andere Vereinigung von »Mohren«, die gewiß mit Menschen dunkler Hautfarbe nichts zu tun hat, ist der alte, berühmte Bund junger, wehrhafter Männer, die in die Geschichte unter dem Namen »Schwarzhäupter« eingegangen sind. Sie spielten in der deutschen Besiedlung des Ostseeraumes eine Rolle.

Offensichtlich führt diese Form von Jugendverbänden bis ins frühe Mittelalter zurück. Wir kennen schon die kriegerischen Jugendbünde, die in manchen Ländern Europas als Schwerttänzer mit »Mohrenaussehen«, d. h. mit geschwärzten Gesichtern, bis in die Gegenwart ihr Brauchtum pflegen und besonders zur Fastnachtszeit frohe Feste feiern.

Ursprünglich waren die »schwarzen Scharen« an der Ostsee Kampfverbände, die sich einer Übermacht von Feinden zu erwehren hatten. Wenn wir den Ausführungen des Germanischen National-Museums in Nürnberg folgen,[60] das heute einen Teil des Schatzes der Schwarzhäupter bewahrt, bestand ein Verband junger Kaufleute seit der Mitte des 14. Jahrhunderts in Reval, Dorpat, in Nowgorod, Neu-Pernau und Narwa. Wie bei den meisten Jugendbünden aus dem germanischen Raum waren auch die Mitglieder der Schwarzhäupter »Initiationsriten« unterworfen. Ursprünglich wurden nur deutsche Kaufleute aufgenommen, im 17. Jahrhundert aber auch Holländer, Engländer und Skandinavier.

Ihre Fest- und zugleich Kampfaufmachung waren das geschwärzte Gesicht und die weiße Stirnbinde. Es treten wieder die alten Totenfarben in Erscheinung. Es wäre verfehlt, sich das Mittelalter als Tummelplatz vorchristlicher Bräuche vorzustellen. Die Schwarzhäupter waren gute Christen und erkoren sich als Schutzpatron einen der »Ihren«: den heiligen Mauritius, der als Mohr mit weißer Stirnbinde dargestellt wird. Nach der Legende war der heilige Mauritius ein Nubier in römischen Diensten, der sich geweigert haben soll, an »heidnischen Feiern« teilzunehmen. Demzufolge soll er mitsamt seiner Legion den Märtyrertod erlitten haben. Erst in der Mitte des 15. Jahrhunderts nahm die Verehrung des heiligen Georg, des »Drachentöters«, zu, so daß die Darstellungen des heiligen Mauritius verdrängt wurden.

Riga und die Schwarzhäupter mußten zuweilen einen »Mehrfrontenkrieg« führen: gegen den übermächtigen Deutschen Ritterorden, der in Riga eine Zwingburg errichtet hatte, gegen die »heidnischen Eingeborenen« und die griechisch-orthodoxen Russen.

Es gab Zeiten, in denen die Schwarzhäupter nur als Untergrundkämpfer, als »schwarzgesichtiger Geheimbund«, existierten und als »Unbekannte« angreifen konnten. Ähnliche Geheimbünde gab es im Schweizer Freiheitskampf.

Kultische Gemeinschaftsformen aus dem Mittelalter, z. B. die »Schwurmähler« der Ritter, die altnordischen Kultmählern mit Kriegergelübden verblüffend ähnlich waren, lebten fort in der Hanse, im Bund der Schwarzhäupter und in Gildenverbänden.[61]

Die Toten sahen erst zu, später feierten sie mit

Wir haben schon von den lustigen Totenfeiern gehört, die es in Relikten bis heute gibt. Die Aufbahrungszeit war nicht überall gleich. Die indogermanischen Völker waren bestrebt, ihre Toten so lange zu konservieren, wie sie annahmen, daß die Seele der Abgeschiedenen »noch in der Nähe weile«. Man dachte nicht daran, die Toten zu »mumifizieren«. Die ägyptische Auffassung von der ewigen Erhaltung des Leibes war den Indoeuropäern fremd.

Im Winter wurden die Toten am einfachsten mit Eis oder einer dünnen Wachsschicht konserviert, die vor allem auf dem

Gesicht aufgetragen wurde. Auch Honig dürfte – wegen der Insekten – als Wintermittel verwendet worden sein. Im Sommer wurden andere Methoden zur Erhaltung des Körpers angewendet: Kohle, Asche, Kalk und Baumrinde.

Bei slawischen Völkern und bei Persern sollen die gleichen Mittel heute noch für denselben Zweck gebraucht werden. Es gibt in manchen Orten der Schweiz, des Allgäus und Badens noch Spuren früherer analoger Magiehandlungen. In diesen Gebieten werden zuweilen 30 Tage lang kleingestoßene Kohle oder Eisenspäne aufs Grab gestreut. In Baden soll nach einem alten Brauch Asche in den Sarg mitgegeben werden.[62]

Nach dem Begräbnis waren die Germanen verpflichtet, die Toten an bestimmten Tagen zu ehren. Mahlzeiten und Minnetrunk verbanden Lebende und Tote am 3., 7. und 30. Tag nach der Beerdigung. Auch nach einem Jahr mußte wieder der Verewigten gedacht werden,[63] wobei es jedesmal »hoch herging«. Die kirchlichen Einwände gegen derlei Bräuche brachten sie schließlich zum Verschwinden.

Doch gibt es einzelne Reste noch heute. In vielen ländlichen Gegenden werden zu den »heiligen Zeiten« – also etwa zu Weihnachten – Speisen für die toten Familienangehörigen bereitgestellt. Nach Lage der Löffel und ähnlichen »Vorzeichen«, die am nächsten Morgen festgestellt werden, wird die Zukunft der Familienangehörigen gedeutet. Zuweilen wird Stroh in die gute Stube gebracht, damit »Jenseitige« einkehren und dort schlafen können.

Die schwarzen Vögel der Götter

Die Normannen hatten vor der Christianisierung eine Fahne mit dem Bild des Raben. Zwei dieser schwarzen Vögel begleiteten Wodan/Odin als ständige Späher. Als Gott des »wütenden Windes« war ihm auch der Adler oder »Sturmvogel« zugeeignet. Es gibt Wodan/Odin-Darstellungen mit einem Adlerhelm, und es gibt den Namen »Adlerhaupt« für den Kampfgott.

Die Sachsen führten im 6. Jahrhundert eine Flagge, die einen fliegenden Adler über einem Drachen oder über einem Löwen zeigte. Nach der Christianisierung wurden die Raben als heidnisches Sinnbild vom Adler verdrängt.

Raben und Wölfe wurden nach den Kämpfen auf den Schlachtfeldern gefunden. Nach nordischen Sagen hießen die beiden Raben, die den Gott »Raben-Ase« (= Odin) begleiteten, Hugin und Munin (= Geist und Gedächtnis). Die Bezeichnungen »Rabenbraten« und »Rabenaas« für Gehenkte hängt mit der Vorstellung zusammen, daß die Gerichteten den Raben zufielen, zugleich aber auch dem »Gott der im Winde Hängenden« (= Odin/Wodan) zugehörten. In den Sagen werden diese »Opfer« Teilnehmer an der »wilden Jagd«.

Aus dem Verhalten der Raben wurde zuweilen der »Ratschluß« des Kampf- und Totengottes abgelesen. Auf den Kriegsfahnen waren Raben mit ausgebreiteten Flügeln eingestickt. Hing das Rabenbanner, wenn es im Kampf vorangetragen wurde, schlaff herab, so bedeutete es Niederlage. Schien der Rabe aber – durch den Wind bewegt – zu fliegen, so glaubten die germanischen Krieger an den sicheren Sieg.[64]

Im Zeichen des Adlers stand ein grausamer germanischer Kriegsbrauch, das sogenannte »Adlerschneiden«. Es ist anzunehmen, daß diese Verstümmelung der Gegner eine rituelle Handlung darstellte: Der Gefangene wurde dem Siegesgott geweiht. Den Bedauernswerten wurden »Adlerflügel« in den Rücken geschnitten, was oft zur Durchtrennung der Rückenmuskeln, zur Lähmung oder zum Tod führte.

Wir wissen aus anderen Zusammenhängen, daß in der Vorstellung des Volkes der frühere Kriegsgott in christlicher Zeit mit der Gestalt Karls des Großen identisch war. Der Begleiter des Gottes, der Adler, wurde nun auch zum »Begleittier« des mächtigen Kaisers gemacht. Die Germanen glaubten, daß die Westseite Walhallas mit einem mächtigen Adler geschmückt sei. Das gleiche Sinnbild trug auch der First der Kaiserpfalz zu Aachen.

Die Geschichte berichtet, dieser berühmte Adler habe als Symbol eine derartige Bedeutung gehabt, daß König Lothar von Frankreich, der im Jahre 978 Aachen in seine Gewalt brachte, nun sogleich den Adler umwenden ließ, damit er nach Osten blicke. Otto II. handelte gleichfalls im Sinne dieses magischen Denkens: Er veranlaßte die nochmalige Umkehr des heiligen Tieres, das nun wieder in Richtung Westen schaute.

Wir kennen aber die Adlersymbolik auch noch in der Gegenwart: In Bayern und Tirol weiß man von der Kraft, die den Adlerfedern innewohnt. Der Adlerflaum auf dem Hut soll seinem Träger wertvolle Eigenschaften des königlichen Vogels übermitteln. Die Federn sollen die Sehkraft schärfen, was die Jäger zu schätzen wissen, der Flaum soll den nötigen Mut zum Raufen verleihen.

Weibliche schwarze Scharen

Auch die Frauen hatten bei manchen Völkern im nördlichen Europa das Recht, durch Farben und Masken ihre Verbundenheit mit den verstorbenen Familienmitgliedern zum Ausdruck zu bringen. Im Falle eines Krieges standen sie nicht nur ihren kämpfenden Männern zur Seite, sonderen waren auch deren »Richter«. Plutarch schildert die Entscheidungsschlacht zwischen Römern und Kimbern auf den »raudischen Feldern« bei Vercellae. Die kimbrischen Frauen hatten schon vor dem Kampf schwarze Kleider angelegt;[65] sie wollten offenbar die »schwarzen Streiter« der Vergangenheit als Zeugen und Helfer herbeirufen. Als die Schlacht verloren war, töteten die Frauen flüchtende Männer, erwürgten ihre Kinder und begingen Selbstmord.[66]

Auch die britannischen Frauen übten das Kriegshandwerk. Nur sind sich die Quellen wegen der Farben nicht einig: Nach Cäsar bestrichen sich die Britannier mit Waid, also mit blauer Farbe. Wir dürfen annehmen, daß die »Totenkleider« ihrer

Frauen mit der gleichen Substanz gefärbt wurden. Grauenhaft müssen die Frauen ausgesehen haben, die die römischen Soldaten auf der Insel Mona erblickten, als sie unter Nero über den Kanal setzten: Gleich Furien stürmten diese Kämpferinnen mit Fackeln in den Händen, »im Totenkleid« (veste ferali) und mit »aufgelöstem Haar« (crinibus deiectis) zwischen die Schlachtreihen.[67] Manche Forscher sind der Ansicht, daß Dunkelblau und Schwarz nicht unterschieden wurden. Es gibt heute noch Gegenden in Europa, wo diese Farbunterschiede nicht beachtet werden. Wir werden allerdings bei der Besprechung der Farbe Blau noch erfahren, daß auch diese Farbe zuweilen als Totenfarbe erscheint.

Schwarze Reiter und Soldaten

»Schwarze Formationen« sind zumeist nach der Farbe ihrer Uniformen benannt. Es werden aber auch Soldatenhaufen, die »aus dem Dunkel« auftauchen und bald hier, bald dort erscheinen, so genannt; oder Verbände, die »finstere«, »böse« Ziele verfolgen.

Sicher hat die magische Vorstellung von den »toten Helden, die den lebenden Kämpfern Mut und Kraft verleihen sollen«, bei der Entstehung »schwarzer Scharen« eine Rolle gespielt.

Graf Günter von Schwarzburg (gest. 1349) führte die »schwarze Reiterei« an, die in Frankreich als »reitre noir« gefürchtet und gehaßt war.[68] 1474 gab es das »schwarze Heer« des Mathias Corvinus. Die sächsische »schwarze Garde« wurde im Jahre 1500 von den Dithmarscher Bauern vernichtet. Die »Totenmagie« wäre eher unter den schwarzen oder »verlorenen« Haufen der Landsknechte, die bei Pavia kämpften, zu vermuten.

Auch die Mannen eines Florian Geyer und die mansfeldischen Bauern im Jahre 1525, die sich ihr Gesicht schwarz gefärbt hatten und »die Schwarzen« hießen, hatten vielleicht noch magische Vorstellungen.

Ob die »schwarze Bande« Kaiser Maximilians, eine Landsknechtschar, die als geübt und tapfer, zugleich aber als roh und räuberisch galt, oder die gleichnamigen Kämpfer Papst Julius II. in der magischen Tradition standen, sei dahingestellt. Allerdings scheinen »die Unüberwindlichen«, die bayerische »schwarze Reiterbrigade« des Dreißigjährigen Krieges, an die alte Todestradition anzuknüpfen. Sie waren schwarz gekleidet und trugen den Totenkopf am Helm. Die »Totenkopfhusaren« Friedrich des Großen, des Herzogs von Braunschweig oder die »Totenkopfverbände« des letzten Weltkrieges haben nach Kurt Ranke nicht todgeweihte, sondern den Tod tragende oder Tote vertretende Soldaten dargestellt. Er meint sogar, daß Lützows »schwarze, wilde, verwegene Jagd« an die alte »wilde Jagd« erinnern sollte.

Was interessiert, ist nicht die Tatsache der Langlebigkeit einer gewissen »Romantik«. Es ist vielmehr die Macht der schwarzen Farbe, die in den uralten Zuordnungen ihre Wurzel hat. Die schwarze Farbe wird mit »Tod« assoziiert. Der Soldat aber ist ein Mensch, der den Tod »austeilt« und ihn selbst erleidet. Schwarz muß die Symbolfarbe des Soldaten sein. Mit der »charakteristischen Farbe« bedacht werden besonders diejenigen Soldaten, die das Höchstmaß der Soldatentugenden besitzen, z. B. jene Garden der jeweils Mächtigen, deren Aufgabe es ist, nach dem Kampf als Opfer auf dem Schlachtfeld zu verbleiben.

Diese Kämpfer, die ja schon als »verloren« gelten und den Toten zuzuzählen sind, können sich eher mit den Abgeschiedenen identifizieren. Vielleicht ist es für Menschen in einer solchen Situation ein letzter Trost, daß andere ihnen auf diesem Weg bereits vorangegangen sind.

Daß die schwarze Farbe für Uniformen kaum noch Verwendung findet, liegt nicht daran, daß die Menschen friedlicher geworden wären, sondern in der Tatsache, daß Schwarz für die Tarnung nur des Nachts geeignet ist. »Schwarze Flecken« sind bei Tag sehr gut kenntlich und würden den frühen Tod der schwarzen Soldaten verursachen. Die schwarze Farbe hat sich daher vorwiegend in Kokarden, Kragenspiegeln, Lampassen und ähnlichen militärischen Abzeichen erhalten.

IV.
GOLD UND SCHWARZ

waren die Farben, in denen seit jeher der Gegensatz zwischen Tag und Nacht erlebt wurde. Der Bereich der gelben Farbe reicht von himmlischem Gold bis zur Farbe der Schande. Gold und Schwarz als Fahnenfarben haben höchste Signalwirkung.

Goldfarbiges und Schwarzes

Zwei Bewegungen unseres lebensspendenden Himmelskörpers betreffen alle Menschen, seit »unsere« Art beobachten und denken kann: der tägliche Lauf der Sonne von Osten nach Westen und der Jahreslauf, d. h. das langsame Hinauf- und Hinunterschrauben.

Wenn wir uns die Farben vorstellen, die diese Vorgänge stets begleitet haben, so waren es für die nördliche gemäßigte Zone der Erde: Gold, Rot, Weiß, Schwarz und Blau. Es gibt Gegenden des Nordens, in denen nur selten die Sonne scheint, Nebel und Wolken lassen den Tag grau und weiß erscheinen. Hier wird der Wechsel von Tag und Nacht durch die Farben Weiß und Schwarz charakterisiert.

In südlicheren Breiten aber, in denen die Sonne häufig und länger scheint, wird der Wechsel zwischen Tag und Nacht durch andere Farben ausgedrückt: Golden ist die Sonne, und alle glänzenden Gegenstände erscheinen gleichfalls goldfarben. Denken wir etwa an windgekräuselte Wasserflächen im Sonnenlicht. Die Nacht wird als schwarz oder dunkelblau erlebt; der Himmel des Tages aber hellblau. Rot erscheint noch als Farbe der untergehenden oder aufgehenden Sonne.

Je nach Lage beantworteten die Menschen die Frage nach dem Verbleib der Sonne zur Nachtzeit unterschiedlich. Entweder man dachte sich den Weg der Sonne im Norden – man sprach von »Mitternacht« –, da sie ja im Osten, Süden und Westen beobachtet werden konnte, oder man nahm an, sie ginge in die Unterwelt und käme damit auch zu den »Unteren«, den Verstorbenen. Manche Völker glaubten, daß die Abgeschiedenen nach Westen, der Sonne nach, zögen. Noch im klassischen Altertum wurden darum die westlichen Stadttore für Begräbnisse benützt.

Nicht bei allen Völkern war die Sonne ein »gutes Zeichen« und mit ihr die Farben Gold und Rot. Dort, wo die Sonne alles ausdörrt und vertrocknen läßt – etwa in den Wüstengegenden –, gilt sie als böse und gefährlich. So stellten die Ägypter die Sonne als rote Scheibe dar: Rot gilt aber als Farbe der Wüste und ist die »böse Farbe«.

Ein einziger Pharao fühlte sich berufen, die Sonne als Lebensquelle und oberste Gottheit einzusetzen: Amenophis IV. (1362–1346 v. Chr.), der sich selbst nach seinem Gott »Echnaton« nannte und eine neue Religion gründete. Nach dem Tode Echnatons wurde die Religion der Sonnenscheibe »Aton« auch sogleich wieder beseitigt; die verärgerte Priesterschar setzte die alten Götter wieder ein. Die folgenden Pharaonen bemühten sich, den Reformator und seine wenig volkstümliche Verehrung der Sonne vergessen zu lassen.

Indoeuropäische Völker deuteten die »Fortbewegung« der Sonne als Reise. Da sie in der Luft »reise«, dachte man sie sich durch Vögel gezogen, z. B. durch »Schwimmvögel« wie Enten oder Schwäne, da sie ja täglich ins Meer »steige«. Andere stellten sich auch fliegende »Himmelspferde« vor, die sie zögen: Bizarre Wolkenbildungen mögen da die Phantasie beflügelt haben.

Wir hörten schon von der »Nachreise« der Toten gen Westen. Die Pferde, Schwäne, zuweilen auch Enten, wurden als »Totenbegleiter« gedacht. Diese »Seelentiere«, wie sie auch manchmal genannt werden, bekamen wahrscheinlich erst nach Jahrhunderten oder Jahrtausenden einen »Gott« beigegeben, der nun der Totenanführer wurde. Er erhält die Farbe »seines Tieres«, also oft schwarze oder weiße, bisweilen rote Kleider. Es kommt zu Überschichtungen oder zu einem Nebeneinander der Farben. Ebenso gibt es bis in die heutige Zeit Bräuche mit den mythischen Tieren ohne begleitende Gottheit.

Wir lesen bei Tacitus, daß die Germanen weiße Pferde besaßen, die in heiligen Hainen gehalten wurden. Durch zahlreiche Volksbräuche der Mittwinterzeit »spukt« noch immer ein weißes Tier, dessen Bedeutung niemand genau kennt und das bald als Geiß, bald als Bock, als Pferd oder als ein Wesen undefinierbarer Art in Erscheinung tritt. Viele Forscher führen diese Wesen auf vorchristliche »Seelen-« und »Sonnenbegleittiere« zurück, da sie gerade dort auftreten, wo man der Abgeschiedenen gedenkt.

Aber auch die »goldfarbenen Tiere« werden um diese Zeit »aktiv«; so wurde früher das »goldene Rößl« in weiten Gebieten des deutschsprachigen Raumes um die Weihnachtszeit »gesehen«. Heute dient es nur noch als Begründung für die geheimnisvolle Herkunft von Weihnachtsgeschenken. Der Kreis, wo es noch »lebt«, beschränkt sich auf Teile von Oberösterreich. In Thüringen und im Sudetenland und auch im niederösterreichischen Waldviertel gab es das »goldene Schweindl«. Durch Fasten von Morgen bis Mittag soll man dieses Tier zu sehen bekommen. Ob dieser Brauch das kirchliche Fasten unterstützen und Halluzinationen durch »Hunger« hervorrufen sollte oder auf ganz alte Bräuche hinweist, die uns heute schon fremd sind, wissen wir nicht.

Der Eber ist bei allen Völkern, die einstmals den germanischen Götterhimmel kannten, heute noch in Relikten des Brauchtums aufzufinden. Sogar die Großstadtmenschen schätzen zu Neujahr den »Schweinskopf« und das Glücksschwein, obgleich sie kaum mehr wissen, woher dieses Symbol stammt.

Das »goldene Pferd« und der »goldene Eber« sind nicht die einzigen Tiere, die mit dem »göttlichen Gold« in Zusammenhang gebracht werden. Auch die uns bereits bekannten schwarzen Tiere, Adler und Raben, haben an dem Leuchten des Goldes ihren Anteil: Diese Tiere bleiben ihrer Natur und der Überlieferung gemäß schwarz, aber sie sind auch »göttliche Tiere«, daher ist der Hintergrund, auf dem sie zu sehen sind, der »goldene Götterhimmel«! Eine der Wurzeln der späteren schwarz-gelben (schwarz-goldenen) Kaiserfahne reicht bis in die vorchristliche Zeit zurück.

In nordischen, nebligen Gebieten dürften die »goldenen Tiere« durch weiße ersetzt worden sein: Die weißen Pferde werden nicht nur durch die schon erwähnten Schicksalsgestalten, sondern auch durch den Gegensatz Tag – Nacht (=Weiß – Schwarz) als Sonnen- und Nachtsinnbild eine religiöse Bedeutung erlangt haben.

Im indoeuropäischen Brauchtum finden wir in vielen Ländern die Reiterfigur »ohne Pferd«: Es handelt sich um eine Art Steckenpferd, das der »Läufer« umgeschnallt hat und mit dem er seine Sprünge oder Tänze durchführt. Zumeist sollen diese Figuren und ihre Bewegungen Fruchtbarkeit und Glück bringen.

Golden war das Paradies

In der Vorstellung verschiedener indoeuropäischer Völker war die »himmlische Heimat« eine in goldenem Licht erstrahlende friedliche Gegend. Meistens wird diese goldene Landschaft in die Vergangenheit oder in die Zukunft verlegt. Im Zusammenhang damit erklärte man, daß einst die Menschen in einem »goldenen Zeitalter« gut gewesen seien oder es in einem kommenden »Himmelreich« am Ende der Zeiten sein würden.

Es ist verständlich, daß die Bewohner der gemäßigten Zone die Sonne und ihr Gold in den Traum vom ewigen Glück aufnahmen. Der Spruch »Morgenstund hat Gold im Mund« soll nach dem Handwörterbuch des deutschen Aberglaubens früher nicht als Ansporn zur Arbeit in der Morgenstunde, sondern als ein Gruß an die Sonne gesagt worden sein.

Die Unterwelt stellte man sich oft in der Farbe Schwarz vor, aber nicht immer bedeutete der Aufenthalt in jenen lichtlosen Gefilden eine »Strafe«. So war der griechische Hades ganz allgemein nur der »Bestimmungsort« der Abgeschiedenen. Griechen und Römer kannten ein goldenes Zeitalter. Die Römer glaubten, daß die Zeit des Saturn die goldene gewesen sei, und hielten im Saturnalien-Fest in ausgelassener und oft ausschweifender Weise die Erinnerung an selige Zeiten wach.

Die Germanen stellten sich zwei »goldene Zeiten« vor. Die erste goldene Welt ging zugrunde, als es Frodi zuwege brachte, den Riesinnen das Gold abzunehmen, es mahlen und einschmelzen zu lassen. Das edle Metall war nun nicht mehr ein Bestandteil der Welt, sondern das Wertobjekt einzelner; es begann der Streit um seinen Besitz – ein ganz »modern« anmutender Gedanke! Für eine ferne Zukunft wurde wieder eine neue »goldene Ära« verheißen: nach der »Götterdämmerung« werde ein neues goldenes Zeitalter anbrechen.

Für ihre Gegenwart nahmen die Germanen allerdings an, daß auch der Saal der Asen (Walhalla) mit Gold bedeckt sei. Die Götter beschäftigten sich mit goldenen Brettspielen. In der Edda kann man lesen, daß die Gjöllbrücke, die zum Göttersitz führte, d. h. der Regenbogen, mit Gold belegt sei.

Auch die Inder kannten einen goldenen Sitz ihrer Götter, den Goldberg Meru. Auf ihm befand sich eine goldene Stadt, in der Götter und Selige wohnten.

Tiere oder Fahrzeuge, die die göttlichen Wesen oder die Abgeschiedenen in jene Gefilde trugen, waren gleichfalls goldfarben. Die Griechen kannten ein goldenes Schiff des Helios. Die Germanen dachten, daß der Wagen des Thor/Donar und der vorgespannte Bock aus Gold sei. Der Gott selbst trug rotes Haar und einen roten Bart.

Goldmähnig dachten sich die Germanen das Pferd Odins »Gullfaxi«, in gleicher Farbe den Hengst Heimdalls »Gulltopp«. Freyas Eber »Gullinbursti« hatte goldene Borsten.

Die Germanen waren auch von dem Gedanken des goldenen Himmels besonders fasziniert. Theoderich der Große, der Gotenkönig in Ravenna – in der Sage als Dietrich von Bern bekannt – verlangte von den Künstlern des arianischen Baptisteriums von Ravenna, sie sollten den Himmel in Gold darstellen. Der blaue Hintergrund nach römischer Tradition erschien dem König für die von göttlichem Licht erfüllten Gefilde der Seligen nicht angemessen.

Fortan werden die »Goldhimmel« auf Mosaiken und auf Ikonen und Miniaturen zur Regel. Der »Goldgrund« wurde schließlich in der mittelalterlichen Buch- und Tafelmalerei allgemein verwendet.

Drei Aspekte verbanden die Vorstellungen der Künstler mit dem Gold:

1. Gott ist das Licht, alles Leuchtende, Wärmende ist ihm wesensgemäß. Die Sonne, das Gold, die Edelsteine. Man kannte weder die Gesetze der Reflexion noch die der Lichtbrechung. Noch im Mittelalter herrschte die Vorstellung, daß edle Stoffe ein eigenes Leuchten besäßen.
2. Die Wertvorstellung, Gott käme das Wertvollste unter den Metallen zu.
3. Die Dimensionslosigkeit des Goldgrundes stellt einen grenzenlosen Raum dar, der von überirdischer Herrlichkeit ist und kein Oben oder Unten erkennen läßt.

Den goldenen Strahlenkranz kannten schon die Künstler der Antike; der griechische Apoll und der römische Sol invictus trugen dieses Himmelszeichen.

Im Mittelalter finden wir den »Goldgrundhimmel«. Erst im 15. Jahrhundert schwindet dieser »abstrakte Raum«, da wir nun Landschaftsdarstellungen oder Gebäude als Hintergrund finden. Noch später tritt der Goldgrund bei den Ikonen zurück. Bei der spätgotischen Tafelmalerei wird der Himmel gelegentlich durch Punzierung mit Mustern versehen. Bei den

Heiligenbildern der slawischen Ikonen finden wir – nach Abebben des Goldgrundes – bei den Heiligenscheinen nun gleichfalls Muster: Gold auf Gold, Stern neben Stern. Endlich verschwinden auch diese Relikte des Himmels, und die Häupter der Heiligen tragen den Goldreif.

Ein Mittelding zwischen goldenem Himmel und Heiligenschein ist die Aureole: Ein goldener Kranz umgibt die ganze Gestalt. Aber nur Christus, die Gottesmutter und die Heilige Dreifaltigkeit durften davon umgeben sein! Offensichtlich stellte dieser »umfassende« Goldschein die höchste Stufe der Heiligkeit dar. Auch die »Mandorla«, d. i. die mandelförmige Einschließung der Christusdarstellung als Pantokrator, wird zu den Aureolen gerechnet.

Ähnlich ist es mit der Schutzmantelmadonna. Dieses Symbol bedeutet, daß Maria einen ungeheuer großen Schutzmantel, den »Himmel«, besitzt. Ihre »Schützlinge« bewahrt sie vor allem Bösen. Künstler stellten sich in Gemälden, ja sogar in aufklappbaren Skulpturen, diesen Mantel groß wie das Himmelsgewölbe vor.

Im Innern des Schutzmantels wurden die jeweils Schutzbefohlenen abgebildet. Wir werden noch bei der Schilderung von blauen Sinnbildern auf diesen »himmlischen Mantel« stoßen. In der Gotik gab es den »Schutzhimmel« auch in goldener Farbe.

Von den Adlerzeichen zur Kaiserfahne

Es wird wohl kaum Völker geben, die den Adler nicht als den »König der Vögel« ansehen. Daß der königliche Vogel Göttern, Kaisern und Königen als Sinnbild zukam, versteht sich von selbst.

Daß Zeus den Adler bei sich hatte, der für ihn die Blitze trug, ist vielen aus dem Geschichtsunterricht bekannt. Bei den Römern wurden die Seelen der abgeschiedenen Kaiser von Adlern zu Göttern getragen. Der Adler war Legionssymbol und kaiserliches Hoheitszeichen. Wie bereits erwähnt, war er in den »heiligen Farben« von Sonne und Nacht, also schwarz oder golden gefärbt. Auf den römischen Feldzeichen finden wir die Inschrift SPQR und darunter das Siegeszeichen: eine kleine rote Flagge.

Karl der Große übernahm nach seiner Kaiserkrönung auch den Adler als Zeichen seiner neuen Macht. Es darf angenommen werden, daß dieser Herrscher, der bekanntlich für die Pflege der fränkischen Tradition viel Verständnis hatte und die germanischen Adlersinnbilder kannte, durch die Annahme des Kaiseradlers römischer Provenienz zugleich seinen Franken ein bekanntes und ehrfurchtgebietendes Symbol geben wollte.

Die Könige übertrugen ihre Befehlsgewalt mittels Adlerstäben; so Heinrich V. bei der Verleihung der Befehlsbefugnisse an seine Herzöge. Auch dem Stadtpräfekten von Rom wurde »per aquilam« – also mittels eines Adlers – sein Amt übergeben. Friedrich Barbarossa soll die römische Tradition der Legionsadler weitergeführt haben. Auf Stangen saßen die goldenen oder schwarzen »Siegesadler« (= victrices aquilae), unter ihnen war ein Stück rotes Tuch angebracht, das Sieg oder Tod, aber auch »mit Hilfe der Toten zum Sieg« bedeutet haben soll.

Heinrich VI., 1190–1197, nahm den Adler in sein Wappen auf. Jetzt wird der schwarze Adler zum Bild der Kaiserfahne. Der goldene Hintergrund der Herrscherfahne stammt aus der byzantinischen Tradition;[1] womöglich war auch die magische Wirkung der germanischen göttlichen »schwarzen Tiere« auf dem »Gold des Götterhimmels« zu jener Zeit noch lebendig.

Das schwarz-gelbe Signal

Vor der Erfindung des Schießpulvers fiel die Entscheidung in einer Schlacht im Kampfe Mann gegen Mann. Im allgemeinen Getümmel des Kämpfens löste sich das Gefecht in Einzelkämpfe auf. Die Kernpunkte der eigenen Truppe waren durch die Feldzeichen gegeben. Es waren die erwähnten Adlerköpfe und andere symbolische Figuren, deren Signalwirkung durch rote Wimpel oder Tücher, die an den Feldzeichen befestigt waren, verstärkt wurde.

Offensichtlich haben sich auch die Krieger der vorgeschichtlichen Zeit bereits mit dem Problem der Signalfarben auseinandergesetzt. Sie haben sich dabei die gleiche Frage vorgelegt, die auch die Menschen der Gegenwart interessant und untersuchenswert fanden: Welche Farbkombination erregt am stärksten die Aufmerksamkeit?

Heute untersucht die Werbung mit den Mitteln der Naturwissenschaft und Statistik die »Erkennbarkeitswerte« von Farbkombinationen. Den höchsten Grad der Erkennbarkeit besitzt Schwarz auf Gelb. Gewiß hängt mit dieser Bewertung auch die Signalwirkung für Kämpfer zusammen. Nehmen wir als »Normalmaß« für die häufigste Farbenzusammensetzung unserer Druckwerke, nämlich Schwarz auf Weiß, die Erkennbarkeit 100 an, so ergeben sich folgende Werte:[2]

Rangfolge	Farbenzusammenstellung		relativer Erkennbarkeitswert
1	Schwarz	– Gelb	104
2	Ultramarin	– Gelb	102
3	Blaugrün	– Gelb	101,5
4	Grün	– Gelb	101,2
5	Rot	– Weiß	100,7
6	Blaugrün	– Weiß	100,4
7	Schwarz	– Gelbgrün	100,2
8	Schwarz	– Weiß	100

Schwarz auf gelbem oder goldenem Untergrund ist am besten erkennbar.

Den Wikingern war diese vorzügliche Farbkombination bereits bekannt. Gewiß mögen bei ihrer Farbenwahl auch religiöse Gründe mitgewirkt haben: Waren doch die heiligen Symbole von Tag und Nacht, Pferde oder Vögel, stets in diesen Farben gehalten.

Urgeschichtsforscher berichten, daß am »Gokstad-Schiff« – einem Wikingerschiff, das der Bestattung diente – geschnitzte Zeltstangen vorhanden waren, die Köpfe darstellten, die in Schwarz-Gelb gehalten waren. In den gleichen Signalfarben waren aber auch die Kampfschilde bemalt, die an der Verschanzung aufgehängt waren![3]

Die Zeltstangen erinnern uns an die »gekreuzten Pferdeköpfe«, die von der Nordsee bis in die Alpen von vielen alten Bauernhäusern herabblicken. Sie wurden als uralte Kampfes- und Siegeszeichen erkannt. Es waren die Sinnbilder einer erfolgreichen »Landnahme«! Einstmals werden sie, wie bei den Wikingern, vielleicht stets als Kampfessignale schwarz-gelb bemalt gewesen sein. Heute sollen sie nur Unheil abwenden und den Hofbesitzern Glück bringen. Da sie damit jeden Kampfeswert verloren haben, bedürfen sie auch nicht mehr der Signalfarben.

Die schwarz-gelbe Kaiserfahne

Die Verwendung des Kaiserwappens wird erstmals im Jahr 1214 nachgewiesen. Otto, der seinem Onkel Johann von England zu Hilfe eilte, trug bei Bouvines einen goldenen Schild mit schwarzem Adler.[4]

Gegen Ende des gleichen Jahrhunderts hören wir, daß dasselbe kaiserliche Zeichen nun als Fahne von Konradin, dem letzten Staufer, auf seinem unheilvollen Zug nach Italien mitgeführt wurde. Im Jahre 1289 ist die Kaiserfahne zum ersten Mal in einer Handschrift abgebildet.

Nach dem Interregnum griff Rudolf I. von Habsburg auf das alte Kaiserbanner zurück. Zuerst war der einköpfige Adler kaiserliches Symbol; erst nach der Eroberung Konstantinopels durch die Kreuzfahrer und Venezianer im Jahre 1203/1204 wurde es der Doppeladler, der in den Farben Gold und Rot das Zeichen byzantinischer Macht gewesen war.

Das »lateinische Kaiserreich« auf dem Boden des alten Byzanz hatte allerdings nur 57 Jahre Bestand. Gleichwohl finden wir schon im 13. Jahrhundert den Doppeladler auf einigen Siegeln der Reichsstädte, so z. B. im Jahre 1272 in Kaiserswerth, der alten Pfalz der Staufer.

Schließlich wurde der Doppeladler im Jahre 1401 unter Sigismund offiziell zum Wappen des römischen Kaisers und Reiches. Aber auch der ältere Aar fiel nicht in Vergessenheit: Er blieb Sinnbild der »römischen Chunige« bis zum Ende des Mittelalters.

Als im Jahre 1453 Konstantinopel besiegt und mohammedanisch wurde, fühlte sich vor allem Rußland dazu berufen, das Erbe Ost-Roms anzutreten. Es war das Land mit orthodoxer christlicher Religion, kyrillischer Schrift und inniger Verbindung mit dem alten Byzantinischen Reich. Rußland übernahm auch den Doppeladler, allerdings in den alten deutschen Reichsfarben Schwarz und Gelb. Schließlich wählten auch die Erben des Habsburgerreiches, in dem »die Sonne nicht unterging«, den Doppeladler als Sinnbild ihres Weltreiches.

Gelb als Zeichen ehrbarer Frauen

Gelb ist eine »ambivalente Farbe«. Wenn sie ganz rein und makellos dem Beschauer dargeboten wird, dann leuchtet sie wie die Sonne. Ist sie aber »schattiert«, etwa leicht mit Grau vermischt, so erinnert sie den Betrachter mitunter an verschiedene ekelerregende Substanzen. Das hat schon Goethe in seiner Farbenlehre dargestellt.[5]

So »lobt« er die gelbe Farbe: (Die Farbe Gelb) ». . . führt in ihrer höchsten Reinheit immer die Natur des Hellen mit sich und besitzt eine heitere, muntere, sanftreizende Eigenschaft. In diesem Grad ist sie als Umgebung, es sei als Kleid, Vorhang, Tapete, angenehm. Das Gold in seinem ganz ungemischten Zustand gibt uns, besonders wenn der Glanz hinzukommt, einen neuen und hohen Begriff von dieser Farbe; so wie ein starkes Gelb, wenn es auf glänzender Seide, z. B. auf Atlas, erscheint, eine prächtige und edle Wirkung tut.«

Wir mit unseren fast unbeschränkten technischen Möglichkeiten können uns eine sonnenähnliche Beleuchtung nicht nur durch elektrisches Licht beschaffen, sondern auch das Tageslicht durch ausreichende Verwendung gelber Gläser im Hause heiter erscheinen lassen. Goethe mußte sich für seine Experimente noch mit einem kleinen Stück gelben Glases begnügen: »Diesen erwärmenden Effekt kann man am lebhaftesten bemerken«, sagte der Dichter, »wenn man durch ein gelbes Glas, besonders an grauen Wintertagen, eine Landschaft ansieht. Das Auge wird erfreut, das Herz ausgedehnt, das Gemüt erheitert; eine unmittelbare Wärme scheint uns anzuwehen.«

Die Ambivalenz sieht Goethe in folgender Weise: »Wenn nun diese Farbe, in ihrer Reinheit und hellem Zustand angenehm und erfreulich, in ihrer ganzen Kraft aber etwas Heiteres und Helles hat, so ist sie dagegen äußerst empfindlich und macht eine sehr unangenehme Wirkung, wenn sie beschmutzt oder einigermaßen ins Minus gezogen wird. So hat sie die Farbe des Schwefels, die ins Grüne fällt, etwas Unangenehmes.«

Gelb, nach der »schönen Seite« betrachtet, dient vielfach als »Ersatz« für das feurige Rot: Es gleicht dem Gold der Sonne und wird in analoger Weise verwendet. So gibt es nicht nur das ursprüngliche »rote Ei« als Zeichen der Liebe und der Fruchtbarkeit, in manchen Gegenden war es auch ein gelbes Ei.

Rot und Gelb wurden bei der römischen Hochzeit verwendet, es ist aber fraglich, ob sich hiervon siebenbürgische Bräuche ableiten lassen. Dort trugen die jungvermählten Frauen ein Jahr nach der Eheschließung immer noch den gelben Schleier. Auch die verstorbenen Frauen wurden mit gelbem Schleier beerdigt. Die Interpretation, daß dies ein Zeichen der verschenkten Virginität gewesen sei, ist äußerst zweifelhaft. Eher war Gelb hier Standesfarbe der verheirateten Frau und Mutter und galt als Zeichen von Ehrbarkeit.

Das schändliche Gelb

Goethe erklärt in seiner Abhandlung über die »sinnlich-sittliche Wirkung der Farben« die »Abwertung« der gelben Farbe folgendermaßen:[6]

»Wenn die gelbe Farbe unreinen und unedlen Oberflächen mitgeteilt wird, wie dem gemeinen Tuch, dem Filz und dergleichen, worauf sie nicht mit der ganzen Energie erscheint, entsteht eine solche unangenehme Wirkung. Durch eine geringe und unmerkliche Bewegung wird der schöne Eindruck des Feuers und Goldes in eine Empfindung des Kotigen verwandelt und die Farbe der Ehre und Wonne zur Farbe der Schande, des Abscheus und Mißbehagens umgekehrt. Daher mögen die gelben Hüte der Bankrottierer, die gelben Ringe auf den Mänteln der Juden entstanden sein, ja sogar die sogenannte Hahnreifarbe ist eigentlich nur ein schmutziges Gelb.«

In der Psychologie werden der Farbe Gelb Haß, Zorn und Hunger zugeordnet; Gelb steht auch für Angst, wenn es mit Grau verbunden wird. Es wird sogar behauptet, daß ein Übermaß von dieser Farbe bei manchen Menschen Brechreiz hervorruft. Gelb und Braun hatten oft eine ungünstige Bedeutung. In einem Chanson aus dem 15. Jahrhundert drückt der Sänger seinen Gemütszustand in der Kleidung aus:[6a]

»Gris et tannée puis bien porter
Car ennuyé suis d'espérance.«
»Grau und Gelb kann ich wohl tragen,
Weil ich der Hoffnung müde bin.«

Gelb war aber nicht nur die Hochzeitsfarbe bei Römern und Griechen. Bereits im Altertum gab es jene »Zweiwertigkeit« der Farbe: Gelb wurde zum Abzeichen der Freudenmädchen. Mag sein, daß Gelb ursprünglich die Farbe des Liebesgenusses war. Es wäre dann leicht erklärlich, daß sie gleichermaßen zur Farbe der Hochzeit und der feilen Dirnen wurde.

Es ist möglich, daß die Mädchen der römischen Lupanare wie die griechischen Dirnen gelbe Perücken oder mit Safran gefärbtes Haar und gelbe Kleidung als »Werbung« benützten. Ob diese Aufmachung von der Öffentlichkeit als »Sicherheitsmaßnahme« gegen Verwechslungen gefordert wurde, ist unbekannt. Wahrscheinlich waren beide Motive vorhanden.

Die »galante Farbe« der römischen Kaiserzeit erhielt sich bis ins Mittelalter. Vom 12. bis 15. Jahrhundert wurden gelbe Stirnbänder und Schleier getragen, die als besonders vornehm galten. Auch die Dirnen des Mittelalters bevorzugten Gelb. So erhielt die gelbe Farbe wiederum einen üblen Beigeschmack. Mancherorts waren die Dirnen sogar verpflichtet, das »Gelb der Schande« zu tragen.

Das schändliche Gelb dürfte sich aber nicht auf dem Umweg der »Dirnenmode« entwickelt haben. Wir glauben eher an die früh erkannte Zweigesichtigkeit dieser Farbe: »Liebe« und »Unzucht«, »Eleganz der vornehmen Welt« und »Abzeichen für Unehrliche und Sündhafte« wurden gleichermaßen durch Gelb versinnbildlicht.

Gelb blieb bis heute »zweigesichtig«

Es liegt nahe, daß die Bedeutung der gelben Farbe für »Gewährung der Liebe« aus Frankreich stammt.

Wenn römische Sitten sich über lange Zeiträume und Ereignisse erhalten haben, also von der Antike bis zum späten Mittelalter, dann vor allem im provencalischen Raum. Die Bedeutung »jouissance« (= Genuß) hat sich in Südfrankreich für

Gelb erhalten. Und die Ritter sollen diese Farbe mit Stolz getragen haben.

In deutscher Sprache wurde der geschilderte Tatbestand etwas schöner umschrieben: »Gelb bedeutet der Minne Sold.« Die höchste Beglückung der Liebenden wurde »gelbe Rosen brechen« genannt. Im gleichen Sinn wurden auch gelbe Blumen gedeutet und wohl auch geschenkt. Vor allem von dem gelben Tormentill und vom gelben Rittersporn wird dies berichtet. Nach der »Blumensprache« soll der gelbe Safran »Lüsternheit« bedeuten.[7]

In Frankreich, besonders in der Languedoc, finden wir manche literarische Zeugnisse über die »Anzeige der jouissance«. Es wird berichtet, daß besonders der gelbe Gürtel zum »habit moral d'une dame« gehörte; er bezeichnete die »jouissance de bonne amour entre la dame et son seigneur«.

Noch im 17., 18., ja sogar noch im 19. Jahrhundert wurde dieses »signifikante« Symbol in Frankreich verwendet. Leute, die sich in solcher Weise kennzeichneten, wurden »gens jouissans« genannt. Noch Mitte des 19. Jahrhunderts gilt der »bouton d'or«, eine Art der gelben Ranunkel, in der Blumensprache als Zeichen der »befriedigten Liebe«.

Die gelbe Farbe ist noch heute in Frankreich – zumindest in Sprichwörtern – die Farbe der betrogenen Ehemänner: »Sa femme le peignait en jaune de la tête aux pieds«, etwa »seine Frau machte ihn von Kopf bis Fuß gelb« (= sie betrog den Ehemann aufs schlimmste).

Das Gelb zeigte seine Ambivalenz auch auf anderen Gebieten: Die vornehme gelbe Farbe war zugleich die Farbe der »unehrlichen Leute«. Als solche galten im Mittelalter nicht nur Bettler und Henkersfrauen, sondern auch alle »Irrgläubigen« und »Fremdgläubigen«. So zählten die Ketzer und Juden zu jenen Leuten, die die gelbe Farbe tragen mußten. Das Kennzeichen des »gelben Hutes« oder des »gelben Ringes« auf der Kleidung war ihnen vorgeschrieben. Auch fahrende Schüler mußten zuweilen ein »schändliches« Kennzeichen tragen: Sie trugen gelbe Netze um den Hals, noch 1546 wurden sie als »grosze leutbescheiszer«[8] klassifiziert. Wer sich in religionsfeindlicher Weise betätigt hatte, etwa die heilige Hostie mißbraucht hatte, was besonders während der Reformationszeit als Delikt geahndet wurde, mußte gleichfalls große gelbe Kreise auf seiner Kleidung tragen.

Ein ähnliches Los widerfuhr Schuldnern, die nach Maximilians Halsgerichtsordnung gerichtet wurden: Sie mußten die gelbe Scheibe tragen, bis ihre Schulden bezahlt waren. Noch heute spricht man in Frankreich beim Pleitegehen: »Il est réduit au safran« oder vom »accomoder au safran«, wobei das Safran-Dasein zweifellos mit dem alten Mittel zum Gelbfärben zusammenhängt. Wer sich zurückgesetzt fühlt, der meint, ein unsichtbares »ruban jaune au bonnet« zu tragen, also »das gelbe Band auf der Mütze«.

Unser 20. Jahrhundert benützte gleichfalls mittelalterliche Symbole, z. B. den gelben Judenstern. Eine Bezeichnung wie die »gelben Gewerkschaften« ist gewiß kein Ehrentitel; sie gelten als zweifelhaft oder gar verräterisch.

Die Ambivalenz brachte es auch zuwege, daß ein »gelbes Trikot« eine Trophäe für Radrennfahrer wurde, andererseits ein gelber Pullover in manchen Gegenden Europas als »geheimes« Erkennungszeichen für sexuell gleichgeschlechtlich veranlagte Menschen galt.

Das Licht der »klinisch Toten«

Die Vorliebe vieler Völker für »Licht« und »strahlendes Gold« als Sinnbild für die »ewige Seligkeit«, für ein fröhliches Jenseits oder für eine glückliche Vergangenheit läßt sich nach neuen Erkenntnissen anders erklären als früher. Man nahm an, daß zumindest in Europa die Sonne und ihr Glanz als Lebensspender jene Gedankenverbindungen Sonne = Licht = Leben hervorgerufen haben.

Seit jüngster Zeit beobachten wir mit Interesse eine neue

Quelle jener »Verehrung des Lichtes« und damit auch des Goldes. Ein Arzt – Dr. Raymond A. Moody – sammelte Berichte von Menschen, die im Sinne der Schulmedizin als »bereits verstorben« galten. Wenn es gelang, den einen oder anderen Patienten, der klinisch tot war, durch ärztliche Kunstgriffe nochmals ins Leben zurückzurufen, so wurde er nach seinen Erlebnissen »an der Schwelle zum Jenseits« befragt.[9]

Für den Laien ist es überraschend zu erfahren, daß man nicht von einem tiefen und »traumlosen« Zustand oder von einer tiefen Bewußtlosigkeit hört. Man vernimmt vielmehr von verschiedenen Stadien menschlichen Sterbens, die in der Regel mit einem »Schlußerleben« enden, das für den Todeskandidaten angenehm und befriedigend zu sein scheint! Die »Zurückgekehrten« – jene 150 Menschen, die Dr. Moody befragte – erzählten von einem »Lichtwesen«. Obgleich sie keine konkreten Angaben darüber machen konnten, sprachen alle von einer strahlenden Helle, die nicht unangenehm empfunden wurde, sondern »ein persönliches Verhältnis« zu den Sterbenden gehabt haben soll. Von religiös denkenden Patienten wurde diese Lichterscheinung als »göttlich« gedeutet.

Auf der Suche nach ähnlichen Aussagen in »alten Büchern« fand Moody »Parallelen« in folgenden Werken:

in der Bibel,
in Platons »Politeia«, im »Phaidon« und »Georgias«,
im Tibetanischen Totenbuch,
in Schilderungen Swedenborgs.

Uns interessieren vor allem die Zeugnisse über das Erscheinen des »göttlichen Lichtes«. Daß christliche Patienten nach ihrer »Erweckung« des Ausspruchs Jesu gedenken (»Ich bin das Licht der Welt«), ist verständlich.

Das Tibetanische Totenbuch spricht vom »od gsal«, dem »strahlenden Licht«, das offenbar mit der »jenseitigen Liebe« zu tun habe. Die Ausführungen Swedenborgs haben offensichtlich die größte Ähnlichkeit mit den Berichten ehemals

»klinisch Toter«: Emanuel Swedenborg behauptet ja auch, an sich die Phänomene des Sterbens erfahren zu haben. Swedenborg (1688 in Westgotland geboren, 1772 in London gestorben) war eine unglaublich vielseitige Persönlichkeit: Mathematiker, ausgezeichneter Techniker, Philosoph, Theosoph und Hellseher. Sein Einfluß reicht durch verschiedene Sekten, die sich auf ihn berufen, bis in unsere Zeit. Er will das »Licht des Herrn« erlebt haben, das von einer unaussprechlichen Herrlichkeit sei.

Vorausgesetzt, daß solche Lichterscheinungen seit vorgeschichtlichen Tagen immer wieder von Menschen erlebt worden sind, die »schon an der Schwelle zum Jenseits« standen, könnte man die Zusammenhänge zwischen Paradies und »goldenem Licht« auch aus dieser Sicht deuten.

Gold galt noch im Mittelalter als »selbstleuchtend«, ebenso wie das »Feuer« der Edelsteine: Optische Gesetze waren unbekannt. Der »Goldhimmel«, der »Nimbus« und die »Aureolen« (abgeleitet vom lat. aurum = Gold) weisen ins Jenseits. Die Alchemie kennt sogar ein »trinkbares Licht« (aour potabile), das geeignet sein sollte, eine Verlängerung des menschlichen Lebens zu bewirken.[10]

Das »goldene Licht« wird auch im Diesseits verehrt: Dort, wo die Sonne im Winter nicht zu sehen ist, also in der Nähe des Polarkreises oder – wegen der hohen Gebirge – in den Alpenregionen, gibt es bis ins 20. Jahrhundert abergläubische »Opfer« für das Sonnenlicht – vor allem in Norwegen, in Osttirol und im Unterengadin. Zumeist wurde der Sonne Butter »gespendet«: Die Butter wurde ans Fenster oder an einen Ort gestrichen, der von der Sonne bestrahlt wird, damit durch das Schmelzen der Fettstoff »verzehrt« werden könne.[11] Es gibt in Mittel- und Nordeuropa auch Gegenden, wo man Milch und sogar Steine darbringt! Dies erinnert uns an die Hermes-Opfer, die wir schon kennen. Auch in der Bucht von Kotor, Dalmatien, wo die Sonne hinter dem Gebirge zeitweise verschwindet, besteht ein anmutiger Brauch: Im Frühjahr wird im Ort Morinje, sobald der goldene Schein das Haus erreicht, auf den Lichtfleck ein Blumenstöckchen gestellt, als Dank und Geschenk für die Wiederkehr des goldenen Sonnenscheines.[12]

V.
DIE FARBE BLAU

gilt für viele Europäer als die schönste Farbe. Sie beeinflußt das menschliche Nervensystem und wird als angenehm oder »langweilig« empfunden. Durch ihre Verbundenheit mit Himmel und Wasser ist sie seit vorgeschichtlichen Zeiten Gegenstand mythologischer Betrachtungen.

Welche Farbe man für die schönste hält

Manche Völker halten die rote Farbe für die schönste und drücken dies auch dadurch aus, daß bei ihnen Rot als Synonym für das Schöne gilt. Andere wieder bezeichnen die Farbe Blau als den Gipfel des Schönen. Wieder andere Völker sind im Geschmack »zweigeteilt«, die Meinungen sind verschieden nach Stämmen und Ländern; so ist es bei den Deutschen.

Es kann kein Zweifel darüber bestehen, daß die Menschen diejenige Farbe als die schönste betrachten, die sie als die wirkungsvollste empfinden. Wird ein Mensch durch Rot besonders beeindruckt, d. h. »aufgeregt«, so verspürt er die Intensität dieser Farbe so, daß sie ihm »unvergleichlich« mit den übrigen Farben erscheint. Das ist jener Menschentyp, der zur »Aufregung bereits disponiert« erscheint, medizinisch ausgedrückt, sympathikoton ist: Der Sympathikus spricht besonders leicht an. Höchste Erregung durch farbiges Licht ruft Orangerot hervor.

Andere sind von der unvergleichlichen Wirkung der blauen Farbe überzeugt. Das Maximum der Nervenerregung dürfte im Blaugrün liegen. Es handelt sich um Menschen, die zur »Ruhe neigen«, anders ausgedrückt: parasympathikoton sind. Hier handelt es sich um Menschen, bei denen sich Besonnenheit, aber auch äußere Kühle mit Konzentration, Genauigkeit, raschem Arbeiten paaren. Diese bezeichnen Blau oder Blaugrün als ihre Lieblingsfarbe. Der Parasympathikus ist bei ihnen besonders leicht erregbar.

Hieraus geht eine weitere, leicht überprüfbare Tatsache hervor: Der durch die rote Farbe rasch erregbare Mensch liebt es nicht, dauernd von seiner »schönsten Farbe« umgeben zu sein. Das würde ihn auf die Dauer zu sehr aufpeitschen.

In gleicher Weise wird der durch den Parasympathikus besonders rasch beeinflußbare Mensch – der parasympathikotone – durch das fortgesetzte Betrachten der blauen Farbe unangenehm berührt. Er, der Ruhige, wird »gelangweilt«. Es erscheint ihm die blaufarbene Umgebung als fade, oft sogar als zu kühl und einschläfernd. Obgleich er also die blaue Farbe für besonders »schön«, d. h. wirksam, hält, wünscht er sich eine Umgebung, die ihn aufmuntert: also etwa rotgepolsterte Möbel, farbenprächtige Tapeten oder bunte Vorhänge in warmen Farbtönen.

Nach der Pubertät ändert sich bei manchen Jugendlichen die Bewertung der Farben. Der Farbenpsychologe Heinrich Frieling hat hierüber interessante Untersuchungen angestellt. Während bei 11- bis 12jährigen Rot die bevorzugte Farbe ist, zeigen 15- bis 16jährige eine Vorliebe für Ultramarinblau.[1] Es kann sogar behauptet werden, daß die Konstitutionstypen nach Ernst Kretschmer (Deutschland 1921) und William Sheldon (USA 1940) mit der Bevorzugung von Farben zusammenhängen. Bekannt ist, daß ein zyklothymer Mensch – also einer mit rundlichen Körperformen – eine besondere Funktionsbereitschaft des Sympathikus besitzt (Sympathikotonie). Der Leptosome – mit schmaler Körper- und Schädelform – hingegen hat eine stärkere Aktionsbereitschaft des Vagus (Vagotonie). Manche Forscher rücken von der Typenlehre ab, weil es kaum »reine« Typen gibt. Sie übersehen allerdings die statistische Tatsache, daß unter den »Mischungen« der Konstitutionstypen in der Bevölkerung ein »Übergewicht« zu einem Typ hin besteht. Man findet ja deshalb bei einem Volk – oder Stamm – eine Vorliebe für Rot, bei einem anderen für Blau.

Schon Ernst Kretschmer hat 1929 darauf hingewiesen, daß man Konstitutions- und Charaktertypen nicht in primitiver Weise mit Rassen verwechseln dürfe.[2] Die Bevorzugung einer Farbe – als der schönsten – hängt in einer bestimmten Bevölkerung von der prozentualen Verteilung der »Agilität« des Sympathikus oder Parasympathikus (Vagus) ab.

Man könnte noch auf folgendes hinweisen: Der leptosome »Blauliebhaber« ist – wie gezeigt – eine Weiterentwicklung des zyklothymen »Rotliebhabers«. Sollte also – wie der Psychiater Klaus Conrad annahm – eine mittlere Konstitution existieren, die dem »idealen Menschen« näherkommt und eine ausgewogene Vorliebe für Rot und Blau besitzt?[3]

Blau wie der Himmel und das Meer

Seit den ältesten Tagen der Menschheit ist die Farbe Blau mit Luft und Wasser, den beiden »Elementen«, wie man im Altertum sagte, zusammengebracht worden.

In vorgeschichtlicher Zeit stellte man sich die Götter, die den Himmel bewohnen, mit langem, wallendem Mantel von blauer Farbe vor: sozusagen von Himmel und Wolken umgeben. Odin und Wodan trugen einen wallenden, blauen Mantel oder Umhang. Wodan soll deshalb den Namen »Hakelberend« (= Mantelträger) bekommen haben.[4]

Das Bild von einem göttlichen, blauen Mantel scheint in der Volksfrömmigkeit so stark verankert gewesen zu sein, daß man bei der Christianisierung der germanischen Stämme den blauen Himmelsmantel nun auch für den neuen Gott und Glauben, die Gottesmutter und manche Heilige in Anspruch nahm. Christus Kosmokrator trug nun den Sternenmantel, den vorher heidnische Götter besaßen.

Daß Blau »Wuotans Lieblingsfarbe« war, bestätigt die Völsungasaga.[5] Wotan kommt dort als »Wanderer«, bejahrt, sehr groß, einäugig, mit Schlapphut und blauem Mantel. Er läßt ein Schwert als Wettgeschenk zurück. Als Sigmund, Wölsungs ältester Sohn, gegen seinen Schwager Krieg führt, tritt jener unheimliche Wanderer wieder auf. An seinem Speer zerbricht das Schwert. Sigmund weiß, daß dies sein Ende bedeutet. Er fällt im Kampfe, und mit ihm geht der größte Teil des Heeres in den Tod.

Der blaue Schutzmantel

Obgleich die blaue Farbe seit der Karolingerzeit zur Darstellung von göttlichen Wesen in Deutschland nachzuweisen ist, hat die Kirche im ausgehenden Mittelalter die Verwendung dieser Farbe für liturgische Paramente nicht gestattet. Es hängt dies mit dem Bedeutungswandel der blauen Farbe in jener Zeit zusammen. Für Gemälde setzte sich aber schon in früherer Zeit die blaue Kleidung für den Gottessohn und die Gottesmutter durch.

Der blaue Schutzmantel gewann an Bedeutung, als sich auch religiöse Orden dieses volksreligiösen Sinnbildes bedienten. Cäsarius von Heisterbach erzählte, daß er die heilige Maria gesehen hätte, wie sie im Himmel throne: umgeben von den Mönchsorden. Die Zisterzienser besaßen das Privileg, sich unter dem Schutzmantel Mariens »wärmen zu dürfen«.[6] Dies ließ aber auch andere Orden nicht ruhen.

Die Dominikaer wollten die gleiche Legende auf ihren Orden anwenden. Schließlich wollten auch die weltlichen Brüderschaften die fromme Legende für sich deuten. Seit dem Dialogus miraculorum (1255) des Cäsarius von Heisterbach ließ der Gedanke an den Schutzmantel der Heiligen Jungfrau die Phantasie nicht mehr ruhen.

Zunächst verfaßte ein Dominikaner das Speculum humanae salutis, das eine bildliche Darstellung der »Schutzmantelmadonna« zeigte. Diese Form der Darstellung muß das Volk besonders angesprochen haben, denn nun wiederholen sich diese Bilder in den verschiedensten Variationen. Sie wurden auch als Opferbilder gegen die Pest im 14. Jahrhundert verwendet.

Wenn wir bedenken, daß zur Zeit der Pest die Menschen kein irdisches Refugium mehr kannten, in das sie vor dem »Schwarzen Tod« flüchten konnten, ist es verständlich, daß die Sehnsucht nach einem »Schutzmantel« tief im Volke wurzelte. In Wort und Lied wurden nun Maria und ihr himmlischer Mantel verherrlicht.

Eine interessante Schutzmantelmadonna als aufklappbare Figur befindet sich im Wiener Dom- und Diözesanmuseum. Die beiden Hälften des Mantels lassen sich samt den Armen auseinanderklappen. Im Inneren befindet sich gleichsam im Schoß der Gottesmutter die Heilige Dreifaltigkeit. In den Innenseiten des Mantels sehen wir die »Stände« als Relief dargestellt, rechts die männlichen, links die weiblichen Vertreter ihres Standes.

Was uns bedeutungsvoll erscheint: Der sonst blaue Mantel mit der Farbe des »natürlichen Himmels« wird hier noch nach Art der Gotik golden dargestellt. Der Mantel ist auch an der Außenseite vergoldet. Der Sternenhimmel (blau mit Goldsternen) hat sich in den oberen Teil des zweiflügeligen Schreines, in dem die Madonna steht, »zurückgezogen«. Der übrige Hintergrund ist wieder in »himmlisches Gold« gehüllt.

Der Schutzmantel im bäuerlichen Brauchtum

Oft werden volksreligiöse Bräuche auch zum Gegenstand weltlichen Brauchtums.[7] Bis ins 19. Jahrhundert finden wir den blauen Schutzmantel des Familienvaters im bäuerlichen Bereich als Mantel mit »Radkragen« aus blauem Tuch. Die Anzahl der aufgelegten Kragen wuchs mit dem Ansehen des Trägers. Der Name dieses Kleidungsstückes soll »Schmiß« oder »Schmeißmantel« gewesen sein. In manchen Gegenden wurde dem Bräutigam nach der Trauung als Zeichen des neuen Standes und der neuen Pflichten der »Hausvatermantel« umgelegt, z. B. im Burgenland.

Im Zillertal erschienen die Mantelträger bei den Hochzeitszügen; sie stellten die »Verantwortlichen« dar, die sich von »Ledigen« unterscheiden wollten.

In Oberbayern galt nur ein »gemantelter Mann« als vollwertig. Es wird auch der Rechtsbrauch der Adoption durch Umschlagen des Schutzmantels um das Kind in Erinnerung gebracht. Wir sehen hier schon den zweiten Brauch, der die Annahme an Kindes Statt in irgendeiner Weise mit den Farbbräuchen magischer Art verknüpft: Das »Eintreten« in die Spur oder den Schuh oder das Einhüllen in den Schutzmantel waren in alter Zeit verbindliche Rechtshandlungen.

Blau – Farbe des Blitzes

Zuweilen finden wir auch die Farbe Rot als Sinnbild des Blitzes. Dieser Zuordnung lag gewiß die Erfahrung zugrunde, daß der Blitz das rote Feuer entfache, also auch gesagt werden könne, daß »rotes Feuer« vom Himmel fiele. In der Regel haben sich aber die Völker nach dem Augenschein gerichtet und den Blitz als blaues Licht oder blaues Feuer empfunden.

Von den Germanen wurden Donar und Wodan mit dem Blitz verbunden. Wahrscheinlich ging in noch früherer vorgeschichtlicher Zeit auch Ziu, indoeuropäisch mit Zeus und Jupiter zusammenzustellen, ebenfalls mit dem Blitz einher.

Wir wissen bereits, daß man sich den Mantel des germanischen Totengottes in blauer Farbe vorstellte. Die Säume seines Gewandes sollen »blitzblau« und »donnerblau« gewesen sein. In vorgeschichtlicher Zeit soll bei dem Blaufeuer oder Blitz geschworen worden sein; später wurden diese Eide zu Flüchen. »Blaufeuer« war ein Schwur, »Donners blâsken, help!« (Donners Blauschein, hilf!) ein nordfriesischer Fluch.[8]

Der Donner beeindruckte offensichtlich die Menschen zunächst stärker, denn für den Donner gibt es in allen europäischen Sprachen eine ursprüngliche Bezeichnung, für den Blitz aber oft nur abgeleitete Namen. Es wäre auch denkbar, daß der Name für das »schreckliche Phänomen« des Blitzes bekannt war, man ihn aber nicht nennen wollte, um den »Strahl des Himmels« nicht in magischer Weise herbeizurufen!

In Agricolas Sprichwörtern heißt es: das Blaue, das vor dem Donner herläuft. In Sagen wird vom Blitzschlag behauptet, daß »der mit der blauen Peitsche« den Teufel jage oder den Riesen verfolge.

Ein Gewitter habe neues Wachstum im Gefolge, ist eine Ansicht, die wir auch heute noch sehr oft hören. Daher gilt die Farbe des Blitzes auch als Farbe der Fruchtbarkeit.

Mitte des 19. Jahrhunderts sammelte E. L. Rochholz Sagen, die die Magie der blauen Farbe zum Gegenstand hatten. Er sieht in dieser Farbe ein Symbol der Fruchtbarkeit des Landes, der Ehebündnisse und des Glückes. Er berichtet von den »Erdmännchen«, die in blauen Zipfelmützen und blauen Überhemden ihre nützliche Tätigkeit entfaltet haben. Auch blaue Tiere werden mit der Fruchtbarkeit zusammengebracht und sollen einen magischen Einfluß ausüben: Die Blaumeise, auch »Blaumüller« genannt, soll durch ihr Erscheinen den Bauern an seine Arbeit mahnen: Sie zeigt an, daß es Zeit zum Pflügen sei.

Wir kennen schon verschiedene Farben als Sinnbild der Fruchtbarkeit: erst Rot, dann die Farbenkombination Rot-Weiß. Aber auch Schwarz-Weiß galt als »fruchtbringend«; nun tritt noch die blaue Farbe hinzu.

Diese Vielfalt läßt verschiedene Deutungen zu: Erstens verläuft das Brauchtum in Schichten. Zweitens sind nicht alle Farben gleich beliebt. Wir wissen, daß die Bevorzugung der Farben je nach Alter und körperlicher Veranlagung verschieden sein kann. Das Kind erklärt eine andere Farbe als die schönste als der Erwachsene, und der Greis wiederum bezeichnet eine andere Farbe als die ihn am meisten ansprechende.

Nicht zuletzt werden manche Farben in ihrer »magischen Potenz« in späteren Jahrhunderten oder gar Jahrtausenden nicht mehr erkannt. Eine Zeitlang wirken Bräuche noch gewohnheitsmäßig nach, bis sie von anderen in ihrer Aufgabe und magischen Wirkung verdrängt werden.

Psychologen haben versucht, die gefühlsmäßige Ähnlichkeit der Farbe Rot mit der Farbe Blau im »semantischen Differential« mathematisch zu fixieren. Es werden dabei die assoziativen Einordnungen der beiden Farben im menschlichen Gefühlsleben untersucht. Leider wurde aber nicht mitgeteilt, wie die Farbe Blau mit dem Begriff der Treue zusammenhängt. Denn daß auch diese »magische Verbindung« mehr als eine alte Redensart sein muß, können wir nach unseren Erfahrungen auf dem Gebiet alter Spruchweisheit kaum bezweifeln.

Die rote Farbe zeigt, wie die blaue, eine gewisse Ambivalenz, d. h., daß diese Farben als Sinnbilder für Gefühle aufgefaßt werden können, die nicht verwandt erscheinen, ja sogar einen gewissen Gegensatz ausdrücken können. Rot ist »ambivalent« ein Sinnbild für Liebe und Haß. Es kann diese Farbe nach Experimenten am Wiener Psychologischen Institut für die Gefühle

fröhliche Ausgelassenheit,
toller Übermut,

aber auch für den

wilden Schmerz und den
Haß

als adäquater Ausdruck verwendet werden.
Die Ambivalenz der Farbe Blau sehen wir darin, daß sie sowohl

innige Freude

zum Ausdruck bringt wie

tiefe Trauer.

In anderen psychologischen Untersuchungen korreliert Blau positiv mit Liebe und Intelligenz, d. h., daß zwischen dieser Farbe und den genannten Begriffen gefühlsmäßige Verbindungen bestehen.

Wir wissen, daß die blaue Farbe von schizothymen Menschen – die sie als ihrem Wesen gemäß empfinden – besonders geschätzt wird. Blau spricht den Parasympathikus an. Untersuchungen haben gezeigt, daß Blau besonders im Norden und Westen Deutschlands bevorzugt wird.

Wenn wir eine blaue Fläche betrachten, haben wir den Eindruck, daß sich der farbige Fleck vom Menschen entferne, also »fliehe«. Daher schreibt man der blauen Farbe nicht nur die magische Wirkung des »Enteilens« und der Ferne, sondern auch des Unerreichbaren, des »In-den-Wolken-Liegenden« oder des zeitlich Fernen (= der Vergangenheit), der »Sehnsucht nach dem Fernen«, heute sagen wir dafür »Nostalgie«, zu.

Die »blaue Blume der Romantik« darf hier nicht unerwähnt bleiben: Ist doch gerade die Sehnsucht nach der »großen und idealen Vergangenheit«, nach dem Jenseitigen und Übersinnlichen Gegenstand romantischen Fühlens und Denkens. In Novalis' (1772–1801) Roman »Heinrich von Ofterdingen« wird dem Finder der blauen Blume »das höchste irdische Los«, die Liebe, zuteil.

Die romanischen Völker behaupten – sicher nicht zu Unrecht –, einen besonderen Sinn für die realen Gegebenheiten und ihre Verwertung zu besitzen. Den germanischen Völkern hingegen, und darunter besonders den Deutschen, wird der Hang zum Irrealen, zum Denken und Dichten, nachgesagt. Ist es reiner Zufall, daß Blau als »deutsche Farbe« betrachtet wird?

Blau in Goethes Farbenlehre

Es wundert uns nicht, daß der große Gestalter subtilster menschlicher Regungen das magische Wirken der blauen Farbe erkannt und in seiner Farbenlehre dargestellt hat.

Der heute durch die Medizin (auf den Vagus) nachweisbare Einfluß des blauen Lichtes oder der blauen Farbe, der zugleich als Beruhigung und als Sammeln von Energie bewußt wird, kann wohl dichterisch nicht besser ausgedrückt werden:[9]

»Diese Farbe macht für das Auge eine sonderbare und fast unaussprechliche Wirkung. Sie ist als Farbe eine Energie, allein sie steht auf der negativen Seite und ist in ihrer höchsten Reinheit gleichsam ein reizendes Nichts. Es ist etwas Widersprechendes von Reiz und Ruhe im Anblick.«

Goethe lehnte bekanntlich die physikalische Betrachtungsweise der Farben ab. Ihn interessierte nicht die Kontinuität der Wellenlängen, sondern die Kontinuität der Empfindungen. So sieht er auch den Gegensatz der Farben nicht als »komplementär« im Sinne der Physik, sondern als Ausdruck gegensätzlicher »Urelemente« wie Nacht und Sonne: »So wie Gelb immer ein Licht mit sich führt, so kann man sagen, daß Blau immer etwas Dunkles mit sich führe.«

Die Tatsache, daß ferne Berge dem Maler blau erscheinen und daß bei Betrachtung blaue Flächen zurückzuweichen scheinen, finden wir auch hier in der Erklärung, die das Magische deutlich unterstreicht: »Wie wir den hohen Himmel, die fernen Berge blau sehen, so scheint eine blaue Fläche vor uns zurückzuweichen.«

»Wie wir einen angenehmen Gegenstand, der vor uns flieht, gerne verfolgen, so sehen wir das Blau gern an, nicht weil es auf uns dringt, sondern weil es uns nach sich zieht.«

Die Erregung des Parasympathikus senkt den Blutdruck und die Pulsfrequenz und läßt bekanntlich die Empfindung der Kühle entstehen. Daher wirken blaue Räume, die den Parasympathikus ansprechen, kalt. Neben sonnenbestrahlten Flächen erscheinen Schattenpartien in der Komplementärfarbe, also zumeist blau. Diese Tatsachen wurden – vor jeder psychologischen Untersuchung – von Goethe interpretiert:

»Das Blaue gibt uns ein Gefühl der Kälte, so wie es uns auch an Schatten erinnert. Wie es vom Schwarzen abgeleitet sei, ist uns bekannt.« Die Ableitung vom »Schwarzen« bedeutet hier wohl von der »Nacht«.

»Zimmer, die rein blau austapeziert sind, erscheinen weit, aber eigentlich leer und kalt.«

Unter Blaulichteinwirkung wird der Parasympathikus verständlicherweise am stärksten erregt. Ein Gefühl der Müdigkeit stellt sich ein, das an die »heure bleue« eines Sommerabends erinnert. Ist das Blaulicht aber sehr intensiv, so wird die Stimmung unangenehm und »traurig«. Ähnliches mag auch Goethe verspürt haben; nur hatte er nicht das intensive Blaulicht zur Verfügung, sondern schuf sich die gleiche Situation, indem er die Umgebung durch eine blaugefärbte Glasscheibe betrachtete.

»Blaues Glas zeigt die Gegenstände in traurigem Licht.«

Während »reines« Blau kalt wirkt, beeinflußt ein beigemischtes Grün unser Empfinden in einem freundlichen Sinn: Grün ist ja die Farbe »unserer Urheimat«, der Vegetation. Der Mensch ist seit Jahrmillionen darauf »programmiert«, in ihr zu leben, daher ist Grün jene Farbe, die im Sinne von Erregung neutral wirkt. Den »Gipfel der Neutralität« stellt das Blaugrün dar. Wir verstehen daher die Darstellung Goethes von der Grünbeimischung zur blauen Farbe:

»Es ist nicht unangenehm, wenn das Blau einigermaßen vom Plus partizipiert. Das Meergrün ist vielmehr eine liebliche Farbe.«

Blau als Totenfarbe

Die Hypothese, daß die Menschen einst das Aussehen der Verstorbenen nachahmten, um sich mit ihnen zu identifizieren und ihnen nahe zu bleiben, ist nicht widerlegt. Um leichenblaß und totenfleckig zu wirken, wählte der Trauernde die Farbe Weiß oder Schwarz.

Man dachte zugleich wohl auch an das große Schauspiel des Sterbens und Wiedergeborenwerdens, das immer wieder am Himmel beobachtet werden kann: die »Tragödie« vom Leben und Sterben des Mondes. Auch hier die Farben Weiß und Schwarz, die dann Schicksalsgestalten zugeschrieben werden, die mit Geburt und Tod in Verbindung gebracht wurden.

Auch blaue Leichenflecken sind nicht unbekannt. So könnte auch die Farbe Blau – wenn auch in geringerem Maße – zu den Totenfarben gerechnet werden. In der Tat gibt es Bräuche, die Blau als Totenfarbe verwenden.

Blau wird z. B. benützt, um anzuzeigen, daß ein Kind gestorben ist. Ob die etwas hellere Farbe verwendet wurde, damit die Zartheit des Alters zum Ausdruck gebracht wird? Wir wissen es nicht.

Auch im Brauchtum unserer Tage finden wir die Trauerfarben Schwarz und Blau sozusagen »gleichberechtigt« nebeneinander. Wir wissen, daß man, wenn der Bauer stirbt, den Tieren den Tod »ihres Herrn anzusagen hat«. Beim Almabtrieb hat man die Tiere in bunten Farben zu schmücken oder, wenn der Bauer gestorben ist, die Tiere mit Trauerfarben »aufzuputzen«.

So finden wir auch im Wiener Volkskundemuseum zwei solche Arten des Kopfschmuckes von Leitkühen: »Glockzeugkopfschmuck der Leitkühe beim Almabtrieb« ist dort zu lesen. »Bei glücklichem Sommerverlauf bunt gehalten, bei Trauerfällen dunkel, eventuell mit Trauerflor.«[10]

Der »Trauerfall« ist hier durch schwarzen Trauerflor und blaue Verzierungen dargestellt.

Blau ist eine »richtige« Trauerfarbe, sowohl bei den Nordfriesen wie auch in den Alpenländern. Die »psychische Nähe« der Farben Blau und Schwarz ist in vielen Sprachen und in vielen geographischen Gebieten zu beobachten. Alles Dunkle wird häufig als »Schwarz« bezeichnet. Andererseits wird Schwarzes »Blau« genannt.

So ist das »Schwarze Meer« nicht schwarz. Und der »Schwarzwald« ist dunkelgrün. In Skandinavien werden die finsteren (= schwarzen) Gegenden des Nordens häufig mit dem Namen »blaues Land« bezeichnet.

Das Labyrinth ist nicht nur ein altehrwürdiges Gebäude in Knossos auf Kreta. Es gehört vielmehr zum Rest eines weltumspannenden Kultes, von dem wir heute noch sehr wenig wissen, dessen Spuren sich aber von Ägypten über die Länder des Mittelmeeres bis nach Skandinavien erstrecken.

In allen jenen Orten, wo noch Kunde über die Bedeutung des Labyrinths zu erhalten waren, wurde gesagt, daß es sich um eine Figur handle, die auf dem Boden dargestellt war. Durch das Betreten des »Irrganges« wollte man einen Zugang zur Unterwelt finden. Interessant ist die Verknüpfung des Labyrinths mit der Stadt Troja. Das über ganz Europa verbreitete »Spiel vom Irrgarten« wird in verschiedenen Sprachen das »Troja-Spiel« genannt. Das versunkene Troja wird hier meist mit dem Begriff der Unterwelt gleichgesetzt. Es gibt sogar Forscher, die den Namen des bekannten Helden der Nibelungensage, »Hagen von Tronje«, als eine Umformung der Bezeichnung »Hagen von Troja«, d. h. »Hagen der Unterwelt«, betrachten.

Das Labyrinth von Kreta schien lange Zeit mit der Vorstellung der Unterwelt überhaupt nichts zu tun zu haben. Man stellte sich vielmehr das Völkchen der alten Kreter so vor: lebenslustig, mit einer Göttin, die ihre nackten Brüste nach Art der Pariser »Revuegirls« vorzuführen schien. Aber der Schein bestätigte sich nicht. Die Göttin trug Giftschlangen in den Händen; Schlangen sind Attribute der Totengöttinnen.

Es ist erstaunlich, daß Gedanken, die sich von selbst aufdrängen, oft sehr spät beachtet und realisiert werden. Generationen von Gelehrten befaßten sich mit dem Problem der Zerstörung des Labyrinths von Knossos durch Naturereignisse. Das Naheliegende geschah erst in unseren Tagen: nämlich einen Fachmann zur Prüfung der Zerstörungen – einen Geologen – nach Kreta zu entsenden.

Nach Aussage dieses Gelehrten war die riesige Stadt niemals

durch Naturkatastrophen zerstört worden. Sie soll auch nicht vorwiegend den Lebenden gedient haben, sondern eine riesige Totenstadt gewesen sein, die im Laufe der Zeit von selbst zur Ruine wurde.

Der deutsche Geologe H. G. Wunderlich betont, daß das Blau der minoischen Fresken das Zeichen der Trauer gewesen sei. Die Abbildungen der Vögel, Fische und Delphine sind nach seiner Ansicht ein weiterer Hinweis auf die »Totenstadt«. Diese Tiere geleiteten nach dem Glauben der Mittelmeervölker die Seelen ins Jenseits.

Der »Wohnraum« der Königin war mit blauen Delphinen und einem Fries von Rosen geschmückt. Die Rose aber war im Altertum schon als Trauerblume bekannt.

Daß in späterer Zeit bei den Römern die Rose als Pflanze für Totenopfer verwendet wurde, haben auch wir schon erwähnt. Wunderlich meint, daß die dargestellte Göttin Persephone sein könne, ehe sie von Hades entführt worden sei. Die mit erhobenen Händen dargestellten Frauen seien Klageweiber, die nicht der Mode wegen »oben ohne« abgebildet seien: Die Entblößung sei vielmehr bei den ostmediterranen Völkern ein Zeichen der tiefsten Trauer gewesen, ebenso wie das Zerkratzen der Brust zu einer sakralen Handlung gehört habe.

Die Männer zeigten im Unterschied zu den Frauen eine rotbraune Färbung, die gewiß nicht die Sonnenbräune anzeigen sollte, sondern eine Kultfarbe![11] Dies würde sehr gut zur Rotfärbung im Zeichen des Totenkultes passen. Wissen wir doch, daß auch später bei indoeuropäischen Völkern Jünglinge ihre Verbundenheit mit den Abgeschiedenen durch Rotfärbung – auch der Haare – zum Ausdruck brachten.

Wunderlich ist der Überzeugung, daß die unzähligen kleinen und kleinsten Räume des Labyrinths Totenkammern waren. Die Leichen wurden in großen Tongefäßen (»Pithoi«) beigesetzt oder in Sarkophagen, die irrtümlich als »Badewannen« angesehen wurden.

Unter den Volksliedern des Südens der USA gilt als zweifellos eigenständig der Blues. Er hat einen traurig-sehnsüchtigen Charakter, und es wird behauptet, daß in ihm die Sehnsucht der Sklaven nach Freiheit und Heimat erklinge. Aus dem amerikanischen Ausdruck »to feel blue«, was ungefähr »melancholisch sein« bedeutet, könnte der Name »Blues« entstanden sein.[12]

Nicht nur diese Stimmung bringt der Blues zum Ausdruck, sondern Leid und Schmerz aller Art, auch Liebeskummer. Die Bluesstrophe zu 12 Takten wurde, in 3 Abschnitte geteilt, ursprünglich von Wandersängern gesungen, die sich auf der Gitarre begleiteten.

Musiker bezeichnen den »nachklassischen«, modernen Blues mit dem englischen Wort »sophistication«. Das bedeutet, er ist nun verfeinert, »intellektualisiert«, vielleicht sogar blasiert und nicht mehr so urwüchsig. Die »blue notes« dienen heute dazu, »mondäne Melancholie« auszudrücken.

Was dürfen wir uns unter diesen blauen Noten vorstellen? Für den wehmütigen melancholischen Charakter des Blues sind vor allem die häufig um weniger als einen halben Ton erniedrigten Töne der kleinen Terz und der kleinen Septime typisch.[13]

Vielleicht sind es auch Erregungen des Parasympathikus, die durch die langsamen und schwer-stampfenden Rhythmen mit jener zuweilen »abgleitend« Tonfolge hervorgerufen werden. Sie würden dann der Erregung des Vagus entsprechen, wie sie etwa die »blaue Ferne« bei Himmel und Meer oder die »heure bleue«, die »blaue Stunde der Dämmerung«, hervorrufen. »Ungestillte Sehnsucht« nach einem zeitlich oder räumlich entfernten Objekt oder Wesen mag hinzukommen.

Die Vorstellungen, die wir mit den Begriffen »Liebe« und »Rot« verbinden, scheinen deshalb innerlich verwandt zu sein, weil diese weitgehend von der Tätigkeit des Sympathikus abhängig sind: Z. B. Liebe erscheint »heiß«, ebenso die »brennend« rote Farbe. Die Liebe ist ein starkes Gefühl, das bestimmte Verhaltensweisen hervorruft. Die Treue ist ein ethisches Verhalten, das zuweilen von Gefühlen begleitet wird. Es wird kaum möglich sein, das Symbol der Treue auf gleiche Art zu erklären wie das der Liebe.

Blau bewirkt eine Erregung des Vagus: Man verspürt »Beruhigung«, »innere Stabilität«, ein Bestreben, »sich nach innen zu wenden«. Nach Schindler[14] wird durch diese Farbe »tiefe, innige Freude«, »Harmonie« und »Zuneigung« (letzteres Gefühl durch Hellblau) ausgedrückt.

Menschen, die jene vagotone Ruhe besitzen, die eine innere Festigkeit und Ausgeglichenheit verspricht, werden auch für treu gehalten. Neue Aspekte über das Phänomen Blau/Treue ergaben sich aus Untersuchungen mit Eidetikern. Das sind Menschen, die imstande sind, nach der Betrachtung eines Bildes – durch innere Erregung bestimmter Hirnpartien – dieses Bild mit zahlreichen Details noch nach geraumer Zeit zu beschreiben. Solche Eidetiker haben zuweilen noch eine weitere Fähigeit: Sie sehen Menschen nach einer Begegnung in deren »charakteristischen Farben«. So soll ein junger Eidetiker in der Lage gewesen sein, eine schizothyme Kollegin – also eine vagoton-blauempfindliche Person – in seiner Erinnerung vorwiegend blau (ultramarin) und gelb zu sehen und auch so abzubilden. Eine sympathikotone Bekannte hingegen wurde in warmen Farben dargestellt.[15]

Es ist durchaus möglich, daß diese Rückkopplungserscheinung, parasympathikotone Menschen in »bläulichem Licht« zu sehen, während man bei sympathikotonen – also aufgeregt erscheinenden – den Eindruck hat, daß sie von »rötlichem

Glanz« umgeben seien, nicht auf Eidetiker beschränkt ist. Es mag viele empfindsame Menschen geben, die mit den ruhig-kühlen, vagotonen Personen die Farbe Blau assoziieren. Ihr beharrliches Festhalten an Verpflichtungen läßt auch die Farbe Blau an diesem treuen Verhalten teilhaben.

Auf diese Weise wäre zu erklären, weshalb die Farbe Blau seit dem Mittelalter als Farbsymbol für Treue gilt. Wie wir noch hören werden, ist diese Farbe, wie manche andere, durch den Mißbrauch des Sinnbildes arg in Verruf geraten.

Blau als Farbe der Untreue

Einige Farben erfuhren im ausgehenden Mittelalter durch den Mißbrauch der ritterlichen Farbensymbole einen

Umsturz der Bedeutung.

J. Huizinga spricht sogar von einer »ironischen Umkehr« in der Bedeutung der blauen Farbe. Offensichtlich wurden die Farben, die mit der Liebe zu tun hatten, also Grün, Rot und Blau, von der »Abwertung der sinnbildlichen Geltung« am meisten betroffen.

In Südfrankreich, wo diese Farbensymbolik einst entwickelt wurde und zum ersten Male richtig in Erscheinung trat, wurden die Farbensymbole – vor allem das Blau als Sinnbild »ewiger Treue« – zuerst auch als lästig empfunden. Um ihre Treue zu zeigen, trugen die Ritter blaue Kleider zu Ehren ihrer Angebeteten, nachdem sie zuvor schon mit grüner, später mit roter Farbe ihre Zuneigung und Liebe kundgetan hatten. Die Dame ihres Herzens nahm die ihr zugedachte »Farbenparade« zuerst als charmante Geste, später als Auszeichnung hin. Wenn diese »Anhimmelung« aber zu lange andauerte und vor allem nicht mehr ganz ernstgemeint war, wurde die Verehrung zur leeren Höflichkeit, schließlich zu einer Pflicht, der sich der Ritter nicht entziehen konnte, endlich zum bloßen Schein! Auch die Erwiderung der Dame durch das Tragen entsprechend gefärbter Kleidung wurde zur lächerlichen Farce.

Letztlich wurde das Spiel mit den ritterlichen Symbolfarben zu einer halbwegs gesellschaftlichen Methode, sich einer Dame zu nähern, die man sich als Freundin auserkoren hatte, oder einer verheirateten Rittersfrau in halbverborgener Weise den Hof zu machen. Als unverschämte »erfolgreiche« Ritter dazu übergingen, ihren sexuellen Triumph durch die gelbe oder rote Farbe offen zur Schau zu tragen, griffen die »gehörnten« Ehemänner nicht selten zum Schwerte, um sich Genugtuung zu verschaffen!

Die blaue Farbe aber, die manchem Ritter als »Zeichen richtigen Verhaltens« aufgezwungen wurde, wurde als »langweilig« und unzutreffend empfunden. Blau gekleidete Edelleute gingen »anderwärts« auf Freiersfüßen. Die französischen Damen spotteten zunächst über das Versprechen der Treue. Vielleicht wirkte die blaue Farbe auf Mitbewerberinnen um die männlich-ritterliche Gunst erst recht als Ansporn, andere weibliche Wesen auszustechen! Kurz, die blaue Farbe wurde bei Kleidungsstücken schließlich nur noch als *Heuchelei, Herausforderung oder als Verhöhnung* aufgefaßt.

Die Klagen über die Mißstände jener Zeit finden wir in zeitgenössischen Gedichten. Nach Huizinga etwa aus den »Cent ballades d'amant et de dame«:[16]

Au bleu vestir ne tient miele fait,
N'à devises porter, d'amer sa dame,
Mais au servir de loyal cuer parfait
Elle sans plus, et la garder sa blasme.
... Là gist l'amour, non pas au bleu porter,
Mais puet estre que plusieurs le meffait

(Frei übersetzt:)
Die Liebe zur Dame hängt nicht davon ab, Blau oder ein Abzeichen zu tragen, sondern von dem reinen, ehrlichen Herzen, sie ohne Hintergedanken zu mögen und vor Schande zu behüten.

... Das heißt Liebe! Nicht »Blau tragen«, wodurch viel-

De faulseté cuident couvrir soubz lame	leicht manche glauben, die Schmach der Falschheit ver-
Par bleu porter …	bergen zu können …

Die blaue Farbe wurde nun zum Sinnbild des Treulosen wie des Betrogenen: Nach Huizinga ist die blaue Kleidung das Kennzeichen des Hahnreis. Aber auch die Ehebrecherin wird schließlich zur Trägerin des »blauen Gewandes« gestempelt.[17]

	(Frei übersetzt:)
Que cils qui m'a de cote bleue armé	Ich wünsche dem, der mich mit dem blauen Rock versah,
Et fait monstrer au doy, soit occis.	der machte, daß man mit Fingern auf mich zeigt, den Tod!

Die blaue Schaube, ein Zeichen der Schande

Das Wort Treue, mittelhochdeutsch »triuwe«, althochdeutsch »triuwa«, bedeutete das Halten eines Versprechens. Wie die Geschichte lehrt, wurden besonders bei den Völkern im Norden Europas das Halten von Waffenbruderschaft, Blutsverbundenheit (z. B. bei der »Blutrache«), später auch Lehenstreue besonders hoch geschätzt. Verstöße gegen die verschiedenen Arten von Treue – erst nach der Sippentreue kam die Gattentreue – wurden grausam geahndet. Der innere Kampf, den Kriemhild zwischen der Treue zum toten Gatten und der Treue zum angestammten Geschlecht führen muß, ist Ausdruck dieses rigorosen Treue-Ethos.

Es kann aber sein, daß in den romanischen Ländern der »Mißbrauch« der blauen Farbe mehr von der heiteren Seite genommen wurde als in den germanischen. Die Empörung gegen den »Unfug mit der blauen Farbe« war jedenfalls im Norden größer als im Süden unseres Kontinents. Von Nordfrankreich bis zu den Niederlanden finden wir schließlich im ausgehenden Mittelalter Blau als Farbe der Strafe.

Die blaue Schaube war in den Niederlanden das Kennzeichen der Ehebrecherin![18] Mit dem Namen »Schaube« wurde ein weiter Mantel bezeichnet, der bis zu den Knien reichte und besonders im 15. und 16. Jahrhundert beliebt war.

Die »Hoiken« in Frankreich und Deutschland oder die »Tapperts«, Umhänge mit Schlitzen für die Arme, dürften die Vorläufer der Schaubenmode gewesen sein. Auf einem berühmten Gemälde Pieter Bruegels des Älteren (1525–1569) ist eine blaue Schaube als Zeichen der Schande zu sehen. Das Bild »Kinderspiele«, das sich im Wiener Kunsthistorischen Museum befindet, ist eine »Fundgrube« für Forschung der Volkskunde.

Oft wird das Spiel Nr. 14, »Vier Kinder im Gänsemarsch«, als Taufprozession gedeutet![19] Wie aber ist die »blaue Schaube« oder »Hoike« des letzten Kindes zu deuten? Es handelt sich mit großer Wahrscheinlichkeit um eine Ehebrecherin, die durch diese Tracht nach der Sitte der Zeit ihre Schmach zur Schau tragen muß. Auch der Sprößling ist in ein auffallend blau gefärbtes Tuch gewickelt. Das Kind, das die »Hebamme« spielt, verbirgt ebenso wie die folgenden Kinder sein Gesicht mit einer Hoike oder mit dem hochgeschlagenen Rock.

Die »ironische Umkehr« der blauen Farbe ist unterschiedlich interpretiert worden. Otto Lauffer z. B. führt die abträgliche Beurteilung von blauen Blumen auf biologische Gegebenheiten zurück. Manche Blumen verlieren rasch ihre Farbe, sie »verbleichen«. Auf diese Weise sollen jene blauen Blumen zum Sinnbild der »Untreue« geworden sein. Er meint, daß im Mosselland die Kornblume – auch »Blaurose« genannt – die Bedeutung des »wandelnden Herzens« besitze. Auch das Blümchen »Männertreu« soll in gleicher Weise abgewertet worden sein.[20]

Nicht nur durch die Liebessitten der Ritter wurde die blaue Farbe in ein zweifelhaftes Licht gerückt. Auch das kirchliche Verbot, die blaue Farbe als »Farbe der heiligen Messe« zu verwenden, bestätigte dem Mann aus dem Volke, daß »man dieser Farbe nicht trauen dürfe«.

Der Brauch, Farben den religiösen Anlässen entsprechend zu tragen oder für Kultgegenstände (z. B. bei »Zelten«) den Aufgaben anzupassen, soll von jüdischen Priestern zuerst geübt worden sein.[21] Danach entspricht:

Weiß	=	heilig;
Purpur	=	majestätisch;
Karmesinrot	=	Sünde rächend oder sühnend (Opferblut);
Dunkelbau	=	Bundesgott kommt vom Himmel.

In der römisch-katholischen Liturgie sind für die meisten Paramente, die in der Regel aus Seide gefertigt werden, folgende Farben vorgeschrieben:

Weiß – Rot – Grün – Violett – Schwarz – Rosa.

Gold kann für Weiß, Rot für Grün stehen, Silber für Weiß. Als Meßfarben sind unzulässig:

Gelb – Blau – Braun – Grau.

Allerdings können Farben kombiniert werden; entscheidend ist die Grundfarbe.

In der Urkirche wurde entweder die schmucklose Alltagstracht verwendet oder das »reine« Weiß. Schon zur Karolingerzeit setzten sich andere Farben – auch Blau – in bescheidenem Rahmen durch. Erst unter Papst Innozenz III. wurde von einer römischen Farbenordnung gesprochen.[22] (De sacro altaris mysterio, I/65/PL 217, 299). In seine Zeit (1198–1216) fiel auch der Albigenserkreuzzug (1209).

Fixiert wurde die »Farbenordnung« allerdings erst mehr als 300 Jahre später: Pius V. (1566–1572) legte in seinem Missale Romanum die Farben verbindlich fest (1570).

Der Symbolgehalt der offiziellen Meßfarben wird folgendermaßen erklärt:

Rot	=	Heiliger Geist und Martyrium, »Feuer und Blut«;
Weiß	=	Reinheit (Unschuld), Freude, Glanz, Gott (= absolutes Licht), Engel, Maria;
Schwarz	=	Trauer;
Violett	=	Buße;
Grün	=	Hoffnung.

In der Volkskunst, aber auch in den bildenden Künsten Plastik und Malerei hatten die Farben andere Inhalte, die der Kirche gleichfalls genehm waren, da sie nie dagegen einschritt:

Rot	=	Gottesfarbe
Blau	=	Gottes Sohn und die heilige Gottesmutter
Grün	=	der Heilige Geist (sowie Apostel und Bischöfe)

Da Grün offensichtlich allen vom Heiligen Geist erfüllten Menschen zuerkannt wurde, tragen bis heute Bischöfe grüne Verzierungen auf Hüten und Wappen.[23]

Woran liegt es, daß die Farbe Blau in der kirchlichen Liturgie jene Abwertung erfuhr, die sie mit Gelb, Braun und Grau auf eine Stufe stellte? Braun und Grau waren zwar keine verachteten Farben, aber die Naturfarben der Wollstoffe und vor allem *Farben, die dem niedrigen Volk zukamen.* Der Leibeigene mußte sie tragen. Es waren »erzwungene« Farben. Dort, wo der Bauer frei war und frei blieb, traten zu den Naturfarben der Stoffe Rot und Blau! Die Kirche aber wollte sich niemandem beugen. Tatsächlich haben es auch die weltlichen Herren nicht vermocht, sie botmäßig zu machen: Daher gab es auch kein Braun und Grau als »Kirchenfarbe«. Die gelbe Farbe war seit jeher ambivalent: sonnig und ekelerregend zugleich. Sie war die Farbe der Ketzer, der Dirnen und Andersgläubigen. Es ist klar, daß eine solche Farbe nicht in die Messe passen konnte.

Die blaue Farbe hatte zu der Zeit, als die Kirchenfarben festgelegt wurden, zwei schwerwiegende Fehler:

1. Sie wurde im Zeitalter der Inquisition als *Farbe des Teufels* angesehen.
2. In der Zeit der »ironischen Umkehr« der Farben – also durch die Benützung der Farben, besonders der blauen Farbe, für frivole Liebesspiele – wurde sie zum Sinnbild der »Untreue«. Zumindest in Nordfrankreich, in Belgien, in Nordwestdeutschland und in den Niederlanden war die blaue Farbe suspekt.

Eine andere Erklärung über das Fehlen von Blau als liturgische Farbe finden wir unter »Purpur«! Es sollten nur »Abwandlungen« des Purpurfarbstoffes in die Liturgie aufgenommen werden.

Die drei magischen Wurzeln der blauen Farbe

Die Vielfalt der Bräuche, die auf der blauen Farbe beruhen, macht es notwendig, rückblickend die geschilderten Phänomene in eine Ordnung einzugliedern: Die Ausgangspunkte magischer Handlungen mit dieser Farbe sind

der Himmel,
das Wasser,
das blaue Licht als Blitz, Elmsfeuer oder Irrlicht.

Wir erfuhren schon, daß der alles bedeckende Himmel Gedankenverbindungen zu »göttlichen Mänteln« schuf. Der vorchristliche Schutzmantel von Odin/Wodan tritt nach der Christianisierung wieder auf. Nach der Reformation und Gegenreformation wurde der Brauch, am Palmsonntag einen Umzug mit einer Figur des Heilands zu veranstalten, fast vergessen. Nur in wenigen »Rückzugsgebieten« mittelalterlicher Bräuche, so z. B. in Puch, Salzburg, existiert dieser Umzug noch. Dort können wir die große, holzgeschnitzte Skulptur des Erlösers auf einem Esel sitzen sehen, in der Rechten den »Palmbuschen« und mit einem großen *blauen Mantel* aus Stoff bedeckt.[24]

In der Oberpfalz hingegen soll die heilige Maria als »blaue Frau« bezeichnet worden sein. Blau und Weiß gelten in weiten Bereichen Europas als die Farben der jungfräulichen Gottesmutter: *Weiß* ist das kirchliche Sinnbild der Unschuld, Blau das Symbol des himmlischen Schutzes, den Maria den Betenden zuwendet. Oft wird sie auch mit einem blauen Schwert oder Kreuz dargestellt. Das Christuskind trägt oft ein blaues Kreuz mit einem weißen Band. Marianische Kongregationen und kirchliche Vereinigungen, die sich in den Schutz Mariens gestellt haben, verwenden als Sinnbild Blau oder Blau-Weiß.

Es soll früher üblich gewesen sein, daß Familien, deren Kinder im zarten Alter verstarben, gelobten, die verbliebenen Nachkommen »Maria zu Ehren« bis an ihr 14. Lebensjahr blau zu kleiden.[25] Wir dürfen annehmen, daß durch dieses Gelöbnis der Schutz der Himmelskönigin erfleht werden sollte. Auch in Frankreich war die Sitte, Kinder nach einem Gelübde in »Marienblau« zu kleiden, bekannt: Sie wurden »enfants voués au bleu« (= »Kinder, die dem Blau gewidmet sind«)[26] genannt.

Nach der Christianisierung lebten die Vorstellungen von den alten Göttern in Dämonenbildern weiter. Der »Mantelträger« wurde zum »Blaumantel« (= Teufel). Auch die Prophetinnen, die bei den Germanen in hohem Ansehen standen – z. B. die aus der Literatur bekannten »Wölwen« – haben blaue Mäntel getragen. Es ist verständlich, daß die Kirche solchem abergläubischen Treiben keineswegs neutral gegenüberstand. Im Mittelalter wurden Frauen mit blauen Mänteln und blauen Rökken »verteufelt«: Es wurde ihnen vorgeworfen, daß sie mit dem Teufel Umgang hätten, also Hexen wären! In den Jahren 1482–1486 sind nach Prozeßakten Frauen »als Hexen gefänglich eingezogen« worden, weil sie blaue Kleider trugen.

Seitdem Blau die Farbe der Hexen und des Teufels war, wurden in manchen Gegenden alle blaufarbigen Gegenstände als Requisiten des »Bösen« oder seiner Gehilfinnen angesehen. So sollen die »Buhlerinnen des Teufels« blauen Sand verstreut, blaue Tücher benützt und mit Hilfe einer blauen Laterne anderen Menschen – durch Blaulicht – Schaden zugefügt haben. Schließlich waren viele Menschen überzeugt, daß sie das Vieh so verhexen konnten, daß die Kühe blaue Milch gaben.

Die *Ambivalenz* der blauen Farbe kommt hier deutlich zutage: Blau ist ein Attribut Gottes und zugleich des »bösen Feindes«. Diese Farbe gilt noch heute als Sinnbild der Gottesmutter und war – zumindest zur Zeit der Inquisition – Kennzeichen der Hexen. Wir sagten schon, daß das Blau das Symbol der Treue war und im ausgehenden Mittelalter nicht nur als Zeichen der Untreue galt, sondern als Schandmal der treulosen Frauen *strafweise* getragen werden mußte. Vielleicht lag einem derartigen Vorgehen der Gedanke zugrunde: Die blaue Schaube trugen die Konkubinen des Teufels, zur Strafe sollen diesen Mantel nun auch die »alltäglichen Buhlerinnen« tragen. Aus einem solchen Zwiespalt der Empfindungen entstand das Verbot, sie als liturgische Farbe in der katholischen Meßfeier zu verwenden.

Das gefährliche Blau des Wassers

Ursprünglich verehrten die indogermanischen Festlandbewohner Quell- und Flußgottheiten. Später, als sie das Meer kennenlernten, schufen sie sich mächtige Meeresgötter, die aber niemals und bei keinem der Völker der indoeuropäischen Sprachfamilie zum Haupt der Götterfamilie wurden.

So kennen wir bei den Griechen Poseidon als Gott des Meeres, seine Gattin Amphitrite war möglicherweise »vorindoeuropäischer Abkunft«. Die Römer verehrten Neptun – ursprünglich ein Gott des fließenden Wassers – der sich zum Beherrscher der Meere »aufschwang«. Die Germanen hatten Ägir oder Ögir – nach der nordischen Mythologie – als Dämon der hohen See. Seine Gattin Ran zählte nicht zu den beliebten Göttinnen, denn sie versuchte, mit Netzen der Schiffe habhaft zu werden! Allen diesen Wassergöttern des vorchristlichen Europa dürfte die »blaue Hausfarbe« gemeinsam gewesen sein. Welche andere Farbe hätte man für die Götter des Wassers finden können?

Die Erde mit ihren Quellen und Wasserläufen war ein Ausgangspunkt mythischer Vorstellungen. Nach P. Kretschmer bedeutete »Poteidan« = »Gatte der Erdmutter« (dorisch).[27] Rosse waren diesem Meeresgott geweiht, er zeugte auch mit der Erdmutter selbst Geisterpferde. Frühere Wassergeister, die Nereiden, wurden dem Vater Nereus zugeschrieben, der allerdings kaum verehrt wurde. In ähnlicher Weise scheint der Name Nerthus – männliche Form Njörd – mit der fruchtbaren Erde verbunden zu sein. Das Heim dieses Erd-, Fruchtbarkeits- und Wassergottes lag auf einer kleinen Insel vor der norwegischen Westküste (heute: Tysnesö) am Eingang des Hardangerfjords.[28] Die »kleinen Wassergeister« germanischer Art hießen Nick, Nöck, Nikelmann und die (weiblichen) Nixen. Der männliche »Nicker«, Nickelmann oder Wassermann trat einzeln auf, galt als grausam und raubte junge Mädchen.

Die weiblichen Nixen »erkannte« man an dem nassen Kleidersaum oder an ihrem Fischschwanz, eine Vorstellung, die auf uralte venetoetruskische Einflüsse zurückgeht. Auch Frau »Hel«, »Bercht« oder »Frau Rose« hatten ihre »Verbindungen zur Unterwelt« mit Hilfe der Brunnen oder Quellen. Wir wissen schon, daß Frau Rose in vorchristlicher Zeit rotfarbig gedacht wurde. Später wurden diese Unterweltsgeister, wie bereits gezeigt, schwarz-weiß gesehen. Die blaue Farbe aber blieb dem Nix oder Wassermann. Er soll am »ganzen Körper blau gewesen sein«, gelbe Haare und blaue Augen besessen haben. Im skandinavischen Volksglauben hieß er Nök (dänisch, norwegisch) oder Näck (schwedisch); die wasserblaue Farbe war sein Kennzeichen. Auch wurde bereits erwähnt, daß die blauen Totenflecken zum Gegenstand volksreligiöser Betrachtungen und Handlungen gemacht wurden. Die blaue Färbung der Ertrunkenen verstärkte den Glauben, daß blaue Dämonen diesen Tod verursacht haben könnten.

Es ist verständlich, daß in der vorchristlichen Zeit jenen gefährlichen, blauen Dämonen der Flüsse, Ströme und Seen Opfer gebracht wurden. Auch die Tatsache, daß die fränkischen Krieger, als sie den Po in Italien überschritten – trotz der Taufe –, Frauen und Kinder der Kriegsgefangenen dem Flußgott opferten, mag noch erklärbar erscheinen. Daß aber seit dem Mittelalter bei der Donauschiffahrt die Gepflogenheit bestand, in den Strom gestürzte Arbeitskollegen nicht zu retten, sondern sie als willkommenes Geschenk an den Strom zu betrachten, wird wohl schwer verständlich bleiben. Dem Ertrinkenden – viele Flußschiffer konnten nicht schwimmen – wurde zugerufen: »Gib' di' Schakerl!« (=»Ergebe dich, Jakob!«). Offensichtlich glaubten die Schiffer, daß ein Opfer pro Jahr genüge, um den übrigen Besatzungsmitgliedern Ruhe und Sicherheit zu gewähren.

Brunnen- und Flußfeste sind heute noch in vielen deutschsprachigen Gebieten üblich, bei denen Puppen, aber auch Menschen, »nur zum Spaß« ins Wasser geworfen werden. Früher war es für die Opfer bitterer Ernst, wenn die den »Blauen« dargebracht wurden, damit sie alsbald die gleiche Farbe annähmen! Daß enge Verbindungen zwischen diesen Wassergeistern und der Frau Hel oder Bercht bestanden, sehen wir an einem Brauch im Erzgebirge, wo die Mädchen ihre ersten Versuche des Spitzenklöppelns den blauen Geistern – also dem Wasser – opfern mußten. Noch in christlicher Zeit begutachteten die weiblichen Repräsentanten vorchristlicher Götter die Arbeit von Frauen; wir hörten schon, daß Fersenschnitte durch die Bercht angedroht wurden. Lange vor dem Gottesurteil, bei dem die Delinquenten in den Fluß gestoßen wurden, gab es wohl schon ein Urteil der »Blauen«, das über Recht oder Unrecht entschied.

Die »blauen Abwehrmaßnahmen« gegen die gleichfarbigen Dämonen gab es wahrscheinlich auch schon in vorchristlicher Zeit.

Die dritte magische Wurzel der Farbe Blau war das Licht. Blaues Licht sah man, wenn es blitzte. Auch die sogenannten »Donnerkeile«, die noch im Mittelalter für eine unbestreitbare Realität gehalten wurden, waren blaugraue Steine oder aber vorgeschichtliche Fundstücke, die als »eben vom Himmel« gekommen angesehen wurden. Blaue Flammen sah man über sumpfigem Gelände. Es handelt sich um Sumpfgas, »Methan«, das sich zuweilen selbst entzündet. Auch elektrische Entladungen an Schiffsmasten, das sogenannte »Elmsfeuer«, hatte gewiß noch im Mittelalter spukhaft gewirkt. Gedanken an den »Klabautermann« – das Schiffsgespenst – wurden wach. Zu Lande sah man in den blauen Flämmchen, die zu zucken und zu wandern schienen, »einen Zug von toten Landsknechten«, den »Feuermännern«. Es gab ähnliche Vorstellungen von solchen Landsknechtzügen in roter Farbe. Offensichtlich wirkten die schaurigen Erlebnisse des Dreißigjährigen Krieges in den Vorstellungen des Volkes noch lange nach.

Nachdem blauen Erscheinungen oft eine böse Vorbedeutung beigemessen wurde, mißtraute man besonders dem »blauen Rauch«. Da die Krankheiten – vor allem die »Pest« – unsichtbar in die Häuser »schlichen«, glaubte man, daß fast unsichtbarer blauer Rauch die Krankheiten übertrage.

Analog zu den magischen Handlungen mit roter Farbe finden wir auch magische Heilmethoden mit der blauen Farbe.

Nach dem Gesetz *des Gegensatzes* werden mit der blauen Farbe Krankheiten bekämpft, die Hitze oder rote Farbe mit sich bringen. Dabei spielt auch das Empfinden, daß die blaue Farbe Kühlung bewirkt, eine Rolle.

So werden gegen Entzündungen blaue Stoffe aufgelegt. Oft dürfte die blaue Schürze der Mutter genügt haben. Gegen Halsweh diente ein blauer Strumpf, der um den Hals gewickelt wurde. Da die blaue Farbe gegen »Rot« und »Hitze« anzuwenden war, versteht es sich, daß blaue Medikamente auch gegen Blut helfen können: So sollen blaue Kornblumen das Blut stillen, Kornblumenwurzeln gegen Nasenbluten wirken.[29]

Nach dem Gesetz der *Identität* sollte Blau gegen »blaue Krankheiten« wirksam werden: So trugen die Kinder blaue Kleider gegen den »Blauhusten« (= Keuchhusten). Da die hustenden Kranken im Gesicht infolge der Krämpfe »blau anliefen«, war die Identität zwischen der Farbe des Stoffes und dem Krankheitsbild gegeben. Gegen gewöhnlichen Husten wurde ein Tee aus blauen Kräutern gebraut. Die »entfernte Berührung« von der »leichten Bläue« des Kranken und dem blauen Tee könnte man als Kennzeichen des Gesetzes der *Kontiguität* betrachten.

Da im deutschsprachigen Gebiet Europas blaue Augen zahlenmäßig die braunen Augen bei weitem übertreffen, liegt es nahe, daß die blaue Farbe mit dem richtigen Funktionieren der Augen verbunden wurde. Die blaue Farbe stärkte die »Sehkraft«. Es gab Augenmedizinen aus Vergißmeinnicht, Rittersporn und Kornblumen.[30] Im Egerland war es für Mädchen empfehlenswert, durch Kornblumenkränze zu blicken, weil es der Kräftigung der Augen dienlich sein sollte. Das gleiche Remedium soll Johann Boemus aus Franken schon im Jahre 1520 mit Hilfe des Rittersporns – bekanntlich einer intensiv blau blühenden Pflanze – angewandt haben. Mütter benützten bei ihren Kindern zur Verbesserung des Sehens früher die blaue Schürze zum »Auflegen«. Allerdings soll auch eine »warme« blaue Schürze gegen das Zahnweh erfolgreich verwendet worden sein.

Auch die Nase ist in unmittelbarer Nähe der Augen – vielleicht also noch im Bereich assoziativer Berührung (Kontiguität): Wer von Kopfschmerzen geplagt wurde, konnte pulverisierte Schwertlilien, die ebenfalls zum großen Teil blau blühen, aufschnupfen. Vielleicht hat das zu erwartende Niesen geholfen?

Aber es waren nicht nur harmlose Krankheiten, die blaue Medikamente verlangten und nach den Gesetzen der Assoziation »blau« gedacht wurden. Französisch hieß »morbleu« die Pest. Sie kündigte sich durch eine blaue Taube an. Nicht nur der »blaue Rauch« brachte sie in die Städte. Auch blaue Flämmchen konnten diese Gottesgeißel anzeigen. Was konnte gegen die Seuche mobilisiert werden? Blaue Früchte! So galt die schwarzblaue Einbeere, die man heute noch als bodenbedeckendes Gewächs zuweilen in Gärten findet, als probates Mittel gegen die vom Orient eingeschleppte Pest.

Harmlos hingegen mutet ein Mittel an, daß noch in unseren Tagen in vielen Gegenden angewandt wird: Hat sich ein Kind den Kopf angestoßen, so daß das Entstehen einer blauen Beule zu erwarten ist, versucht man diese zu verhindern, indem die Mutter mit einem blauen Schürzenband »kreuzweise« die schmerzende Stelle drückt. Mit einem leichten Augenzwinkern wird auch berichtet, daß die »Blausucht« (= Bleichsucht) vom »vielen Wassertrinken« käme!

Die Entwicklung der blauen Farbensymbole

1. *Der Himmel*			2. *Das Wasser*	3. *Das blaue Licht*	
Sitz der Götter			Sitz der Wassergötter:	*Blitz und Elmsfeuer*	
Blau oder Gold			Poseidon, Neptun und Ägir als Meeresgötter, der Nix, der Nickelmann als Flußgeist, oft auch im Brunnen die Frau Hel oder Bercht	»Donnerkeil«, blaugraues Gestein, auch umgedeutete urgeschichtliche Funde!	Irrlichter auf See oder über Sümpfen
Gott mit blauem Mantel und Hut	Prophetinnen im blauen Mantel				
z. B. Wodan/Odin	z. B. »Völven«				

Christianisierung

Verteufelung	Verteufelung	Christlich	Dämonisierung	Dämonisierung
Teufel = Blaumantel	*Hexen*	Christl. Himmel, Blau oder Gold	Der Nix, »blau am ganzen Leibe« mit gelbem Haar und blauen Augen	»Feuermänner« (im bl. Licht) = tote Landsknechte (Volksglaube)
↓ »Hexer«	tragen bl. Mantel oder Rock als Kennzeichen	↓ Im blauen Mantel	↓ Wasserleichen sind blau durch den »Nix«	Elmsfeuer in den Schiffsrahen = *Klabautermann*
	↓ Blaue Hexenrequisite	Sohn Gottes, Mutter Gottes, hl. Ursula	↓ *Blaue Abwehr* gegen den »Wassermann«	»Blauer Rauch« bringt Krankheiten ins Haus, z. B. die »Pest«
		↓ *Schutzmantel* Blau oder Gold	↓ Blaue Perlen als Schutz	↓ *Volksmedizin* mit Hilfe der blauen Farbe!

VI.
VIOLETT UND PURPUR

sind exotische Farben. Es gibt keine gängige Verdeutschung ihrer Namen. Sie werden im mitteleuropäischen Raum von Menschen bevorzugt, die sich in Ausnahmesituationen befinden.

Violett, die geheimnisvolle Farbe

Wir wissen, daß Rot aufputscht, Blau beruhigt; was geschieht aber, wenn diese »Gegenspieler« gleichzeitig in Aktion treten wie in der Farbe Violett?

Eine »allgemeine leichte Erregung« der beiden Zweige des vegetativen Nervensystems wirkt sich anscheinend unterschiedlich aus. Je nach Alter und Zugehörigkeit zu bestimmten Völkern oder gar Kontinenten sind die Reaktionen auf die Farbe Violett verschieden.

Kinder vor der Pubertät entscheiden sich für Violett als »schönste Farbe«. So steht bei 5- bis 8jährigen das Purpurviolett an der Spitze.[1] Nach dem sogenannten Lüscher-Test haben von 1600 Kindern 75% die Farbe Violett von allen Farben am höchsten geschätzt.[2]

Bei folgenden außereuropäischen Völkern ist eine starke Vorliebe für Violett festgestellt worden:[3]

Asien: Perser;
Afrika: Gioneger, Tanganjikaneger;
Amerika: zentralbrasilianische Indios.

Aber auch besondere hormonale Anomalien beeinflussen die Neigung zu Farben; so haben Schwangere und Menschen mit Schilddrüsen-Dysfunktionen eine Vorliebe für Violett, nach Max Lüscher auch Homosexuelle.

Daraus läßt sich schließen, daß *psychische Ausnahmesituationen,* die auch auf physiologischen Grundlagen beruhen können, die ungewöhnliche Farbwahl bewirken. Ob außereuropäische Völker andere psycho-physische Eigenschaften besitzen, die auch eine besondere Farbenwahl hervorrufen, ist noch ungeklärt.

In Mitteleuropa hat die Farbe Violett wie die Farbe Lila etwas *Geheimnisvolles und Fremdartiges.* Dies geht schon daraus hervor, daß die beiden Farbennamen Lehnworte sind. Es gibt keine »vollgültigen« heimischen Namen für diese Farben!

Viola – lateinisch – heißt Veilchen. Die Bezeichnung »Veilchenblau« ist noch einigermaßen geläufig. Violett und Lila sind Worte, die aus dem Französischen übernommen wurden: violet = Veilchen, lilas = Flieder. Lilas hatte eine ältere Form, nämlich »lilac«, die sich vom arabischen līlak und dem persischen līlāǧ ableiten läßt. Der Flieder, als Pflanze längst heimisch geworden, erhielt verschiedene Dialektnamen, die zuweilen an bekannte heimatliche Gewächse angeglichen wurden; etwa in Niederösterreich Flieder (= »Holler«, in Anlehnung an das Wort Holunder). Die Farbe selbst blieb aber weiterhin fremd. Welche Farbe »heimisch« und welche »exotisch« ist, ist offenbar für ihre Benennung entscheidend.

Violett steht an erster Stelle bei der Darstellung der Melancholie,[4] Violett und Grau drücken Wehmut aus.[5]

Melancholie oder Wehmut überkommen den Menschen bei Todesfällen, weshalb wir diese Farbe auch als Trauerfarbe vorfinden. In der katholischen Liturgie ist sie ein Sinnbild der Buße, der Besinnung. Die Kreuzesverhüllung in der Karwoche wird mit violettem Tuch vorgenommen.

Das »hilfreiche« Violett

Das Vieldeutige an der veilchenblauen oder – wie zuweilen gesagt wird – »veilchenbraunen« Farbe gestattet es, sie anstelle anderer Farben einzusetzen. So ist sie durch ihren dunklen und traurigen Charakter oft dann erwünscht, wenn die Farbe *Schwarz ersetzt werden soll,* denn manchmal ist Schwarz zu bedrohlich oder traurig. Es gibt Volkstrachten, die auch für freudige Anlässe wie Hochzeiten als »ordentliche Farbe« das »lichtlose« Schwarz verlangen.

Wir fragen uns, wie diese Sitte entstanden sein mag. Die dunkelste aller Farben wurde in der Zeit der »Spanier«, der Reformation oder der Gegenreformation in fast ganz Europa getragen. Die einfache Bevölkerung nahm jene geistigen Strömungen viel ernster als die gehobenen Stände. Schwarz galt als Farbe religiösen »Insichgehens«. Theologen und Juristen, letztere pflegten sonst Rot zu tragen, kleideten sich schwarz. Der Adel richtete sich nach dem Ausland: Rot, Gelb und Weiß waren seine Lieblingsfarben.

Erst als mit Karl V. Spanien eine Weltmacht wurde und in dem Reich, in dem »die Sonne nicht unterging«, die schwarze Mode tonangebend wurde, können wir von einem Höhepunkt der schwarzen Tracht sprechen. Verständlicherweise lehnten die evangelischen Christen die »spanische Mode«, schwarze Tracht mit weißem Kragen, ab. Karl V., der in strengem Schwarz sogar von Tizian gemalt wurde, erschien bald nicht mehr als »allgemeines Vorbild« in Europa. Gleichwohl übernahm erst der katholische Süden, später auch der protestantische Norden Deutschlands die spanische Mode. Wir wissen, daß Volkstrachten vielerorts eine bestimmte Moderichtung aus der Vergangenheit festhalten. So geschah es auch mit der »alten, schwarzen Tracht«: Evangelische Teile der Bevölkerung betrachteten sie noch lange als Kleidung der Reformationszeit. In katholischen Gegenden wiederum sah man in ihr das Zeichen der »Rückkehr zum alten Glauben«, in der Zeit der Gegenreformation. Die schwarze Volkstracht gilt in verschiedenen Ländern als »einzig richtige« Hochzeitskleidung.

Starke Abneigung der jungen Bräute gegen diese finstere Festestracht am freudigsten Tag ihres jungen Lebens war die Folge. Helle Brautkleider waren aber in Altbayern und in Oberschwaben verpönt. Eine Möglichkeit, dem »schwarzen Zeremoniell« zu entgehen, bot nur die violette Farbe![6]

In manchen Gegenden des deutschen Sprachgebietes, z. B. in der Schweiz, gab es andere Gründe, zur violetten Farbe zu greifen. Bei der Wiederverehelichung einer Witwe wurde der weiße Schleier der Jungfrau begreiflicherweise unpassend empfunden. Ein violetter Schleier – vielleicht die »Seltenheit des Ereignisses« ausdrückend – galt als schicklich.

Im Rheinland wurde die violette Farbe benutzt, um die »ausgehende Trauer« nach einem Todesfall anzuzeigen. Es wurden verschiedene Trauerkleider von der »tiefen Trauer« bis zum »Abtrauern in violetter Farbe« getragen.

Wer aus Liebeskummer in Melancholie gefallen war, konnte sich die magische Wirkung der sonderbaren violetten Farbe zunutze machen: Es gab einen Liebeszauber für anscheinend »aussichtslose Fälle« des Liebens. Aus dem Jahre 1717 wird im Archiv von Donaueschingen das folgende Rezept aufbewahrt:

Ein Blatt des violett blühenden Gartensalbeis wird dreimal durchstochen, ein Haar des männlichen Bewerbers und ein solches der Angebeteten vereinigt durch das Blatt gesteckt. Der Verehrer muß das Blatt in Wachs einschmelzen, auf einen Taufstein legen und einen Taufspruch darüber sprechen, sodann das »Produkt« unter der Türschwelle des Mädchens vergraben, und die Liebe des Mädchens ist ihm gewiß![7]

Aus psychologischer Sicht sei dazu bemerkt: Wer eine derartige Hartnäckigkeit besitzt und solche Mühen wegen einer heimlichen Liebe nicht scheut, ist ein »ernster Bewerber« und wert, in die engere Wahl des Mädchens gezogen zu werden.

Aber auch dem Don Juan verhilft die violette Farbe zu Erfolg: Wer Gilgenwurz und Ringelblume in einem violetten Tüchlein bei sich trägt, ist bei Mädchen und Frauen sehr beliebt.[8]

Purpur, die Farbe der Mächtigen

Wenn man die Kraftfülle (= Rot) und das Außergewöhnliche, Elitäre (= Violett) vereinigt, ergibt sich eine *»königliche*

Farbe«. Beide Farben stellen Gegenpole in unserem Farbenspektrum dar: Am langwelligen Ende steht das Rot, am kurzwelligen Violett. Man wird also die Vereinigung dieser Farben im Spektrum vergeblich suchen. Eine Addition der beiden Farbenpole ergibt Purpur.

In der Natur tritt Purpur selten auf. Als Strahlenerscheinung oberhalb der untergegangenen Sonne ist zuweilen ein »Purpurfleck« zu finden. Erst durch die Astronauten erfuhren wir, daß oberhalb der Atmosphäre der Erde eine gewaltige purpurne Lichtfülle zu beobachten sei. Es gibt allerdings schon seit vorgeschichtlicher Zeit eine natürliche Quelle für eine purpurfarbene Substanz. Im warmen Wasser des Mittelmeeres lebt die Purpurschnecke, die sich durch Anbohren und Aussaugen von Miesmuscheln und Seepocken ernährt. Diese kleine Schnecke sondert ein Sekret ab, das unter Einwirkung von Licht und Sauerstoff zum rotvioletten Farbstoff wird. Den meisten von uns ist noch aus dem Geschichtsunterricht geläufig, daß Phönizien das »Land des Purpurs« war. Die Städte Sidon und Tyrus waren durch ihre Färbereien berühmt. Dort wurde der Wolle durch zweimaliges Färben ein leuchtender Farbton und ein eigenartiger Glanz verliehen. Auch die Griechen kannten die Kunst des Purpurfärbens: Hierapolis (in Phrygien), Tarent und Konstantinopel hatten prächtige Produkte anzubieten.

Manche Leute meinen noch heute, daß diese Farbe so angesehen sei, weil die Beschaffung der Purpurschnecken so aufwendig war. Für wenige Gramm Farbstoff wurden Tausende Tiere gebraucht.

Allerdings hat auch die psychisch-physiologische Wirkung dieser Farbe seit jeher eine bedeutende Rolle bei ihrer Bewertung gespielt. Goethe betont, daß sie Stolz, Gewalt und Herrschsucht ausdrücke. Aufgehellte Purpurtöne, die er »Pfirsichblüt« nannte, seien das Charakteristikum der europäischen Hautfarbe.

»Von der Eifersucht der Regenten auf den Purpur erzählt

uns die Geschichte manches. Eine Umgebung dieser Farbe ist immer ernst und prächtig.« »Das Purpurglas zeigt eine wohlerleuchtete Landschaft in furchtbarem Lichte. So müßte der Farbton über Erd' und Himmel am Tag des Gerichtes ausgebreitet sein.«[9]

Offensichtlich wird, durch das Glas betrachtet, die Wirkung von Kraft und Exotik so sehr gesteigert, daß der Mensch meint, »das göttliche Gericht« – also eine ungeheure, überirdische Macht – sei über ihm hereingebrochen.

Die irdischen Machthaber erkannten die Wirkung dieser Farbe seit vorgeschichtlichen Zeiten: Das *Privileg des Purpurtragens* könnte als Maßstab für die Machtausübung durch die jeweiligen Herrscher über Völker und Staaten dienen. Je autoritärer ein Regime oder eine Persönlichkeit war, desto weniger Personen erfreuten sich des Vorzuges, Purpur tragen zu dürfen. Oder, anders gesehen, je demokratisch-liberaler eine Regierung oder Institution war, desto mehr Menschen konnten purpurne Kleider anlegen.

Die »Gottähnlichkeit« der persischen Könige, die nicht zuletzt durch ihren Purpur von den gewöhnlich-sterblichen Untertanen zu unterscheiden waren, soll Alexander der Große als Sieger in Anspruch genommen haben, indem er nun diese »großmachende« Farbe selbst trug. Im Jahre 331 fiel ihm nach der Schlacht von Susa eine ungeheuer wertvolle Kriegsbeute in die Hände: bedeutende Mengen des Farbstoffes, der aus Purpurschnecken gewonnen worden war.

Schon im Alten Testament war die Purpurverleihung ein Sinnbild der Machtübergabe. Priester und Könige wurden auf solche Art »erhoben«. Bei den Griechen kann man den Niedergang der Purpurauszeichnung beobachten: Erst war diese Farbe Kennzeichen der Staatsmänner, nachher der Schauspieler, schließlich der Hetären. Ähnlich war es bei den Römern: Erst trugen die Könige den Purpur, in der Republik die höheren Beamten, schließlich wohlhabende Bürger. Als Cäsar die Macht an sich gerissen hatte, durften nur er und höchste Beamte die »vestae clavatae«, die Gewänder mit Purpurstreifen, tragen.

Verschiedene Kleidungsstücke hatten einen Purpursaum: die Toga und die hemdähnliche Tunika. Die Toga war das Kleidungsstück des römischen Bürgers. Gallien wurde zweigeteilt, nicht nur verwaltungsmäßig, sondern in ein »hosentragendes« und ein »togatragendes« (römisches). Den letztgenannten Titel erhielt die Gallia cisalpina, als ihren Einwohnern das Bürgerrecht verliehen worden war. Wer während der späteren Kaiserzeit Spiele für das Volk veranstaltete, durfte eine unbestickte Purpurtoga anlegen. »Triumphatoren« und Prätoren trugen eine gleichfarbige Tunika mit Goldstickerei – die sogenannte »tunica palmata« –, wenn sie auf dem Triumphwagen durch Rom fuhren.

Zur Zeit des Alexander Severus im 3. Jahrhundert wurde die Purpurerzeugung zum Staatsmonopol erklärt. Wenn die römischen Soldaten »ihren« Kaiser ausriefen, trugen sie Purpurmäntel. Wenn in einer solchen revolutionären Situation gerade kein solches Kleidungsstück zur Verfügung stand, pflegte man die Götterstatuen ihrer Mäntel zu berauben! Zuweilen wurden auch purpurne Legionsfahnen verwendet, um zur Kaiserverkündung gehörig gekleidet zu sein.[10]

Für die Urchristen galten die Purpurkleider als heidnische Bekleidung und als unpassender Luxus. Später änderte sich die Anschauung wieder: Was göttlich war, sollte die Farben tragen, die Gott und den Heiligen zukämen.

Die Heilige Schrift wurde auf purpurfarbenem Pergament geschrieben. Der Codex argenteus ist purpurfarben; und seit dem 10. Jahrhundert wurden auch Staatsakte auf dem gleichen Schreibmaterial abgefaßt.

Prunk und Bedeutung des Purpurs erreichten ihren Höhepunkt zur Zeit Kaiser Justinians. Byzantinische Fürstensöhne, deren Väter den Purpur tragen durften, hießen »Porphyrogenitos« (der Purpurgeborene). Sie sollen gleich bei der Geburt in Purpurtücher gehüllt worden sein. Die deutschen Nachfolger der römischen Kaiser pflegten gleichfalls die Tradition des Purpurtragens. Im 11. Jahhundert war der Purpur der Stadt Palermo besonders berühmt, da dort die Stauferkaiser ihren Bedarf an erlesenem Farbstoff deckten.

Das Umhüllen »edler Abgeschiedener« mit Purpurtüchern, das bei Griechen und Römern Jahrhunderte hindurch Brauch war, fand seine Fortsetzung im Mittelalter. Es ist heute schwer zu entscheiden, wann und wo eine Überschichtung uralter Bräuche stattgefunden hat. Die Tradition der »rotfarbigen Beerdigung«, die bei den Römern noch Blutspende oder Lebensspende bedeutete, vereinigte sich mit der Macht der Purpurfarbe zu einer Verherrlichung der Toten und zu einem Opfer für das Jenseits.

Wir wissen von zahlreichen Beerdigungen prominenter Persönlichkeiten des Mittelalters, bei denen die Toten in Purpurtücher gehüllt beigesetzt wurden. Ottokar, König von Böhmen, war in der entscheidenden Schlacht von Dürnkrut und Jedenspeigen im Jahre 1278 getötet worden. Seinem Gegner und Besieger Rudolf von Habsburg wurde es von Freund und Feind hoch angerechnet, daß er den unterlegenen König in Purpur gehüllt aufbahren und beerdigen ließ.

Diese »ehrende Totenumhüllung« mit dunkelroten oder purpurfarbenen Tüchern gab es im Habsburgerreich noch zur Zeit der Kaiserin Maria Theresia.

Wir wissen aus der Heiligen Schrift, daß Christus durch Dornenkrone und »Purpurmantel« als König der Juden verspottet werden sollte. Erst im Mittelalter wurde – offensichtlich im Bestreben, die kirchliche Macht der weltlichen als gleichwertig gegenüberzustellen – das Purpurkleid für höchste Würdenträger der katholischen Kirche wieder eingeführt. Die Kardinalsrobe wurde dahingehend interpretiert, daß der Purpur sowohl eine Ehrung und Hervorhebung bedeute, als auch ein Sinnbild des Leidens sei: Wenn es nämlich die Lage erfordere, so müsse der Träger dieser Farbe mit seinem eigenen Blut jederzeit für den Glauben eintreten.

Noch ein weiterer »Stand des Mittelalters«, dem große Macht gegeben war, schmückte sich mit Purpur: der Kriegerstand. Noch heute tragen in vielen Armeen »die Mächtigsten« unter den Soldaten – also etwa der Generalstab – purpurrote Aufschläge, Reverse oder Streifen an den Hosen.

VII.
DIE FARBE GRÜN

ist ein Sinnbild der belebten Natur. Der Mensch ist auf diese Farbe seit Millionen von Jahren programmiert.

Grün, die Vegetationsfarbe

Es gibt keine Hochzeit ohne Sträußchen für den Bräutigam und Brautbukett für die Braut. Die Fahnen werden mit frischem Grün geziert und belebt. Tausende von Brauchtumsgegenständen erhalten erst ihr »Leben« durch das schmückende Grün. Ja, sogar Soldaten schmücken, wenn sie zur Parade ausrücken, den Stahlhelm mit Eichenlaub.

Es gibt allerdings die Farbe Grün kaum als Ersatz für lebende Pflanzen. Die magische Wirkung der grünen Vegetation läßt sich durch nichts Künstliches ersetzen. Es blieb erst industrieller Geschäftstüchtigkeit vorbehalten, künstliche Weihnachtsbäume aus Draht und Papier, Blumen, Gräser und Palmen aus Plastikmaterial und Rasenteppiche aus Kunststoff zu erzeugen. Viele solcher grüngefärbter Produkte wären für eine »irrationale Wirkung« völlig ungeeignet. Die Volkskultur bevorzugt lebende Pflanzen, sie symbolisieren »Leben«, »Fruchtbarkeit«, »Sommer«, »Wiedergeburt« usw.

Das Grün der Pflanze wird zwar als ihre wichtigste Eigenschaft erlebt, aber als immanent empfunden. Losgelöst vom lebenden Organismus, hat das Grün wenig Symbolgehalt. Wir können hier einen wichtigen Unterschied zur roten Farbe feststellen: Rot gilt – wie die grüne Pflanze – als Sinnbild des Lebens. Grüne Gewächse, besonders jene, die im Winter Nadeln oder Blätter behalten, sollen in magischer Weise Leben

»bewirken«! Während Rot als Farbe, gleich wie das ursprünglich damit gemeinte Blut, für sich allein den vollen Sinnbildcharakter weiter trägt, vermag dies die Farbe Grün nicht zu erfüllen! Grüner Pflanzensaft wäre kein Symbol für das Leben.

Wir wissen auch aus psychologischen Untersuchungen, daß die Farbe Grün weniger einen »belebenden« als vielmehr einen beruhigenden Einfluß ausübt. Nur in jenen Gegenden, die wenig oder keine Vegetation besitzen, mag Grün als lebensspendend und aufmunternd empfunden werden. Denken wir an die »grüne Farbe des Propheten«. In der Wüste wirkt eine grüne Flagge sicherlich anregend und hoffnungerweckend.

In unseren Breiten würde eine grüne Fahne als Eindruck verblassen; vor dem Hintergrund von grünen Wäldern und Wiesen verlöre sie ihren Signalcharakter und sinnbildlichen Gehalt.

Die grüne Farbe ist auch in Mitteleuropa für Fahnen verwendet worden. Stets aber finden wir hier Kontrastfarben beigegeben: So sind die Landesfarben der Steiermark Weiß und Grün.

Auf die Farbe Grün sind wir »programmiert«

Der Mensch lebt von Pflanzen und Tieren, die er verzehren kann. Ohne Vegetation wäre er verloren. Daher ist Grün die »richtige Umgebung« des Menschen seit Beginn seiner Existenz.

Wir leben erst kurze Zeit in Häusern und nicht mehr »im Grünen«, wenn wir an die Millionen Jahre denken, die unsere »vormenschlichen Ahnen« in der »grünen Natur« verbracht haben. Nicht nur die Verhaltensforscher, auch die Mediziner studieren in steigendem Maße das Reagieren auf die Reize, die es in vergangenen Zeiten gab. Davon werden noch immer Organreaktionen und instinktives Verhalten des Gegenwartsmenschen beeinflußt.

Grün ist uns also »altvertraut« und kein Grund zu einer

»Aufregung«. Manche Forscher stellen Grün daher in den Mittelpunkt zwischen Erregung und Beruhigung, Lust und Unlust. Andere wieder halten Grün für die Ursache einer gewissen Spannung. Wahrscheinlich ist, daß wegen der »Urprogrammierung« des Menschen auf diese Farbe bei aller »Selbstverständlichkeit« keine Schläfrigkeit oder Apathie Platz greifen kann. Im Grünen ist der Mensch agil. Hier hat er schon immer Tiere gejagt oder seinen Lebensunterhalt durch Sammeln von Früchten gefunden.

»Leben ist grün« muß schon der Urmensch empfunden haben! Nicht die Farbe an sich mag er so bezeichnet haben, wohl aber das Grün der Gewächse. Das magische Denken ältester Zeiten hat ihn vielleicht bewogen, Pflanzen als Schmuck und lebenförderndes Sinnbild zu verwenden. Durch den schnellen Zerfall organischer Substanzen wäre es ein Glücksfall, wenn Prähistoriker solche Zeichen einer uralten Symbolik finden könnten.

Es gibt Forscher, die beim Neandertaler solche Spuren organischer Substanzen wahrgenommen haben wollen oder bei Toten »letzte Blumengrüße« entdeckt haben. Gewiß gab es aber in einer viel späteren Zeit – nämlich auf Felszeichnungen im skandinavischen Raum – Bäumchen und ähnliche Pflanzen, die Tausende von Jahren alt sind und heute noch als Sinnbilder des Lebens oder der Fruchtbarkeit dienen.

Wie eng die Farbe Grün mit dem Begriff »Vegetation« verbunden ist, erweist sich daran, daß in vielen europäischen Sprachen der Farbname mit »Wachsen« zusammenhängt. Man vergleiche englisch: green – to grow, althochdeutsch: gruoni, altnordisch: groém, lateinisch: viridis – viror. Auch in den keltischen Sprachen ist diese Verwandtschaft der Worte zu finden: altkymrisch: guird = herbida.

Wenn alles sprießt, ist der Mensch voll neuer Hoffnung. In vorgeschichtlicher Zeit war das junge Grün Sinnbild für das Überleben nach der grausamen und oft tödlichen Winterzeit. Auch als liturgische Farbe ist Grün die Farbe der Hoffnung in geistlichem Sinne. »Das Herz ist voll Hoffnung«, ein Zitat, das noch heute zu hören ist; schon im 16. Jahrhundert war die »grüne Seite« die linke Seite. Mädchen, die aufgefordert werden, an die »grüne Seite« eines jungen Mannes zu rücken, sollen seinem Herzen näher kommen.[1]

Für die Darstellung trauriger Stimmungen wird Grün nicht verwendet. Die Beimischung der grünen zu einer anderen Farbe wirkt neutralisierend, Grün hat also eine Ausgleichstendenz.[2] Eine Ausnahme bildet die Farbe Rot, deren Kontrast zu Grün besonders heftig empfunden wird und die Wirkung der roten Farbe zu »übersteigern« vermag.

Frisches Grün – junge Liebe

Wir dürfen annehmen, daß schon vor Jahrtausenden wie in unseren Tagen Menschen, Tiere und Gegenstände mit frischem Grün geschmückt wurden und man sich davon bestimmte günstige Wirkungen versprach. Leben und Fruchtbarkeit der Pflanzen sollten durch »Analogie« auf Tier und Mensch übertragen werden.

Die Zeit des frischen Grüns – in unseren Breiten vor allem der Monat Mai – ist auch die Zeit der jungen Liebe. Die biologischen Ursachen sind vielseitig: Sei es die erhöhte Sonnenbestrahlung im Frühling, sei es die Verbesserung der Nahrung durch wichtige Vitamine, sei es aber auch ein dem Menschen angeborener Lebensrhythmus: Das »junge Jahr« bringt neue Lebenskräfte, Hoffnungen, Liebe und Fruchtbarkeit.

Im Mittelalter wurde alles zum Symbol oder zur Allegorie. Nicht nur aus der Lyrik geht hervor, daß das Symbol der jungen, aufkeimenden Liebe die grüne Farbe war. Der junge Mann gab sich durch das Tragen grüner Kleidung als neu Verliebter oder als Liebessuchender zu erkennen. In der Zeit der hohen Minne war Grün ein gültiges Sinnbild für die reine, junge Minne, die er seiner »geistigen Herrin« entbot.

Im ausgehenden Mittelalter, als viele Symbole – wie bei der

Farbe Blau geschildert – zu leeren Formen verkommen waren, erschien sogar das Wort Minne schon in einem zweifelhaften Licht. Buchdrucker scheuten sich, dieses alte, ehrwürdige Wort noch zu drucken.

Im Jahre 1512 sagte der Buchdrucker Othmar aus Augsburg: ». . . weil daz wort mynn in etlichen sprachen nit mer rechte, göttliche, eerbere und zymliche, sondern tierliche vichische uneerbere und unzymliche mynn anzeigt, so hab ich buchdrukker (ergernuß und unrain gedenk und bös zufäll zu vermeiden) für das wort mynn gesetzt daz wort lieb.«[3]

Der Bedeutungswandel hat sich nicht nur auf das Wort bezogen, sondern auch auf die Farbensymbole und ihre Verwendung. Das alte, edle Sinnbild der jungen Minne wurde nun zum Sinnbild des Suchens nach neuer, geschlechtlicher Lust. Es könnte auch das Wort »Triebminne« dafür stehen. In manchen Gegenden wurde die Farbe Grün zum Erkennungszeichen der käuflichen Dirnen.

Es gab bereits zwei Farben für Prostitution: vor allem die schon immer »anrüchig« gewesene gelbe Farbe, die im Mittelalter als Zeichen der »gewährten Liebe« bekannt war. Sodann das herausfordernde Rot, das bis heute durch die Signale der »roten Laternen« für die käufliche Liebe wirbt. Im alten Rom galt neben der gelben Farbe auch die grüne Farbe als Zeichen der Dirnen, da es auch die Farbe des Gottes Priapus war. Priapus, der sonst rot gefärbt war, wurde zuweilen auch mit grünem Pflanzenschmuck versehen. Die lateinische Bezeichnung »galbinus« für dieses Grün war gleichbedeutend mit »sittenlos«.

Nach altem Volksglauben sollen die »Buhlteufel« ein grünes Gewand besessen haben, und in den Protokollen der Hexenprozesse wurden Teufel, die angeblich mit den Hexen Unzucht getrieben hatten, als grün gekleidet beschrieben.

Leuchtende und auffällige Farben »vergrämen« das Wild. Jäger können sich nur in grüner, brauner und grauer Kleidung erfolgreich an die Jagdtiere heranpirschen. In den Alpen war etwa der »norische Loden« für solche Zwecke schon vor der römischen Zeit beliebt und außerordentlich zweckdienlich. Die Wolle der Schafe hatte von Natur meist die gewünschte Farbe. Weiße Wolle wurde nur für Winterkleidung verarbeitet.

Die sogenannten Tarnfarben für militärische Zwecke wurden erst sehr spät eingeführt; noch zu Beginn des Ersten Weltkriegs gab es eher auffällige Uniformen. In den Napoleonischen Kriegen wurden leuchtende Farben für völlig zweckentsprechend gehalten.

Mag es das magische Bedürfnis nach leuchtenden Farben wie Rot gewesen sein, das den Soldaten »Mut« gab, oder mag es die Tatsache gewesen sein, daß das Glück der Schlacht sich nicht im Verborgenen, sondern im Nahkampf Mann gegen Mann, entschied: »Buntes Tuch« war lange Zeit ein Synonym für Soldatenkleidung. Wir dürfen auch nicht übersehen, daß die Lenkung der Truppen vom »Feldherrenhügel« aus nur möglich war, wenn man genau wußte, wo sich die »eigenen« Kräfte befanden und ob sie im Vorgehen oder im Rückzug begriffen waren. Der »Signalcharakter« der Uniformen und der Fahnen mußte durch die entsprechenden und unverwechselbaren Farben garantiert werden.

Erst durch die größere Reichweite üblicher Handfeuerwaffen, besonders aber durch das entscheidende Eingreifen der Artillerie, wurden die Truppen, vor allem die Infanterie, in den »Jägerstatus« gebracht: Sie mußten – wenn möglich, unerkannt und ungesehen – ein gezieltes Fernfeuer eröffnen können. Grün, Grau und Braun sind heute die Tarnfarben in den meisten Armeen der Welt.

Von Kaiser Maximilian I. wurden Grau und Grün als beste Tarnfarben für die Hirsch- und Gemsenjagd vorgeschrieben.

In späterer Zeit wurde für den »gemeinen Mann« die grüne Farbe sogar verboten!

Grüne »Waldfrauen« und blaue Hirsche

Es bedarf keiner besonderen Vorstellungsgabe: Wenn der Sturm durch die Urwaldbäume fuhr, glaubte man auch am hellichten Tag, daß der »wilde Jäger« die grünen Waldweibchen vor sich herjage. Sollte es vielleicht im dunklen Tann oder im fast undurchdringlichen Dickicht Wesen geben, die »noch im wilden Zustand« lebten? Solche romantischen Vorstellungen wurden noch im Jahre 1830 gehegt: Ein junger Mann behauptete in Schlee, Thüringen, zwei junge »Holzweiblein« mit »bemoosten Gesichtern« gesehen zu haben.[4] Offensichtlich müssen zu jener Zeit noch zahlreiche Mitmenschen an die Möglichkeit eines solchen Zusammentreffens geglaubt haben: Man erfuhr nichts davon, daß gegen den jungen Mann etwas unternommen oder auch nur der Wahrheitsgehalt seines Berichtes angezweifelt worden wäre.

Nicht nur im deutschsprachigen Bereich Europas wurden derartige »wilde Frauen« vermutet. Wir hörten schon, daß in Frankreich neben den »dames blanches« auch »dames vertes« existierten; zwischen Neuchâtel und Rémodan gibt es sogar einen Berg »La roche de la dame verte«, in dem sich die grüne Dame hinter Schlinggewächsen in einem Buchenwald verborgen haben soll.

Auch in der Schweiz erscheinen bis in unsere Tage bei Umzügen und Maskenfesten alljährlich die »wilden Männer« und die »ebenso wilden Frauen«. Wir hörten schon davon, daß der »wilde Jäger« – in vorchristlicher Zeit Wodan – zuerst in roter Farbe, später schwarz-weiß gefärbt, also jeweils mit den Totenfarben, ausgestattet wurde. Auch der blaue Mantel und Hut wurden ihm zugeschrieben. Zuletzt galt er in manchen Gegenden auch als grüner Jäger. Nicht wegen der vorteilhaften Tarnfarbe, sondern weil er sich an der Schwelle der christlichen Zeit nirgends mehr aufhalten konnte als im Wald! »Walhalla« war schon vergessen, die Unterwelt wurde Bercht oder Hel überlassen. Aber hören und fast greifen konnte man den »alten Sturmgott« noch unter den riesigen Bäumen. So geschah es denn, daß seine letzten »Ausrüstungen«, die blauen oder grünen Kleider, besonders »verteufelt« werden mußten. Der »Blaumantel« und der »Grüne mit der roten Feder« wurden das Bild des Teufels, wie wir ihn aus dem Mittelalter kennen. Kennzeichen des »Bösen« war bekanntlich auch der Bocks- oder Pferdefuß. So kommt in Hexenprozessen der »Blaue« oder »Grüne« als »Gottseibeiuns« vor. Die Hexen soll man an ihren grünen Augen erkannt haben. Im Handwörterbuch des deutschen Aberglaubens finden wir viele Hinweise auf die böse Bedeutung der grünen Farbe.

Wenn wir uns an die Funde aus der Osthallstattzeit erinnern, vermuteten wir schon dort, daß der »wilde Jäger« und der verfolgte Hirsch Symbolcharakter hatten. Wir fanden nicht nur auf dem »Wagen von Strettweg«, sondern auf der zeitgenössischen Keramik Figuren, die man mühelos in den späteren Sagenkreis des wilden Jägers stellen könnte.

Die Erzählungen über den »Wütenden«, der eine Hindin verfolgt, die sonderbarerweise ein Geweih trägt, stammen aus der germanischen Götterwelt. Der wilde Sturmgott (Odin/Wodan) verfolgt die Hindin, ohne sie vorerst erreichen zu können. Er jagt sie zu Pferd in fast unzugängliches Dickicht und springt dort mit Gewalt durchs Geäst. So bricht er in die »Außenwelt« durch. Die Hindin verwandelt sich in ein schönes Mädchen – sie ist eine der Nornen – und verkündet ihm die Zukunft. In der Ballade vom Nachtjäger wird die »Rückverwandlung« der »gehörnten Hindin« so wiedergegeben:[5]

> »Er jagt das Hirschlein wohl in den Strauch,
> da guckt ein schwarzbraunes Mädel heraus.«

Unsere Vermutung, daß wir den Kern dieser Sage in der indoeuropäischen Mythologie zu suchen haben, wird durch manche Hinweise unterstützt. In einer persischen Erzählung erscheint das gleiche Motiv: Ein Prinz erblickt einen wunderbaren »blauen Hirsch«, den er durch dick und dünn verfolgt. Nach »wilder« Jagd springt der Hirsch in einen kleinen See und verschwindet. Aber bald hört der Jäger Musik und Frauenlachen. Er geht den Tönen nach und gelangt zu einem herrlichen Palast, den eine Feenkönigin bewohnt, die sich als »verfolgte Hindin« zu erkennen gibt.[6]

Noch deutlicher wird die vorgeschichtliche Herkunft des Stoffes, wenn wir erfahren, daß das gleiche Thema für die »Entstehungsgeschichte« von Völkerschaften verwendet wird! So finden wir die Herkunft der Magyaren etwa folgendermaßen dargestellt: Nicht ein Held, sondern ein Brüderpaar namens »Hunor« und »Magyar« geht auf die Jagd. Sie verfolgen – vergeblich – einen prachtvollen Hirsch, der sie in ein Moor führt. Ein Sumpf wurde früher oft als Zugang zur Unterwelt betrachtet. Im Moor finden sie die zwei schönen Töchter eines Alanenfürsten. Sie rauben die beiden Mädchen und machen sie zu ihren Frauen. »Alle Magyaren und Hunnen« sollen aus diesen Verbindungen entsprossen sein. Unter Hunnen dürfen wir hier wohl »Hungaren« (= Ungarn) verstehen.

Vom Doppelkönigtum sprachen wir schon: Viele vorgeschichtliche Völker, die auf »Landnahme« auszogen, ließen sich von zwei Anführern leiten.

Die Erscheinungsformen des wilden Jägers

Es ist nicht verwunderlich, daß der wilde Jäger schließlich als Teufel bezeichnet wurde. Aber man war nicht nur auf den wilden Jäger »böse«, sondern auch auf einen Arianer – also aus katholischer Siche ein Ketzer –, der hohes Ansehen bei germanischen wie romanischen Völkern genoß: Theoderich der Große, zu deutsch »Dietrich von Bern«. Dieser Ostgotenkönig (471 – 526) brachte, besonders für Norditalien, eine ersehnte Friedenszeit. Das Volk südlich der Alpen, und zwar auch der römische Teil, hatte eine tiefe Sympathie für diesen Herrscher.

Es wäre sogar möglich, daß sich gotische Teile der Bevölkerung den König (ähnliche Dinge geschahen später mit Karl dem Großen) als ins Jenseits entrückt, aber wiederkehrend, vorgestellt haben. Hier mußte die römische Kirche einschreiten. Auf San Zeno, einer Kirche in Verona, wurde Dietrich von Bern (Verona) als »wilder Jäger«, der eine Hindin jagt, dargestellt! Nach einer Inschrift aus dem 12. Jahrhundert jagt der hornblasende Reiter mit dem Hirschen geradewegs auf die Hölle zu, wo ihn der Teufel mit dem Dreizack bereits erwartet. Interessant ist, daß die Inschrift den Reiter als nackt bezeichnet; Roß, Hirsch, Falke und Hund, die »Begleiter«, aber als Geschenk der Hölle! Offensichtlich galten diese Tiere noch als heidnische Sinnbilder und mußten gleichfalls verteufelt werden.[7]

Es gibt nicht wenige Kirchen, die ähnliche Darstellungen des wilden Jägers oder Dietrichs von Bern aufweisen. Im Mittelalter gab es viele Variationen dieses Themas. Erstaunlich ist nur, daß sogar in Boccacios »Decamerone« das Motiv des »Frauenjägers« nochmals aufgegriffen wird.[8]

Die vielen Erscheinungsformen des wilden Jägers verwirren: Er ist Anführer eines Totenheeres, er hetzt mit Hunden und Falken eine Hirschkuh, und er jagt Mädchen, um sie zu rauben und zu heiraten. Die symbolträchtigen Farben Rot, Schwarz-Weiß, Blau und Grün scheinen hier durcheinandergeraten zu sein. Es ist nötig, daß wir uns einen Überblick verschaffen, wie die geschilderten Fakten zueinander passen und welche Beziehungen sie zu unseren Farbensinnbildern haben.

Werfen wir einen Blick auf die Vorstellungen, die zu den verschiedenen Erscheinungen des wilden Jägers geführt haben, und vergleichen wir sie mit den volksreligiösen Deutungen, die nach der Christianisierung entstanden sind. Als dritte Rubrik wollen wir die Farben verzeichnen, die mit diesen Vorstellungen verbunden werden:

Vorchristliche Vorstellungen	*Volksreligiöse Deutungen nach der Christianisierung*	*Symbolische Farben*
I. *Wilde Jagd des Totenheeres*		
Männliche Anführer: Odin/Wodan Weibliche Anführer: Hel/Bercht, Diana, Dame Blanche Heer: Opfer der Schlacht, Hingerichtete	»Herodes«, Helljäger, Rübezahl usw. »Harlekin« = ekstatischer Heerkönig Bercht, Stampa, Frau Rose Ungetaufte, Hexen, »wuotigez her«, »Perchtenzüge«	*Rot* oder *Schwarz-Weiß*
II. *Hetzjagd auf Hindin*		
Vorgeschichtl. Ursprung, indoeurop. Herkunft Hirschkuh = Mädchen	»Dietrich von Bern« auf Rappen (= Dämon) »reitet zum Teufel«	*Schwarz* *Blau* (Persien)

Vorchristliche Vorstellungen	*Volksreligiöse Deutungen nach der Christianisierung*	*Symbolische Farben*
III. *Jagd auf Mädchen*		
Mädchenraub als Grundlage der Volkwerdung, »Raub der Sabinerinnen«	Jagd auf »Moosfrauen« = »Waldweibchen« = »Wildfräulein«	*Grün*
	Maskenumzüge: »wilde Frauen« *Hochzeitsbrauch:* »Brautraub« (noch heute)	*Rot-Weiß*
IV. *»Waldmänner« und »Waldfrauen«*		
Auch beide als »wild« bezeichnet bedeutet außerhalb jeder Zivilisation stehend, »Dame Verte« Fruchtbarkeitssymbole oder Winterdämonen?	In Nürnberg wie in Rom nachzuweisen Der »wilde Mann« wird häufig zum Bär!	*Grün* (Oder: Fell, Stroh, Stoffflecke als Zotteln)

Unter den vier »Prototypen« europäischen Brauchtums sind die verschiedensten Kombinationen und Variationen im Laufe einer vieltausendjährigen Geschichte vorgekommen. Noch heute spielen in vielen Gegenden Europas der »wilde Mann«

und die »wilde Frau« eine bedeutende Rolle. Wo sie »besonders bodenständig« wurden, haben sie sich auch in der Heraldik durchgesetzt. Sogar in Städten gelten sie als »heimisch«: ein Beispiel ist das Brauchtum der Stadt Basel.

Im Alter schätzt man Grün und Blau

Der ältere Mensch liebt nicht nur in seiner Umgebung, sondern auch für sich »ruhige Farben«. Bei vielen alten Leuten überwiegt der Einfluß des Sympathikus: Sie leiden an erhöhtem Blutdruck, haben Herzklopfen, Schweißausbrüche, Neigung zu Diabetes und ähnliche Erscheinungen. Das Bedürfnis nach Ruhe und Schonung ist eine natürliche Reaktion auf die leichte Erregbarkeit der Sympathikotonen.

Viele behaupten, mit fortschreitendem Alter »das Symbol der Natur« – die grüne oder blaue Farbe – besonders zu schätzen, weil sie auf ihr Temperament beruhigend einwirke. Oder, anders ausgedrückt, der Gegenspieler des erregenden Sympathikus, der Parasympathikus, soll nun aktiviert werden, damit Ruhe und Entspannung einkehren.

Bei älteren Menschen richtet sich die Farbenauswahl nicht mehr nach der schönsten Farbe. Viele Volkstrachtenforscher haben erkannt, daß mit zunehmendem Alter »ein Farbengefälle« von den hellen zu den dunklen Farben einhergeht. Nicht nur im deutschsprachigen Raum wurde dies festgestellt. So schreibt die tschechische Trachtenkennerin Šotkova, daß es ein »ungeschriebenes Gesetz« gäbe, nach dem Farbenpracht ein Privileg der Ledigen darstelle, das noch in die ersten Ehejahre reiche. Je älter aber der Mensch werde, desto unauffälliger wäre er gekleidet.[9]

Der Stadtmensch, der sich über die Tradition häufig hinwegsetzt, weist in diesem Punkt keine wesentlich andere Haltung auf als der Dorfbewohner. Was bei einem 20jährigen als »fröhliche Farbgebung« empfunden wird, kann bei einem 50jährigen schon als »verrückt« bewertet werden.

Der entscheidende Punkt, weshalb alte und junge Menschen bei der Farbenauswahl ihrer Kleiderstoffe unterschiedliche Geschmacksrichtungen zeigen, scheint im *»Gesetz der Auffälligkeit«* zu liegen. Die jungen Leute wollen gesehen werden, vor allem von den Vertretern des anderen Geschlechts. Die Zeit der Partnerwahl erfordert die »Selbstdarstellung« der Partner, die eine »Vorführung der eigenen Vorzüge« einschließt. Nur wer unter den Mitbewerbern auffällt, hat Chancen. Verhaltensforscher werden leicht Parallelen im Tierreich nennen können!

Alte Menschen bedürfen in der Regel dieser Wirkung der Farben nicht mehr. Es gibt Ausnahmen, Leute, die nochmals heiraten wollen. Wie sollen sie auffallen, ohne auffällig zu wirken? Zumeist versuchen sie, durch Leistungen Aufmerksamkeit zu erregen, ohne die grellen Farben einzusetzen. Dunkle Farben vermeiden optische Begutachtung, lassen die Figur schlanker erscheinen und stellen in ihrer ernsten Note oft den erwünschten Kontrast her: Neutrales oder feierliches »Exterieur« hebt ein heiteres, unbeschwertes inneres Wesen erst recht hervor.

Wir werden noch hören, daß die Volkstrachten das Mittel der »charakteristischen Auszier« durch Farben dazu benützen, den Stand der Menschen eindeutig zu fixieren.

Goethes Vorliebe für Grün

Wir wissen bereits, daß unser »Geheimer Rat« viele Erkenntnisse der modernen Farbenpsychologie durch intuitive Schau vorweggenommen hat. Er sagt über die grüne Farbe:

»Unser Auge findet in derselben eine reale Befriedigung. Wenn beide Mutterfarben[10] sich in der Mischung genau das Gleichgewicht halten, dergestalt, daß keine vor der anderen bemerklich ist, so ruht das Auge und das Gemüt auf diesem Gemischten wie auf dem Einfachen. Man will nicht weiter, man kann nicht weiter. Deswegen für Zimmer, in denen man sich immer befindet, die grüne Farbe zur Tapete meist gewählt wird.«[11]

Goethe traf sich in diesem Wunsch nach »Ruhe durch Grün« mit seinem Zeitgenossen Napoleon. Und über die farblichen Vorlieben der europäischen Nachbarn wußte er zu berichten: »... Lebhafte Nationen, z. B. die Franzosen, lieben die gesteigerten Farben, besonders die aktive Seite, gemäßigte, als Engländer und Deutsche, das Stroh- und Ledergelb, wozu sie Dunkelblau tragen. Nach Würde strebende Nationen, als Italiener und Spanier, ziehen die rote Farbe ihrer Mäntel auf die passive Seite hinüber.«

VIII.
SOZIALES GRAU

war die Farbe, in der sich »das Volk« kleiden sollte. Es war allerdings auch die Farbe der Jäger, und dies verhalf ihr zu einem »neuen Adel«.

Das vieldeutige Grau

Es wird oft behauptet, daß Grau kein »Eigenleben« besitze, daß es »blutleer« sei. Von den Psychologen erfahren wir, daß diese Farbe mit »Ungewißheit« und gedrückter Stimmung verbunden sei. Versuchspersonen brachten mit Malfarben ihre Gefühle wie folgt zum Ausdruck:[1]

Gedrückte Stimmung	–	grau;
Niedergeschlagenheit	–	grau, braun;
nagender Kummer	–	grau, schwarz;
Wehmut	–	grau, violett.

Die graue Farbe ist auch geeignet, die »Farbeninduktion« zu studieren. Unter dieser Erscheinung versteht man das Entstehen eines »farbigen Abglanzes« im Grau. Induktion tritt auf, wenn in die Nähe einer grauen Fläche eine solche mit einer lebhaften Farbe gebracht wird. Grau nimmt dann die »Gegenfarbe«, die sogenannte Komplementärfarbe, scheinbar an. Wenn wir etwa Grün zu Grau bringen, dann erscheint die graue Farbe mit einem »rötlichen Stich«. Grau neben Gelb wirkt »blaustichig«; Grau wirkt neben Rot »grünlich«; Grau neben Blau erscheint »gelblich«.

Zweifellos regt Grau weder den Sympathikus noch seinen Gegenspieler, den Nervus Vagus, an. Es ist auch nicht von der »gesunden Neutralität« der grünen Farbe. Eine graue Umgebung bedeutete seit Urzeiten »Nebel«, der alles »undurchschaubar« werden läßt, ebenso Felsgestein, unfruchtbarer Boden. Grau läßt keine belebenden Emotionen aufkommen, daher nennen wir den Alltag »grau«. Es ist denkbar, daß Kummer, Niedergeschlagenheit, trauriger Alltag und die Farbe Grau von mittelalterlichen und späteren Machthabern mit dem Leben ihrer Untertanen assoziiert wurden. Not und Sorge waren ja die ständigen Begleiter der Leibeigenen. Bunte Farben, vor allem Rot, Orange und Goldgelb, die Heiterkeit und frohen Mut verkündeten, waren den Untertanen als Kleiderfarben verboten. Bunte Trachten konnten als Sinnbild oder gar als magisch wirksame Zeichen für Übermut und Auflehnung gegen die »Obrigkeit« ausgelegt werden!

Rot schien den Herren so aufstachelnd zu wirken, daß es nur den Machthabern vorbehalten bleiben sollte. Die Prophezeiung, »wenn der Untertan Rot tragen darf, ist es mit der alten Herrschaft vorbei«, hat sich in der Geschichte bewahrheitet.

Farben als soziale Schranke

Schon im altnordischen Leben galt Rot als prächtige und »machtvolle« Farbe. Sie war den wohlhabenden Stammesangehörigen und den Anführern vorbehalten. Daß Opfer von Priestern in roter Kleidung dargebracht wurden, haben wir schon gehört.

Das Mittelalter hat es mit der Farbenordnung besonders genau genommen. Sogar das Wachs zum Siegeln von Urkunden mußte nach Privilegien verschieden gefärbt sein. Die »Goldene Bulle« durfte nur der Kaiser siegeln; rote Wachssiegel durften außer dem König noch Fürsten und Bischöfe verwenden. Dem niederen Adel, verschiedenen Stiften und Städten verblieb das grüne Wachs. Die freien Reichsstädte hatten das Vorrecht, weißes Wachs, und die geistlichen Ritterorden, schwarzes Wachs zu verwenden.[2]

Wenn schon in germanischer Zeit die bunten Kleiderfarben

eine Auszeichnung darstellten, kann es uns nicht wundern, wenn im Mittelalter die Farbenordnung der Kleider noch strenger wurde. Für Bauern und Handwerker war Grau die Standardfarbe. Daneben gab es Braun und Blau, aber auch Schwarz für Festtagskleider. Der »blaue Montag« soll dadurch entstanden sein, daß Handwerker ihre blauen Sonntagskleider nicht ablegten, sondern in gleicher Kleidung am Montag weiterfeierten. In mittelalterlichen Testamenten findet sich immer wieder die graue Kleidung bei den weniger begüterten Menschen.

Vom Mittelalter bis in die Gegenwart haben sich in manchen Landstrichen farbige Kennzeichen auf den grauen oder braunen Trachten erhalten. Schon Neidhart von Reuental fand Grund zur Klage über die »unrechten Farben« in seinen Tanzliedern (um 1200). Im »Meier Helmbrecht« (um 1250) übte Wernher der Gärtner heftige Kritik an der nicht standesgemäßen Tracht der Bauern und ihrer Frauen.

Es mutet uns heute sonderbar an, daß der Untertan »nur geringere Sünden« haben durfte als sein Herr. Es galt als Hoffärtigkeit, sich in den unerlaubten, hellen Farben zu kleiden. Immer wieder versuchten besonders Vorwitzige, Rot zu tragen. Die Meinung mancher Forscher, daß Rot eine kostspielige Farbe gewesen sei, trifft sicher nicht den Kern der mittelalterlichen Farbenordnung: Diese Farbe war offensichtlich dem freien Tiroler Bauern nicht zu teuer!

Zuweilen lesen wir auch von einem Zusammenhang zwischen Höhe und Unzugänglichkeit der Berge und der Farbenpracht der Kleidung. Oder, anders gesagt, Flachlandbewohner tragen die unauffälligeren Farben. »Je höher die Berge, desto bunter die Tracht«. Es gibt sogar Verhaltensforscher, die behaupten, daß nicht nur der Mensch, sondern auch das Tier diesem »Gesetz« unterworfen sei; daß nämlich viele Tiere der Hochgebirgsregion – vor allem die Vögel – bunter seien als ihre Artgenossen in der Ebene.

Der Zusammenhang zwischen Buntheit der Tracht und der

Gebirgslage soll nicht bestritten werden. Allerdings besteht zwischen dem Verhalten des Menschen und dem natürlichen »Kleid« der Tiere ein gewaltiger Unterschied! Welche Ursachen die Färbung etwa der Vögel in Gebirgslagen hat, wissen wir nicht. Vielleicht ist es in nebligen Gegenden notwendig, durch leuchtende Farben auf sich aufmerksam zu machen, vielleicht sind es auch nur chemisch-physikalische Vorgänge, die diese Farbenpracht hervorrufen. Beim Menschen aber gibt es durchaus überblickbare Zusammenhänge: Der Herr duldete keine »aufrührerischen Farben«. Aufstände der Leibeigenen waren auf längere Sicht im flachen Gebiet zum Scheitern verurteilt. Denken wir etwa an den Bauernkrieg in Oberösterreich. Die Gebirgsbauern im heutigen Südtirol waren hingegen nicht zu beugen. Ein Gebiet, das noch keine Straßen besaß, in dem sich höchstens schwindelerregende Fußpfade an Felswänden entlang befanden, sicherte die Bauern vor dem »Botmäßigmachen« durch irgendwelche Herren! Auch die Schweiz ist ein Beispiel dafür, daß man sagen konnte: »Je höher die Berge, desto freier die Bewohner.«

Wenn schließlich Grau und Grün zu »Ehrenfarben« wurden, lag das daran, daß diese Farbenkombination für die Jäger sehr vorteilhaft war. Es darf nicht vergessen werden, daß der Adel, der mit Vorliebe auf Jagd ging, die Tarnfarbe der Jäger immer wieder hoffähig, ja sogar salonfähig machte. In Tirol war es Kaiser Maximilian I., der als Hochgebirgsjäger berühmt wurde. Später wurde die Jägerkleidung unter Erzherzog Johann zur Volkstracht der Steirer.

Wer in den Alpengebieten vom »grauen Stoff« spricht, denkt zunächst an den landesüblichen Loden. Schon um 1300 war der graue Hausloden für den Bauern »althergebracht«: ». . . man erloubet im hûsloden grâ und des vîretags blâ, von einem gouten stamphart . . .« Obgleich darüber hinaus keine andere Farbe gestattet war, kam es vor, daß der Bauer und sein Weib sich zuweilen erkühnten, ». . . nû an ir libe (nun am Leibe) grüene, brûn, rôt . . .« Farben zu tragen![3] Die mittelalterliche Kleiderordnung war Ausdruck des »Standesdenkens«; jeder Mensch hatte eine bestimmte, durch die Geburt festgelegte Stellung und Funktion in der Gesellschaft. Allerdings war der Besitz von Gütern und von »angenehmen Gefühlen« recht ungleich verteilt!

Lodengrau – der lodenfarbene Genius

Grau, Braun, Weiß und in geringerem Maße auch Schwarz sind die Naturfarben der Schafwolle. Je nach der Farbe der Tiere wird in bestimmten Gegenden vorwiegend ein grauer, weißer oder brauner Loden hergestellt.

Die österreichischen Alpenländer sind seit Jahrtausenden das Herkunftsland dieser begehrten Textilien, die noch heute als besonders günstiger Schutz gegen Regen und Kälte gelten. Das Wort Loden ist germanischer Herkunft, im Althochdeutschen hieß er Lodo, im Mittelhochdeutschen Lode.

Farben und Material werden in der Regel mit magischen Handlungen oder Gestalten verbunden. So auch beim Loden. Über den europäischen Kontinent verbreitet, finden wir den *»Genius cuculatus«*, den kapuzentragenden Genius, wie ihn die Römer nannten. Er wird den »kleinen Göttern« der Kelten zugerechnet. Es gibt aber auch Forscher, die die Herkunft dieses Kapuzenmannes früheren Völkern und Kulturen zuschreiben, also etwa den Venetern und Illyrern. Die Kelten hätten dann diesen »guten Geist« der unterworfenen Stämme angenommen und zu einem der ihren gemacht.

Dieser Genius ist mit den guten Hausgeistern identisch und tritt in der Regel hilfreich auf. Er trägt die Kleidung der Bergleute, die seit der Hallstatt- bis zur Neuzeit fast unverändert blieb. Sein entscheidendes Merkmal ist der mit einer Kapuze versehene »Wetterfleck« oder Lodenumhang, wie er heute noch in den Alpengegenden häufig verwendet wird.

Den Genius cuculatus kennen wir als schwarze, braune oder graue Gestalt, also stets »lodenfarbig«. Die Römer verstanden unter dem Genius in der Regel »das bessere Ich« einer bestimmten Person, etwa des »Hausherrn«, dem sie kleine Standbilder widmeten. Auch Völker oder Legionen hatten einen gewissen, ihnen innewohnenden Geist – einen Genius. Es ist daher wohl möglich, daß sie sich den »alten Bergmannsgeist« der früheren Veneter und Illyrer und späteren Noriker als Genius mit der Kapuze des Bergmanns vorstellten. Die »Venediger-Manderln« spuken ja heute noch als Gesteins- und Mineralkundige in den österreichischen Alpen!

Im deutschsprachigen Bereich sind die Heinzel- und Wichtelmännchen anders gekleidet: Sie tragen die blaue Kleidung, die seit Karl dem Großen allen Arbeitsleuten vorgeschrieben war, dazu die rote Mütze, das Sinnbild der Abgeschiedenen. Im keltischen Siedlungsraum unseres Kontinents tragen die Kapuzenmännchen die Lodenfarbe und werden, weil sie so klein sind, zuweilen schon vor dem Mittelalter als »Kinder« aufgefaßt. Später wurden die Cuculatusgestalten als Mönche angesehen, weil mancherorts die Bergmannstracht oder der keltische »Wetterfleck« dem Volke nicht mehr geläufig war. Wem fällt beim »Münchner Kindl« schon auf, daß es für einen Mönch zu jung aussieht! Schon in vorchristlicher Zeit wurden Kapuzenträger für jugendlich gehalten: Auf den Britischen Inseln findet man Kapuzenmännchen mit Kindergesichtern.

Die magische Lederkleidung

Noch um 1780 färbten die Bauern in der Steiermark ihr Leder selbst. Besonders das Leder, das für Hosen bestimmt war, wurde einer besonderen »Eigenbehandlung« unterzogen. Im steirischen Trachtenbuch wird dieses Färben des Leders »Schmützen« oder »Schmitzen« genannt.[4] Vom 16. bis zum 18. Jahrhundert sollen die Farben Schwarz, Blau oder Grün verwendet worden sein. Die Auswahl der Farben ist durch amtliche, oft streng gehandhabte »Farbenordnungen für Untertanen« beeinflußt worden. So wurden schon seit dem

12. Jahrhundert den Bauern die lebhaften Farben wie Rot oder Orange für die Kleidung verboten, die »ruhigen« Farben zum Schmitzen aber empfohlen.

Schon in althochdeutschen Ausdrücken ist die Wurzel »smiz« in einigen Worten nachzuweisen, was uns nicht wundern kann, war doch die Lederbekleidung in alter Zeit weiter verbreitet als heute.

Die Lederhose ist bis auf den heutigen Tag der »Stolz manchen Mannes«. Seit alten Zeiten wird ihr eine magische Wirkung nachgesagt. Offensichtlich wird bei der Lederbekleidung in das Material auch das Tier »hineingesehen«, das diese Haut zu Lebzeiten getragen hat. Das starke Rindsleder und das etwas weichere, aber auch noch kräftige Schweinsleder wirken zweifellos »männlich« und scheinen ihre Widerstandskräfte an den Träger weiterzugeben. In vielen Ländern Europas gilt als »Berufstracht« des Kriminalbeamten der Ledermantel. Zumindest werden uns jene »kräftigen Vertreter der Staatsgewalt« oft in dieser »markigen« Kleidung im Fernsehen und im Film vorgeführt. Praktische Gründe sind hierfür kaum zu nennen, denn ein Stoffmantel ist kaum weniger geeignet, einen Stoß zu vertragen, als ein Ledermantel. Auch mit der wasserabweisenden Wirkung ist es nicht so weit her, wie bei manchem modernen Material anderer Art. Weiches Ziegenleder wirkt martialisch, erst recht aber gilt das zarteste Leder, das Hirschleder, in der Steiermark »irchenes« Leder genannt, als Attribut besonderer Männlichkeit.

Wir wissen aus der Geschichte, daß der Hirsch bei den Germanen, bei den Kelten und vielen anderen als »heiliges Tier« galt. Noch heute ist er ein Sinnbild des Kampfesmutes, der Männlichkeit und des Stolzes. Manche Sage, die sich seit Urzeiten um jenes Tier rankte, fand in einer frommen Legende des Christentums ihren Niederschlag; denken wir etwa an die Hubertussage.

Noch im 17. Jahrhundert wurde fast jedes lederne Kleidungsstück aus Hirschleder gefertigt. Es gab aus »Irchenem« die gesamte Männerkleidung, für die Frauen Mieder und Gürtel.

Nach dem steirischen Trachtenbuch soll im Jahre 1743 allen nicht mit der Jägerei beschäftigten Untertanen das Tragen grüner Kleidung verboten worden sein. Als Strafe für »Zuwiderhandelnde« wurden 12 Taler festgesetzt, was zu jener Zeit eine beträchtliche Summe bedeutete. Grünes Leder und grüner Loden wurden damit für die Jäger zur Standestracht erklärt.[5]

Das ungefärbte Irchene (Hirschleder) oder der weiße Loden waren das Material für die weißen Uniformen der k.-u.-k.-österreichischen Armee. Zuweilen wurden die hellen Ledersorten auch gelb gefärbt. Wenn sie aber schwarz geschmitzt wurden, so ließ man die Nähte ungefärbt stehen. Schwarz-Gelb war die »kaiserliche Farbenkombination«.

Eine alte Form der langen Hosen wird vielleicht in unserer, dem Leder wieder sehr zugetanen Zeit nochmals aufleben: die sogenannten Stösselhosen. Eine derartige Hose bestand in ihrem Oberteil aus weichem Leder. Ab dem Knie war ein hartes, glänzendes Leder als Wadenschutz angesetzt. Die oberen Partien waren manchmal auch Stoff oder Loden, wichtig waren die ledernen »Stössel«.

Ursprünglich soll es sich bei diesen Kappenhosen um eine militärische Bekleidung gehandelt haben, die später in die Volkstracht überging. Auf vielen Bildern aus der Steiermark sind noch diese eigenwilligen Beinkleider zu sehen.[6]

Der Adel der grau-grünen Tracht

Die Vertreter des Adels, ja selbst der Kaiser trugen gerne Jagdkleidung. Die Tracht der Hochgebirgsjäger, also etwa der Gemsenjäger, galt als Ehrenkleid, ähnlich der Uniform des Soldaten.

So wurden Fürsten und besonders Kaiser Maximilian, »der letzte Ritter«, als Gemsenjäger abgebildet. Bekannt ist die Darstellung von seiner Rettung beim »Versteigen« in der Martinswand bei Innsbruck, wo er als Tiroler Jäger abgebildet ist.

Es wurde später im österreichischen Kaiserhaus, bei den Erzherzögen und bei den bayrischen Königen üblich, die

Hochgebirgsjäger-Kleidung bei den Jagdveranstaltungen des Hofes anzulegen. Ein weiterer Grund der Vorliebe für das Jägergewand war die Naturschwärmerei im 18. Jahrhundert. Das Wort von Rousseau: »Retournons à la nature!« bewirkte in ganz Europa eine Welle des Wiedererstehens ländlicher Trachten. Allerdings war es zumeist die »Schäferkleidung«, die man phantasievoll ausschmückte und als original »ländlich« ausgab.

Wir müssen dem kaiserlichen Hof in Wien seinen Sinn für das echte Landleben hoch anrechnen. So ließ Maria Theresia manche Bilder, die wirkliche Volkstrachten zeigten, in Jagdschlössern anbringen und bestätigte damit den Wert der ursprünglichen Tracht zu einer Zeit, da vielfach die Bauern nur noch als »untergeordnetes Geschöpf« zur Produktion der Grundnahrungsmittel betrachtet wurden. Die Lebensäußerungen der Landbevölkerung dienten in anderen Ländern ihrer sogenannten »Niedrigkeit« wegen höchstens als Anlaß zu Spott und mehr oder minder bösen Scherzen. Die Kaiserin selbst wurde in ihrer Jugendzeit vielfach im Jägerkleid abgebildet; sie hatte oft an den Gemsenjagden ihres Vaters Karl VI. teilgenommen.

Ein bedeutender Einfluß auf die Einführung der grau-grünen Steirertracht als der »allgemeinen Volkstracht der Alpenbewohner« ging vom österreichischen Erzherzog Johann aus. Nicht nur in seiner Eigenschaft als »deutscher Reichsverweser« in der Paulskirche zu Frankfurt im Jahre 1848 galt er als »Hoffnung auf die Zukunft«. Er sah in den Bauern nicht mehr »unterentwickelte« Produzenten der Nahrungsmittel, sondern, von der Romantik herkommend, Träger der ältesten und »gesündesten« Kultur innerhalb des Volksganzen. Er wollte die Lebensgewohnheiten seiner »Älpler« mit neuen Mitteln erkunden und sandte Fragebogen aus. Die Hinterlassenschaft Erzherzog Johanns in volkskundlicher, soziologischer und historischer Hinsicht konnte bis zum heutigen Tage noch nicht ausreichend gewürdigt werden.

»Prinz Johann«, wie er in der Steiermark genannt wurde, ging bezüglich der Tracht mit gutem Beispiel voran; er trug die

Kleidung der zivilen Gebirgsjäger: den grauen Lodenrock mit grünem Kragen, eine schwarz-»geschmitzte« Bundhose, grüne Strümpfe aus Wolle und die älplerischen Bundschuhe.[7]

Im Jahre 1808 führte der Erzherzog die grauen Lodenröcke als Uniformen für die steirische Landwehr ein. Als die Beamten die gleiche Tracht anlegen wollten, wurde ihnen dies – vielleicht von »höchster Stelle« – untersagt. 15 Jahre später teilte der Erzherzog in einem noch erhaltenen Schreiben mit, daß er zwar das Verbot der Tracht für Staatsbeamte für richtig hielte, jedoch der Meinung sei, daß man privat diese Kleidung fördern solle. Er trug seine Volkstracht in Anwesenheit des Kaisers und sorgte so für ihre weite Verbreitung.

Seit dieser Zeit ist die grau-grüne Tracht die klassische Bekleidung der Alpenländler, die vom Auf und Ab der Mode kaum berührt wird. Die Anzahl der Träger allerdings schwillt immer merklich an, wenn die Mode die Begriffe »Folklore« oder »Heimat« besonders propagiert.

Die »Auszier« verrät den Ehemann

Wenn auch viele Trachten durch Zwang nur aus »unbunten« Stoffen gefertigt werden konnten, fand das Volk bald eine Möglichkeit, auf seine Weise das anzuzeigen, was die Sitte erforderte. Die Gepflogenheit, den Familienstand öffentlich zu »signalisieren«, dürfte aus dem Mittelalter stammen. Nur böse Zungen behaupten, daß diese »Legitimation der Ehemänner« von eifersüchtigen Ehefrauen erfunden worden sei!

Die Bräuche der farbigen »Auszier« von Kleidungsstücken stimmen im deutschen Sprachraum weitgehend überein. Wie bei Volksbräuchen zuweilen üblich, kommt es auch bei der Farbensymbolik in manchen Gebieten zu einer »Umkehr der Bedeutung«, deren Ursache ungeklärt ist, d. h., daß die »Legitimationsfarben« für Ledige und Verehelichte in einigen Gegenden vertauscht sind.

Gewöhnlich symbolisiert die rote Farbe das »Stürmen und

Drängen« der Jugend; sie steht auch für »Liebesbereitschaft«. Wer hingegen verheiratet ist, hat sich in der Öffentlichkeit dem anderen Geschlecht gegenüber ruhig und »neutral« zu verhalten: Für ihn sind die Farben Grün, Blau oder Schwarz angemessen!

Von der Ostsee bis nach Südtirol finden wir bei der Jugend die gleichen Signalfarben. Wer etwa auf der Insel Rügen früher ein Mädchen mit blauer Schürze sah, wußte, daß ihre »bunte Zeit« vergangen war: Sie zeigte an, daß ihr Herz bereits verschenkt war![8] Hing die blaue Schürze aber vor dem Haus, so galt das als Aufforderung für Heiratswillige![9]

In der Schwälmer Tracht wurde der Familienstand durch die Kopfbedeckung kundgetan: Das rote »Schappl« galt seit dem Mittelalter als Zeichen der Jungfrauschaft. Bei der Hochzeit trugen die Brautjungfern rote »Schappln«, die Braut hingegen ein grünes. Frauen waren niemals rot »geschappelt«! Seltener legten die jungen Männer auf die farbige »Auszier« ihrer Kleidung Wert; man kann ihren »Stand« heute nicht mehr erkennen.[10] Die verheirateten Männer tragen aber immer noch die blaue und grüne Verzierung auf ihrer Tracht.

Im Schwarzwald tragen nur die unverheirateten Mädchen die prächtigen, roten Pompons auf ihren Hüten. Nach der Eheschließung schmücken sie sich mit schwarzen Pompons.

Im Bregenzer Wald mußten noch im 19. Jahrhundert die Jungfrauen rote Ärmel tragen. Einem rotärmeligen Mädchen durfte sich kein Jüngling nähern; sonst wäre sein Verhalten als »Versuch zur Verführung einer Minderjährigen« ausgelegt worden! Man kann sich vorstellen, daß das erstmalige Erscheinen eines Mädchens mit schwarzen Ärmeln für die männliche Jugend eine Sensation bedeutete: Mit Heiterkeit und munteren Scherzen meldeten sich alsbald die Freier![11]

Mindestens ebenso streng waren die Bräuche im Egerland: Dort trugen die Jungfrauen ein rotes »Nest«. Hatte ein Mädchen die Unschuld verloren, durften weder sie noch der Verführer künftig ein rotes Zeichen an Kleidung oder Hut tragen.

In der Oberpfalz wurden dem Hochzeitszug Stangen mit Bändern vorangetragen. Waren die Brautleute jung und ledig, schmückten rote Bänder die Hochzeitsstangen. Wollte aber eine Witwe oder ein Witwer sich nochmals verheiraten, so traten blaue Bänder anstelle der roten.[12]

Wir wissen, daß es im ausgehenden Mittelalter üblich war, die Untreue durch die blaue Farbe kundzutun. Diese Sitte ist uns vor allem aus Westeuropa bekannt. Noch im 19. Jahrhundert wird uns aus Luxemburg berichtet, daß der Ehepartner das Recht besaß, bei Abwesenheit von Frau oder Mann eine blaue Schürze oder Hose auszuhängen; und zwar dann, wenn der fehlende Partner auf eine fremde Kirmes gegangen war und länger als einen Tag vom Hause fernblieb. Um der Braut den »Tatbestand« der Untreue ihres Bräutigams öffentlich anzuzeigen, wurde ihr eine blaue Hose vors Fenster gehängt.[13]

Im bajuwarisch besiedelten Raum war die »Auszier« der Männertracht bei Ledigen stets rot, bei Verheirateten grün. Dasselbe finden wir heute noch in Südtirol in der Meraner Tracht und in der Volkstracht des Sarntales.[14]

Richard Wolfram weist darauf hin, daß die farbige »Auszier« früher instruktiver und exakter gehandhabt wurde als heute. Noch jetzt werden bei slawischen Völkern in urtümlicher Weise Symbole verwendet, um den Familienstand genau zu kennzeichnen. Bei den Slowenen werden schwarze Kopftücher von Frauen getragen, die heiratsfähige Töchter haben. Ein ganz um den Kopf geschlungenes Tuch bedeutet Kinderlosigkeit (Helpa, Slowenien). Kroatinnen zeigen durch Ornamente auf ihrem Leinenkittel Familienstand und Kinderzahl an. Witwen geben auf diese Weise kund, daß sie sich nochmals zu verehelichen wünschen.[15]

Bei vielen Volkstrachten im deutschsprachigen Raum waren besonders Futterstoffe und Westen in roter Farbe gehalten. Die von der Obrigkeit verbotenen, hellen, aufrührerischen Farben verkrochen sich ins Innere der Kleidung. Was »drunter« war, störte die Gesetzgeber und ihre ausführenden Organe anscheinend nur wenig. Die farbige »Auszier« wurde fast überall toleriert.

Auch das Geschlecht des Wickelkindes wurde einst wie heute durch Farben angezeigt. Es ist noch ungeklärt, ob die Farbgebung von den ursprünglichen Kennzeichen der Geschlechter herzuleiten ist: nämlich Rot für die Frau, Weiß für den Mann. Daß Kinder als zarte Wesen durch Pastellfarben gekennzeichnet werden sollten, ist verständlich. Da die meisten Kissen und Windeln aber weiß sind, kam Weiß als »männliche Farbe« nicht in Frage, und Hellblau wurde die Kontrastfarbe zu Rosa. Nicht alle Eltern richteten sich nach der »europäischen Farbenregel« für Kleinkinder: Mädchen – Rosa, Knaben – Hellblau. In Basel z. B. war es umgekehrt: Knaben wurden rosa, Mädchen hellblau gekleidet. Der Grund für diese Umkehr blieb unbekannt.

In manchen Gegenden, z. B. im Erzgebirge, wurden Verstöße gegen die Farbenregel mit der »ganzen Wucht« abergläubischen Denkens »bestraft«. Kinder, die in falsche Farben gehüllt wurden, traf ein todbringender Fluch.[16]

IX.
GEMÜTLICHES BRAUN

wünschen sich Menschen, die ein Bedürfnis nach innerer Ruhe und behaglicher Stimmung haben. Die Bezeichnung »Braun«, die harmlos klingt, diente schon in der Vergangenheit dazu, unheimliche Erscheinungen wie den Bären zu »verniedlichen«.

Das vieldeutige Braun

Diese Farbe ist eine Mischung aus Rot, Schwarz und Gelb, manchmal kommt noch Blau oder Grün hinzu.

Gleichwohl läßt sich die Wirkung von Braun nicht aus der Zusammensetzung erklären, sondern wir müssen Braun als eine »Besonderheit« ansehen. Der Volksmund drückt hier Nuancen durch Vergleiche aus: Schokoladenbraun, Kaffeebraun, Goldbraun usw. Vor schwarzem oder finsterem Hintergrund erscheint Braun rötlich, gelblich oder orangegetönt; die Farben der »Entstehung« kommen wieder zum Vorschein.

Im Altertum und im Mittelalter wurde Braun als Trauerfarbe für verstorbene Jugendliche verwendet. Offensichtlich in ähnlicher Weise, wie heute bei der Beerdigung von Kindern die hellblaue Farbe verwendet wird. Reste der Bestattungsbräuche mit Braun gibt es noch im Montafon.[1] Ob es sich dort um Relikte rätoromanischer Sitten handelt, ist nicht bekannt.

Braun wirkt beruhigend. Andererseits lehrt uns die Volkskunde, daß gerade diese Farbe seit dem 16. Jahrhundert der »verschämten Umschreibung« anstößiger Wörter dient.

Um die zwiespältige Bedeutung dieser Farbe verstehen zu können, müssen wir fragen: Wo wird Braun dem Menschen zuerst aufgefallen sein? Bei der »Mutter Erde« und bei tierischen und menschlichen Exkrementen.

Die Farbe der Erde war wohl schon immer »vertraut« und

beruhigend zugleich. Wann der Mensch bei seinen Kindern mit der »Reinlichkeitsdressur« begonnen hat, ist noch nicht geklärt. Forscher wie Freud halten diesen »Zwang«, der auf das Kleinkind ausgeübt wird, für unerhört wirksam und behaupten, das spätere Verhalten des Menschen werde davon geprägt.

Bei jedem Kind muß erst die Gedankenverbindung »brauner Kot ist ›garstig‹, ›abscheulich‹« geschaffen werden. Später kommt dann das verbale Verbot hinzu: Über derart widerliche und ekelerregende Dinge und Handlungen darf man zu anderen nicht sprechen! Damit wird ein »Tabu« geschaffen, das häufig mit einem zweiten Tabu verbunden wird, das sich auf das geschlechtliche Verhalten bezieht.

Wir finden daher die braune Farbe im Zusammenhang mit »verbotenen Worten« und Handlungen. So gilt die »Braune« – nach dem Wörterbuch der deutschen Volkskunde – in manchen Gegenden als Synonym für das weibliche Geschlechtsorgan.[2] »Eine Braune« bedeutet ein leichtlebiges Mädchen. Auch »der Braune«, nämlich der Bär, ist mit sexuellen Vorstellungen verbunden. Im Französischen haben manchmal so appetitliche, braune Dinge wie Schokolade einen zweideutigen »Nebensinn«, der in Witzen immer wieder auftaucht.

Die rotbraune Bärengestalt

Es ist ein Charakteristikum volkstümlicher Ausdrucksweise, in Farbenbezeichnungen nicht genau zu sein, sondern eine »Anmutung« zur Grundlage eines Namens zu machen. So spricht man vom »Schwarzwald«, obgleich seine Bäume keineswegs schwarz sind. Das »Schwarze Meer« ist nur in den Abendstunden dunkel. Das Rotwild ist niemals wirklich hellrot. Der Bär wird rotbraun oder schwarzbraun gesehen und auch so benannt.

Wir wissen, daß »rote« Tiere in »alter Zeit« den »weisenden«, göttlichen Tieren zugerechnet wurden. In »späterer Zeit« – wir müssen diese ungenauen Datierungen verwenden, weil wir die »Überlappungen« der Bräuche heute noch nicht genau kennen – wurden schwarze und weiße Tiere als überirdisch eingestuft.

Bei den germanischen und slawischen Völkern hatte der Bär eine magisch-religiöse Bedeutung, die er in der christlichen Zeit zum Teil einbüßte, die aber in manchen Bräuchen noch weiterlebte.

Der Kult des »rotbraunen oder schwarzbraunen Gesellen« hängt – wir können es bereits erraten – vor allem mit der Fruchtbarkeit zusammen. Rot und Schwarz werden bekanntlich neben der Farbenkombination Rot-Weiß im europäischen Raum als magische Farben für Fruchtbarkeit bei Mensch, Tier und Pflanze verwendet.

Der kultische Hintergrund der Bärenbräuche läßt sich durch Jahrtausende und über Kontinente verfolgen. In den hochgelegenen Höhlen des Alpenraumes wurden schon in der mittleren Altsteinzeit Bärenknochen zu kultischen Zwecken deponiert. Urgeschichtler vermuten, daß diese Knochen die besten Stücke eines Bären waren und entweder als Opfer dargebracht oder aber zur »Wiedererstehung« der Bären in magischer Weise niedergelegt wurden.

Seit der Urzeit finden wir auch Zusammenhänge zwischen dem Bären und der Vorstellung übermäßiger Kräfte, vor allem auf sexuellem Gebiet. Abbildungen, die eine solche Bedeutung haben und mit Fruchtbarkeitsvorstellungen zusammenhängen, gibt es schon aus der Steinzeit.

Auch Jagdmagie wurde mit dem »rotbraunen Gesellen« betrieben. Der erlegte Bär als »Zielscheibe« sollte entweder das Jagdglück vermehren oder dem Jäger die Hemmungen vor dem »Feind« nehmen. Allerdings ist die Gefährlichkeit des Bären sehr umstritten. In die Alpengebiete Österreichs verirren sich manchmal Bären aus den Karpaten. Diese Tiere durchstreifen bewohnte Gegenden, ohne eine Panik hervorzurufen. Gefährlich soll der Bär erst werden, wenn er ein Junges zu verteidigen hat. Das könnte der Grund sein, weshalb man beim »Bärenjagen«, einem Brauch in der Steiermark, die aggressive Bärin mit einem jungen Bären, der »Bärenkälbin«, teilnehmen läßt.

In der Magie des germanischen Nordens kommt der Bär sehr häufig vor. In vielen Eigennamen ist er enthalten: Bjorn, Asbjorn, Sorbjorn usw. Er soll gelegentlich Frauen schwängern und auf diese Weise »Bärensöhne« zeugen, die »Übermenschliches« leisten. Odin selbst ist mit den Berserkern »verwandt«. Das Wort Berserker kommt vom Altnordischen: ber = Bär, serkr = Hemd. Man könnte auch sagen: Kämpfer in Bärenhaut. Die Berserker weihten sich Odin, dem Totengott.

Der Bär als Vorbild

Die Berserker waren durch ihren Kampfgeist berühmt und gefürchtet. Sie versetzten sich in Ekstase und kämpften in schäumender Wut bis zur Selbstvernichtung. Die »Berserkerwut« (= berserksgangr) wird zuweilen dem »furor teutonicus« gleichgestellt, der bei den römischen Klassikern erwähnt wird.

Ostjaken und Wogulen, die Ainu und Giljaken kennen Bräuche um den Bären. Allen gemeinsam ist die Hochachtung vor diesem »heiligen« Tier. Wenn es getötet werden muß, bittet man es nachträglich um »Verzeihung« oder läßt es von den Frauen »beweinen«. Vielen Asiaten, aber auch den Slawen ist der zu verehrende Bär ein Weib. Der Grund dazu liegt wohl darin, daß der Bär, sobald er abgehäutet ist – auch wenn es sich um ein Bärenmännchen handelt –, durch Brust, breite Hüften und wohlgeformte Beine große Ähnlichkeit mit einem Frauenkörper hat. Die Zitzen der Bärin sitzen auf der Brust, nicht am Bauch. Daß gerade der steirische Brauch von der Bärenjagd weibliche Tiere darstellt, kann daran liegen, daß in der Steiermark slawische Traditionselemente vorhanden sind.

Es wird überliefert, daß im 9. Jahrhundert bereits Erzbischof Hincmarus von Reims heidnische »joca cum urso« – Spiele mit dem Bären – verdammte[3]. Das gleiche tat Regino von Prüm, der die unanständigen Scherze mit Tänzerinnen und Bären verurteilte. Weshalb gerade der Bär als »Übermensch« betrachtet wurde und – wie Scherzworte und Witze der Gegenwart zeigen – auch heute noch gilt, hat auch die Psychologen beschäftigt.

Schon unsere Kleinen bekunden eine besondere Wertschätzung für ihren »Teddy«. Es ist bekannt, daß projektive Tests für Kinder nur dann gute Resultate erbringen, wenn die vorgelegten Bilder statt Menschenkinder »kleine Bärleins« zeigen. Es geht bei einem solchen Test – etwa beim Thematic-Apperception-Test nach Murray – darum, zu vorgezeigten Bildern eine kleine Geschichte zu erfinden. Dabei soll gesagt werden, »was früher war« und »was später kommt«. Bei diesen Erzählungen schildern die Versuchspersonen – hier also Kinder – ihre Gedanken und Gefühle zu den im Bilde gezeigten Situationen. Dinge, die sonst nicht erwähnt würden, lassen sich ja ganz mühelos einem kleinen Teddy in den Mund legen. Es ist nachgewiesen, daß auch Erwachsene Gedankenverbindungen, die mit dem »Teddy« zusammenhängen, besonders mühelos in der Erinnerung behalten.

Mit einem Bären verglichen zu werden ist in den meisten Sprachen Europas außerordentlich schmeichelhaft. Man spricht von »Bärenkräften«, von einem »Bärenhunger«, von einem »Bärenkerl« oder einem »Bärenweib«. Diese Äußerungen können sich auf die Figur, das Verhalten, die Kraft oder auch auf die Sexualleistung beziehen.

Magische Tiere

Nicht nur der Bär, der bei den Germanen als König der Tiere galt, sondern noch zwei weitere braune Tiere genossen besondere Verehrung: der Biber und die Kröte.[4] Das Verhalten des Bibers war geheimnisvoll und Teile des Tieres für die Volksmedizin sehr begehrt. Das Bibergeil, ein stark riechendes Sekret, wurde bei Impotenz, gegen schwere Geburten und viele körperliche Beschwerden als probates Mittel angewendet. Die Bedeutung des Bibers läßt sich aus den vielen Ortsnamen erschließen, in denen das Wort »Biber« enthalten ist: Biberach, Bibern, Bebra, in England z. B.: Beverly.

Von der braunen Kröte wird noch heute behauptet, daß sie ein giftiges und »gefährliches« Tier sei. Fest steht jedoch, daß die Drüsen der Kröte nur eine geringe Menge giftiger Stoffe absondern, die auf der Schleimhaut des Menschen nur unbedeutende Reaktionen hervorrufen. Daß Kröten seit dem Altertum als »heilige« Tiere gelten, hängt mit ihrer Form zusammen; sie hat Ähnlichkeit mit der menschlichen Gebärmutter. Die Gedankenverbindung Kröte / neues Leben ließ die Kröte zum »Seelentier« werden. Andererseits wurde sie vielfach mit dem Teufel und mit den Hexen in Zusammenhang gebracht.

Noch im 16. Jahrhundert galten Tiere als vernunftbegabt und für ihre Handlungen verantwortlich. Man glaubte, daß sündige Tiere in die Hölle kämen, während solche, die auf Erden viel zu leiden hatten, in den Tierhimmel aufgenommen würden. Damit der Mensch die Tiersprache verstehen könne, sei das Verzehren einer weißen Schlange nötig.

Warum stehen braune Tiere für Geschlechtlichkeit und Fortpflanzung? Ihre suggestive Verwendung in der Volksmedizin beruht auf der ambivalenten Empfindung, die durch die braune Farbe ausgelöst wird: gemütlich und betont sexuell. Dementsprechend werden die Tiere eingeteilt und verwendet:

Der Bär: Symbol der männlichen Kraft, wird in verschiedenen Volksbräuchen »wirkend« gedacht. Bei diesen »Spielen« geht die Kraft auf alle Teilnehmer über. Bei Naturvölkern: Tötungsfest mit Versöhnung.

Der Biber: Spender potenzsteigernder Mittel, zugleich bietet er eine Medizin, die den Frauen die Geburt erleichtert.

Die Kröte: Sinnbild weiblicher Fruchtbarkeit. Unter dem Bett schlafend, zieht sie Krankheiten an sich. Ambivalenz: Hexentier und Votivgabe. In katholischen Wallfahrtskirchen finden sich häufig Wachskröten als Votivgaben, die die Erlösung von Frauenleiden anzeigen. Die kath. Kirche verwahrt sich dagegen, in Votivgaben nur Dankbarkeitsbezeigungen zu sehen, sondern ein »Unter-den-Schutz-Stellen« für kommende Zeit.[5]

Obgleich das Braun nur als unbedeutende Farbe bezeichnet wird, besitzt es denselben Aufforderungscharakter, der allen Farben gemeinsam ist. Die Wirkung einer Farbe auf unsere Sinne und unser Gemüt überträgt sich als Charakteristikum auf die Träger der Farben.

Ohne den Boden der Realität verlassen oder die Naturwissenschaft außer Betracht gelassen zu haben, gelangen wir durch die Farbensymbole zu einer Art Magie: Wir finden die »Sympathie« der Kräfte und Dinge, die der Mensch durch seine Farben beeinflussen kann. »Sympathie« verstanden als geheimnisvolle Zusammengehörigkeit zwischen Wesen verschiedenster Art.

NACHWORT

Während der Niederschrift dieses Buches hatte nur eine eng begrenzte Zahl von Menschen Gelegenheit, Einzelheiten daraus kennenzulernen. Dennoch fühlten sich fast alle Leser angeregt, dem Autor ihre eigenen Erfahrungen mit Farbensymbolen mitzuteilen.

Es scheint, daß es viele »Wissende« gibt, die darauf warten, daß ihre »geheimen Kenntnisse« aus der Welt der Farbensinnbilder angesprochen werden. In den meisten Mitteilungen an den Autor zeigte sich das Bestreben, die dargestellten Symbole durch weitere Beispiele zu ergänzen und das gebotene Wissen »abzurunden«. Selten fanden sich widersprüchliche Meinungen, die gewissenhaft geprüft werden mußten. Es besteht daher für den Autor die Hoffnung, daß das vorliegende Buch einen »Anfang« darstellt. Es ist eine Aufforderung, weiteren Stoff aus allen Epochen, der ganzen Welt und aus der Tiefe der menschlichen Psyche zusammenzutragen. Die Materie, die es noch zu bearbeiten gilt, ist ungeheuer groß und für manche Fachgebiete von großer Bedeutung.

Die *Begeisterung* aber, die durch ein neues Wissensgebiet bei geistig aufgeschlossenen Menschen erweckt wird, ist die Belohnung für die Mühe des Forschens und Sammelns.

ANHANG

ANMERKUNGEN

I. Kapitel

1 Abriß der Vorgeschichte/Oldenbourgs Abr. d. Weltgesch., München 1957, S. 17/5
2 Anna Frank May, Der Schmuck aus jungpaläolithischen Bestattungen in Frankreich, Dissertation, Bern 1962, S. 31 f.
3 Vgl. Fischer-Weltgeschichte, Band 1, Vorgesch., Frankfurt/M., 1966
4 Vgl. Abriß der Vorgeschichte/Oldenbourgs Abr. d. Weltg., München 1957
5 Naturhistorisches Museum in Wien, Flugblatt Nr. 14, März 1961, Dr. Wilhelm Angeli, Die Venus von Willendorf.
6 P. M. Grand-Chastel, Die Kunst der Vorzeit, Stuttgart 1968, S. 58
7 ebenda
8 Jan Jelinek, Das große Bilderlexikon des Menschen der Vorzeit, Prag 1972, Seite 411, Abb. 656
9 Eugen Fehrle, Feste und Volksbräuche, Kassel 1955, S. 129
10 Gy. Mészáros – L. Vértes, A Paint Mine from the Early Upper Palaeolithic Age near Lovas, Acta Arch. Hung. V, 1955, S. 27 f.
11 Fritz Felgenhauer, Aggsbach, ein Fundplatz des späten Paläolithikums, Mitteilungen d. Präh. Komm. d. Akad. d. Wiss., V. Bd. 1, S. 259
12 Gy. Mészáros – L. Vertes, A Paint Mine from the Early Upper Palaeolithic Age near Lovas, Acta Arch. Hung. V, 1955, S. 26
13 Tom Prideaux, Die Frühzeit des Menschen, Der Cro-Magnon-Mensch, New York 1977, S. 83 (Life Bildsachb.)
14 C. W. Ceram, Enge Schlucht und schwarzer Berg, Entdeckung des Hethiter-Reiches, New York, 1955, S. 75 (rororo-T. Buch)
15 Johannes Lehmann, Die Hethiter, Volk d. tausend Götter, München 1976, Bild S. 136

16 H. G. Wunderlich, Die Steinzeit ist noch nicht zu Ende, Hamburg 1977, S. 264
17 Vgl. Abriß der Vorgeschichte/Oldenbourgs Abr. d. Weltgesch., München 1957, S. 49, 52, 57
18 J. v. Trauwitz, Totenverehrung, Totenabwehr und Vorgeschichte, München 1935
19 Vgl. Oswald A. Erich und Richard Beitl, Wörterbuch der deutschen Volkskunde, Stuttgart 1955
20 Vgl. H. G. Wunderlich, Die Steinzeit ist noch nicht zu Ende, Hamburg 1977, Bild Seite 224/225
21 Vgl. Kurt Ranke, Indogermanische Totenverehrung, Bd. 1, Helsinki 1951, S. 108
22 Otto Höfler, Der Runenstein von Rök und die germanische Individualweihe, Tübingen 1952, S. 198
23 Tacitus, Historien IV . . .
24 Jan de Vries, Keltische Religion, Stuttgart 1961, S. 22, 56, 63, 70, 71, 111
25 Leopold Kretzenbacher, Santa Lucia und die Lutzelfrau, München 1959, S. 77
26 Handwörterbuch d. dt. Aberglaubens, hrsg. Ed. Hoffmann-Krayer, H. Bächtold-Stäubli, Berlin 1927, Sp. 781
27 Richard Wolfram, Schwerttanz und Männerbund, Kassel 1935, Tafel 46
28 Wolfgang Lange, Beiträge zu einer organischen Volkskunde, Stuttgart 1940, Seite 83 f.
29 Richard Wolfram, Giebelzeichen in unheilabwehrender und segensbringender Funktion, Komment. z. Ö. Volkskundeatlas, 3. Lief. Wien 1968, S. 29
30 Otto Höfler, Siegfried, Arminius und die Symbolik, Heidelberg 1961
31 Richard Wolfram, a.a.O., S. 18 f.
32 Roland Gradwohl, Die Farben im alten Testament, Berlin 1963, S. 8
33 Manfred Lurker, Symbol, Mythos u. Legende in der Kunst, (Studien zur deutschen Kunstgeschichte, Bd. 314) S. 81
34 Felix Niedner, Thule, altnordische Dichtung und Prosa, 24 Bände, Jena 1922 – 1939, Bd. 1, S. 159 und S. 104
35 D. Schieder, Farbe und Licht im Nibelungenlied, Freiburg i. Breisgau, 1962, S. 16
36 Niedner, a.a.O., Bd. 2, S. 176
37 Edmund Weber, Kleine Runenkunde, Berlin 1941, S. 94
38 Marcus Terentius Varro, Serv. ten. 3,67.

39 Jan de Vries, Arthur, i. Handwörterbuch der Sage, hgg. Will-Erich Peukert, Göttingen 1963, Spalte 652
40 Hans Naumann, Primitive Gemeinschaftskulturen, Jena 1921, S. 49
41 Ingvild Birkhan, Zur Frage der Neuerungen in Wolframs Parzifal, i. Festschr. f. Otto Höfler, I. Bd., Wien 1968
42 Leopold Kretzenbacher, Die Ketten um die Leonhardskirchen i. Ostalpenraum, i. Kultur und Volk, Festschr. f. Gustav Gugitz, Wien 1954, S. 191 f.
43 ebenda, S. 175
44 Kurt Ranke, Rosengarten, Recht und Totenkult, Hamburg 1951
45 Kurt Ranke, a.a.O., S. 135
46 Zeitschrift für vergleichende Sprachforschung, 1852, S. 438
47 Walther von der Vogelweide: Sprüche, Lieder, der Leich, hgg. Paul Stapf, Berlin 1967, Nr. 149/39–40
48 Handwörterbuch des deutschen Aberglaubens, Band 2, Sp. 1116, hgg. E. Hoffmann-Krayer u. H. B. Stäubli, Berlin 1927
49 Kurt Ranke, a.a.O., S. 18
50 Wilhelm Kisch, Die alten Straßen und Plätze Wiens und ihre historisch interessanten Häuser, Wien 1883, S. 582
51 Das Nibelungenlied, Strophe 239, Ausgabe Karl Bartsch, Wiesbaden 1953; siehe auch: Dietlind Schieder, Farbe und Licht im Nibelungenlied, Dissertation, Univ. Freiburg i. Br. 1962
52 Ludwig Buschkiel, Die deutschen Farben von ihren Anfängen bis zum Ende des zweiten Kaiserreiches, Weimar 1935, S. 6, 7
53 Kurt Ranke, a.a.O., S. 138
54 Lehrbuch der deutschen Rechtsgeschichte, Richard Schröder und Eberhard Frh. v. Künßberg, Berlin/Leipzig 1932, S. 683 Anm. 25
55 Wörterbuch der deutschen Volkskunde, Oswald A. Erich und Richard Beitl, Stuttgart 1955, S. 643
56 Herbert Meyer, Das Handgemal als Gerichtswahrzeichen des freien Geschlechts bei den Germanen, Weimar 1934, S. 47
57 ebenda, S. 48
58 Lexikon für Theologie und Kirche, hgg. Michael Buchberger, Freiburg 1964, Spalte 62, 63, 64
59 Herbert Meyer, a.a.O., S. 109
60 Josef Cardinal Hergenröther, Wetzer und Welte's Kirchenlexikon, Freiburg i. Br. 1897, Spalte 1317
61 Richard Wolfram, Faschingsbräuche in der Gottschee, Zeitschr. d. Hist. V. f. Stmk., Graz 1966, S. 146
62 O. A. Erich und Richard Beitl, Wörterbuch der deutschen Volkskunde, Stuttgart 1955, S. 431, 461

63 Irenäus Eibl-Eibesfeldt, Der vorprogrammierte Mensch, München 1976, S. 263 f.
64 Robert Bleichsteiner, Masken- und Fastnachtsbräuche bei den Völkern des Kaukasus, Österr. Zeitschrift für Volkskunde, Kongreßheft 1952, S. 65
65 Peter R. Hofstätter, Psychologie, Fischer Lexikon, Frankfurt/Main, 1957/1972, S. 36
66 Peter R. Hofstätter, Einführung in die Sozialpsychologie, Stuttgart 1963, S. 264
67 Ernst Keller, Der geistesgeschichtliche Ort des mittelhochdeutschen Minnesangs, Diss., Gießen 1934, S. 22
68 Otto Lauffer, Farbensymbolik im Volksbrauch, Hamburg 1948, S. 23
69 Handwörterbuch des deutschen Aberglaubens, hgg. Eduard Hoffmann-Krayer, Hanns Bächtold-Stäubli, Berlin 1927, Bd. VII, Sp. 799, 800
70 s. Handwörterbuch des deutschen Aberglaubens, a.a.O.
71 Sir James Frazer, Der goldene Zweig, Leipzig 1928, S. 15
72 Peter R. Hofstätter, Psychologie, Frankfurt/Main 1957, S. 26
73 Aus: Handwörterbuch des deutschen Aberglaubens, Bd. VII, Sp. 831 ff.

II. Kapitel

1 Hans Biedermann, Handlexikon der magischen Künste, München 1976, S. 275 f.
2 Hans Biedermann, Das europäische Megalithikum, Ullsteins Kunstgeschichte, Bd. IV, Berlin 1963, S. 39, Fig. 6, E
3 Jan de Vries, Altgermanische Religionsgeschichte, Bd. 1, Berlin 1956, S. 292
4 Richard Wolfram, Schwerttanz und Männerbund, Kassel 1935, S. 278
5 Richard Wolfram, Die Volkstänze in Österreich und verwandte Tänze in Europa, Salzburg 1951, S. 47
6 Richard Wolfram, Die Kehrgestalt im europäischen Brauchtum, Wien 1978, Festschrift für Franz C. Lipp, S. 335
7 Handwörterbuch d. dt. Aberglaubens, a.a.O., Bd. III, Sp. 240, 241
8 Richard Wolfram, Die Volkstänze in Österr. u. verw. Tänze i. Europa, Salzburg 1951, S. 49
9 ebenda, S. 60 f.
10 Herbert Meyer, Heerfarben und Rolandsbild, zit. nach Buschkiel, Die deutschen Farben, Weimar 1935, S. 7, 8

11 Schlosser's Weltgeschichte, Leipzig 1874, Bd. V, S. 403
12 Ludwig Buschkiel, a.a.O., S. 19
13 Otto Höfler, Siegfried, Arminius und die Symbolik, Heidelberg 1961, S. 103
14 Alfred Güttich, Zur Geschichte der Fahnen und Flaggen, Köln 1939, S. 7
15 ebenda, S. 8
16 ebenda, S. 7
17 Geschichtliche Forschungsreihe des Verlages Schmiedinger, Die Herkunft des rot-weiß-roten Bindenschildes, Wien 1976, S. 49

III. Kapitel

1 Mitt. d. antropol. Ges. i. Wien, in Memoriam Arthur Haberlandt, Wien 1965, Richard Wolfram, Beitr. z. Diskussion ü. d. Bedeutung von Sonne u. Mond, S. 278 ff.
2 Lyall Watson, Geheimes Wissen, Frankfurt/M. 1976, S. 38
3 Vgl. Handwörterbuch d. deutschen Aberglaubens, Bd. VI, a.a.O., S. 478
4 R. L. M. Derolez, Götter und Mythen der Germanen, Orig.: De Godsdienst der Germanen, Roermond 1959
5 F. Altheim Griechische Götter im alten Rom, Gießen 1930, nach Herbert Hunger, Lexikon der griechischen und römischen Mythologie, Wien 1959, S. 89
6 E. Saillens, Nos Vierges noires, Paris 1945, S. 219
7 Dictionaire de spiritualité ascétique et mystique, M. Viller S. J., Paris 1976, Spalte 11 992 – 11 995
8 Felix R. Paturi, Zeugen der Vorzeit, Düsseldorf/Wien 1976, S. 180
9 Mitteilungen d. anthrop. Ges. i. Wien, in Memoriam Arthur Haberlandt, Wien 1965, Ernst Burgstaller, Über einige Gestalten des Thomasbrauchtums i. O. Ö., S. 318
10 Arthur Haberlandt, Taschenwörterbuch der Volkskunde Österreichs, Wien 1959, S. 108
11 E. Saillens, a.a.O., S. 221
12 Richard Wolfram, Die gekreuzten Pferdeköpfe als Giebelzeichen, Wien 1968, S. 77
13 J. Chr. Linnig, Theatrum Ceremoniale Historico, 1/1710, S. 335, nach Otto Lauffer, Farbensymbolik im deutschen Volksbrauch, Hamburg 1948, S. 84
14 Tacitus, Germania, Cap. XL

15 Paula Schindler, Über den farbigen Ausdruck von Gefühlen, Diss. Wien 1949, S. 42
16 Heinrich Frieling, Gesetz der Farbe, Göttingen 1968, Abb. 36
17 Goethe, Wahlverwandtschaften 2,2, Meyer Classiker, Leipzig 1900, Bd. 8, S. 306
18 Dmitrij Zelenin, Russiche (Ostslavische) Volkskunde, Berlin 1927
19 Otto Lauffer, Farbensymbolik im deutschen Volksbrauch, Hamburg 1948, S. 60ff.
20 Dmitrij Zelenin, a.a.O., S. 331
21 ebenda, S. 352
22 Handwörterbuch d. dt. Aberglaubens, a.a.O., Spalte 1130.
23 Jan de Vries, Keltische Religion, Stuttgart 1961, S. 120
24 Mitteilungen d. österr. Arbeitsgemeinschaft für Ur- und Frühgeschichte, Wien 1971, Bd. XXII, S. 99; Christian Peschek, Würzburg
25 E. Saillens, a.a.O., S.230
26 ebenda, S. 263
27 Kurt Ranke, Indogermanische Totenverehrung, Bd. 1, Helsinki 1951, S. 113f.
28 Richard Wolfram, Das Nikolausbrauchtum in Tirol, Bestand, Raunbilder, Zeitgeschichten, Tiroler Heimat, 37. Band. Innsbruck/Wien 1974, S. 127
29 Wörterbuch der deutschen Volkskunde, Oswald A. Erich, Richard Beitl, Stuttgart 1955, S. 562
30 Richard Wolfram, Das Nikolausbrauchtum in Tirol, Wien, S. 131
31 Wörterbuch der deutschen Volkskunde, a.a.O., S. 563
32 Leopold Kretzenbacher, Santa Lucia und die Lutzelfrau, München 1959, S. 67
33 ebenda, S. 69
34 Erna Melchers, Das Jahr der Heiligen, Geschichte und Legenden, München 1959, S. 802
35 Leopold Kretzenbacher, a.a.O.
36 Dmitrij Zelenin, a.a.O., S. 376
37 Richard Wolfram, Das Nikolausbrauchtum in Tirol, Wien, S. 175
38 Leopold Kretzenbacher, a.a.O., S. 61
39 Leopold Kretzenbacher, a.a.O., S. 51
40 J. Scheibe, Die gute alte Zeit, 1874, S. 830 und 832, nach O. Lauffer, Farbensymbolik im deutschen Volksbrauch, Hamburg 1948, S. 70–73
41 Handwörterbuch des deutschen Aberglaubens, Band VI, a.a.O., Spalte 1609–1610
42 Richard Wolfram, Robin Hood und Hobby Horse, Wiener Prähistorische Zeitschrift 19, Wien 1932, S. 359

43 Otto Höfler, Kultische Geheimbünde, 1. Band, Frankfurt/Main, 1934, S. 48
44 Handwörterbuch des deutschen Aberglaubens, Band VI, a.a.O., Sp. 1616
45 Tacitus, Germania, übertr. Arno Mauersberger, Wiesbaden, S. 23
46 Felix R. Paturi, Zeugen der Vorzeit, Düsseldorf und Wien 1976, S. 176
47 Österreichischer Volkskundeatlas, 3. Lief., Wien 1968, Bl. 35, 36, Kommentar von Richard Wolfram, S. 11
48 Richard Wolfram, Die gekreuzten Pferdeköpfe als Giebelzeichen, Wien 1968, S. 103
49 Richard Wolfram, ebenda, S. 115
50 Handwörterbuch des deutschen Aberglaubens, Bd. IX, Spalte 172
51 Friedrich Kluge und A. Götze, Etymologisches Wörterbuch, Berlin 1951, S. 666
52 R. L. M. Derolez, Götter und Mythen der Germanen, Wiesbaden 1974, S. 92
53 Oswald A. Erich und Richard Beitl, Wörterbuch der deutschen Volkskunde, Stuttgart 1955, S. 775
54 Paula Schindler, Über den farbigen Ausdruck vom Gefühlen, Diss. Wien 1949, S. 42
55 Heinrich Frieling, Gesetz der Farbe, Göttingen 1968, Abb. 36
56 Goethes Werke, Colta, Leipzig 1905, Bd. XXII, S. 365
57 Tacitus, Germania, Kap. XXII und XXIII
58 Richard Wolfram, Das Anklöckeln im Salzburgischen, Salzburg 1955, S. 227 f.
59 In den Bauernkriegen zogen die »schwarzen Haufen« mit geschwärzten Gesichtern gegen die Ritter zu Felde.
60 Publikation des Germanischen National-Museums Nürnberg, 1958, »Danziger Paramentenschatz und Schatz der Schwarzhäupter zu Riga«, Günther Schiedlansky, Die Schwarzhäupter zu Riga, S. 41 f.
61 Otto Höfler, Das germanische Kontinuitätsproblem, Hamburg 1937, S. 30
62 Kurt Ranke, Indogermanische Totenverehrung, a.a.O., S. 172
63 Jan de Vries, Altgermanische Religionsgeschichte, I, Par. 145, Berlin 1956, S. 195 f.
64 R. L. M. Derolez, Götter und Mythen der Germanen, Wiesbaden 1974, S. 220, Orig. »De Godsdienst der Germanen«, Roermond 1959
65 Kurt Ranke, Indogermanische Totenverehrung, a.a.O., S. 117 f.
66 Plutarch, Marius 27,2 ff.

67 Tacitus, Annalen XIV, 30
68 Kurt Ranke, Indogermanische Totenverehrung, a.a.O., S. 117

IV. Kapitel

1 Ludwig Buschkiel, Die deutschen Farben, Weimar 1935, S. 3, 4
2 Rudolf Seyffert, Wirtschaftliche Werbelehre, Wiesbaden 1951, S. 30
3 Geoffrey Bibby, Faustkeil und Bronzeschwert, Frühzeitforschung in Nordeuropa, Hamburg 1960, S. 401, Abb. 68
4 Ludwig Buschkiel, Die deutschen Farben, a.a.O., S. 5 f.
5 Goethe, Farbenlehre, Par. 766 – 770
6 ebenda, Par. 771
6a Zitiert nach: J. Huizinga, Der Herbst des Mittelalters, Stuttgart 1938, S. 409
7 Walther Gloth, Das Spiel von den sieben Farben, Königsberg, 1902, S. 79 und 83
8 Handwörterbuch des deutschen Aberglaubens, Bd. III, Spalte 582, hrsg. E. Hoffmann-Krayer u. H. Bächtold-Stäubli, Berlin 1927
9 Dr. med. Raymond A. Moody, Orig.: Life After Life, Covington, Georgia 1975, Leben nach dem Tode, Hamburg 1977, Seite 65
10 Horst E. Miers, Lexikon des geheimen Wissens, Freiburg i. Br. und München 1976, Seite 58
11 Anthropol. Gesellschaft, Wien 1965, In Memoriam Arthur Haberlandt, Richard Wolfram, Beitr. z. Diskussion über d. Bedeutung von Sonne u. Mond, S. 278
12 ebenda, S. 285/Anm. 49, n. Hoffmann-Krayer, Feste u. Br. d. Schw. Volkes, Zürich 1940, S. 109

V. Kapitel

1 Heinrich Frieling, Das Gesetz der Farbe, Göttingen 1968, S. 125 f.
2 Ernst Kretschmer, Geniale Menschen, Berlin 1929, Seite 78
3 Klaus Conrad, Der Konstitutionstyp als genetisches Problem, Berlin 1941
4 Handwörterbuch des deutschen Aberglaubens, hgg. E. Hoffmann-Krayer, Berlin 1932/33, Bd. V, Spalte 1581 f.
5 E. L. Rochholz, Deutscher Glaube und Brauch im Spiegel der heidnischen Vorzeit, Berlin 1867, S. 273 f.
6 Handwörterbuch des deutschen Aberglaubens, a.a.O., Bd. V, Spalte 1582, 1584

7 Arthur Haberlandt, Taschenwörterbuch der Volkskunde Österreichs, Wien 1953, S. 71
8 nach E. L. Rochholz, a.a.O. S. 274
9 Goethe, Farbenlehre, Par. 780–785
10 Volkskundemuseum in Wien, Inventar-Nr. 13734–738
11 Hans Georg Wunderlich, Knossos – eine Totenstadt, »Bild der Wissenschaft«, Bd. 3, Stuttgart 1972, S. 266
12 Friedrich Blume, Die Musik in Geschichte und Gegenwart, Kassel 1957, Bd. 6, Sp. 1803
13 Riemann Musiklexikon, herausgegeben Willibald Gurlitt, Mainz 1967, S. 114
14 Paula Schindler, Über den farbigen Ausdruck von Gefühlen, Diss., Universität Wien, 1949, S. 36
15 Heinrich Frieling, Das Gesetz der Farbe, Göttingen 1968, S. 197
16 J. Huizinga, Der Herbst des Mittelalters, Stuttgart 1938, Seite 408
17 J. Huizinga, a.a.O. Seite 408
18 J. Huizinga, a.a.O. Seite 408
19 Jeanette Hills, Das Kinderspielbild von Pieter Bruegel d. Ä., Wien 1957, Seite 14
20 Otto Lauffer, Farbensymbolik i. d. Volksbrauch, Hamburg 1948, Seite 44
21 Kirchenlexikon, 4. Band, Freiburg i. Breisgau, 1886, Spalte 1230
22 Lexikon d. Theologie u. Kirche, Freiburg i. Breisgau, 1960, Spalte 23
23 Lexikon d. Theologie u. Kirche, a.a.O. Spalte 24
24 Richard Beitl, Deutsche Volkskunde, Berlin 1933, S. 238
25 Handwörterbuch d. dt. Aberglaubens, E. Hoffmann-Krayer/H. Bächtold-Stäubli, Berlin 1927, Bd. 1, Sp. 1372
26 Lexikon d. Theologie u. Kirche, J. Höfen/K. Rahner, Freiburg i. Breisgau 1960, Spalte 23, Band 4
27 Herbert Hunger, Lexikon der griech. und röm. Mythologie, Wien 1959, Seite 299
28 R. L. M. Deroletz, Götter und Mythen der Germanen, Wiesbaden 1974, Seite 140
29 Handwörterbuch d. dt. Aberglaubens, a.a.O. Bd. 1, Sp. 1376f.
30 Handwörterbuch d. dt. Aberglaubens a.a.O. Bd. 1, Sp. 1376ff.

VI. Kapitel

1 Heinrich Frieling, Gesetz der Farbe, Göttingen, 1968, S. 126
2 Max Lüscher, Der Lüscher-Test, Hamburg 1971, S. 29

3 ebenda, S. 29
4 Heinrich Frieling, a.a.O., Abb. 36
5 Paula Schindler, Über den farbigen Ausdruck von Gefühlen, Diss. Univers. Wien, 1949, S. 42
6 Handbuch des deutschen Aberglaubens, E. Hoffmann-Krayer u. H. Bächtold-Stäubli, Bd. VIII, Sp. 1665, Berlin 1927
7 Handbuch des deutschen Aberglaubens, a.a.O., Sp. 1665
8 ebenda
9 Goethe, Farbenlehre, Par. 797 u. 798
10 Johann Heinrich Zedler, Großes vollständiges Universallexikon, Leipzig 1741, Bd. 29, Nachdruck Graz 1961, Sp. 1720

VII. Kapitel

1 Handbuch des deutschen Aberglaubens, E. Hoffmann-Krayer, H. Bächtold-Stäubli, Berlin 1930, Bd. III, Sp. 1180, 1181
2 Paula Schindler, Über den farbigen Ausdruck von Gefühlen, Diss. Universität Wien, 1949, S. 36
3 Schmid, Schwäbisches Wörterbuch, Stuttgart 1831, S. 386, zit. n. M. Ibubescu, Minne und Liebe, Stuttgart 1939, S. 165
4 Handwörterbuch des deutschen Aberglaubens, a.a.O., Spalte 1180f.
5 Karl v. Spieß, Deutsche Volkskunde, Berlin 1940, S. 32
6 Gyula Lászlo, Steppenvölker und Germanen, Wien 1970, S. 105
7 Karl v. Spieß: Bauernkunst, ihre Art und ihr Sinn, Berlin 1943, S. 228
8 Horst P. Pütz: Der Wunderer und der Herr der Tiere, Österr. Zeitschr. f. Volkskunde, Heft 2, Wien 1977, S. 105
9 Blažena Šotkova, Volkstrachten in der Tschechoslowakei, Prag 1956, S. 38
10 Gemeint sind Gelb und Blau
11 Goethes Werke, Band XIII, Hamburg 1955, Zur Farbenlehre, Sinnlich-sittliche Wirkung der Farbe, S. 501

VIII. Kapitel

1 Paula Schindler, Über den farbigen Ausdruck von Gefühlen, Diss. Universität Wien, 1949, S. 42
2 Schwentner, Altgermanische Farbbezeichnungen, 1905, S. 51, zitiert nach Otto Lauffer, Farbensymbolik im deutschen Volksbrauch, Hamburg 1948, S. 20

3 Arthur Haberlandt, Taschenwörterbuch der Volkskunde Österreichs, Wien 1953, S. 145
4 K. Mautner u. V. Geramb, Steirisches Trachtenbuch, Graz 1932, Bd. I, S. 48
5 Konrad Mautner und Viktor Geramb, a.a.O., S. 481
6 Konrad Mautner und Viktor Geramb, a.a.O., S. 336
7 Viktor Geramb, Ein Leben für die anderen, Erzherzog Johann und die Steiermark, Wien 1959, S. 116
8 Otto Lauffer, Farbensymbolik im deutschen Volksbrauch, Hamburg 1948, S. 35
9 Handwörterbuch des deutschen Aberglaubens, Krayer/Stäubli, Bd. I, Sp. 1383
10 Mathilde Hain, Die Schwälmer Tracht, veröff. i. Wolf Lücking, Hessen, Berlin 1959,S. 21
11 Rohrer, »Versuch über die deutschen Bewohner der Österr. Monarchie« I, 1804, S. 124, nach Otto Lauffer, Farbensymbolik im deutschen Volksgebrauch, Hamburg 1948, S. 35
12 Handwörterbuch d. dt. Abergl., a.a.O., Bd. I, Sp. 1384
13 ebenda, Sp. 1384
14 Nach einer Mitteilung durch Herrn Univ.-Prof. Dr. Richard Wolfram
15 Richard Wolfram, Prinzipien und Probleme der Brauchtumsforschung, Wien 1972, S. 18
16 Handwörterbuch des deutschen Aberglaubens, a.a.O., Bd. I, Sp. 1383

IX. Kapitel

1 Richard Beitl, Wörterbuch der deutschen Volkskunde, Stuttgart 1955, S. 106
2 Richard Beitl, a.a.O., S. 106
3 Richard Wolfram, Bärenjagen und Faschinglaufen im Oberen Murtal, Wien 1932
4 Handwörterbuch d. dt. Aberglaubens, herausg. v. E. Hoffmann-Krayer u. H. Bächtold-Stäubli, Berlin/Leipzig 1936, Bd. VIII, Sp. 779–791
5 Rupert Berger, Kleines liturgisches Wörterbuch, Freiburg i. Br., 1969, S. 340

LITERATURVERZEICHNIS

Abriß der Vorgeschichte, Oldenbourgs Abriß der Weltgeschichte, München 1957

F. Altheim, Griechische Götter im alten Rom, n. Herbert Hunger, Lexikon der griech. und röm. Mythologie, Wien 1959

Anthropologische Gesellschaft i. W., In memoriam Arthur Haberlandt, Wien 1965, Ernst Burgstaller, Ü. einige Gestalten des Thomasbrauchtums i.O.Ö.

Richard Wolfram, Beitrag z. e. Diskuss. über d. Bedeut. v. Sonne und Mond im Volksglauben

Rupert Berger, Kleines liturgisches Wörterbuch, Freiburg im Breisgau 1969

Geoffrey Bibby, Faustkeil und Bronzeschwert, Hamburg 1960

Hans Biedermann, Handlexikon der magischen Künste, München 1976

Invild Birhan, Zur Frage der Neuerungen in Wolframs Parzifal, Festschrift f. Otto Höfler, Wien 1968

Robert Bleichsteiner, Masken- u. Fastnachtsbräuche bei den Völkern des Kaukasus, Österreichische Z. f. Volkskunde, Kongreßheft, Wien 1952

Ludwig Buschkiel, Die deutschen Farben von den Anfängen bis zum Ende des zweiten Kaiserreiches, Weimar 1935

C. W. Ceram, Enge Schlucht und schwarzer Berg, Entdeckung des Hethiterreiches, New York 1955

Klaus Conrad, Der Konstitutionstypus als gen. Problem, Berlin 1941

R.L.M. Derolez, Götter und Mythen der Germanen, Orig.: De Godsdienst der Germanen, Roermond 1959

Dictionaire de spiritualité ascétique et mystique, M. Viller S. J., Paris 1976

Irenäus Eibl-Eibesfeld, Der vorprogrammierte Mensch, München 1976

Eugen Fehrle, Feste und Volksbräuche i. Jahresablauf europ. Völker, Kassel 1955

Fritz Felgenhauer, Aggsbach, ein Fundplatz des späten Paläolithikums, Wien 1949
Fischer Weltgeschichte, Vorgeschichte, Bd. 1, Frankfurt/M. 1966
J. G. Frazer, Der goldene Zweig, Leipzig 1928
Heinrich Frieling, Gesetz der Farbe, Göttingen 1968
Heinr. Frieling und Xaver Auer, Mensch + Farbe + Raum, München 1954
Victor Geramb, Ein Leben für die Anderen, Erzherzog Johann und die Steiermark, Wien 1959
Walter Gloth, Das Spiel von den sieben Farben, Königsberg 1902
Goethes Werke, Band XIII, Zur Farbenlehre, Hamburg 1955 Wahlverwandtschaften, II/2
Roland Gradwohl, Die Farben im alten Testament, Berlin 1963
P. M. Grand-Chastel, Die Kunst der Vorzeit, Stuttgart 1968
Alfred Güttlich, Zur Geschichte der Fahnen und Flaggen, Köln 1939
Arthur Haberlandt, Taschenwörterbuch der Volkskunde Österreichs, Band 1, Wien 1953, Band 2, Wien 1959
Mathilde Hain, Die Schwälmer Tracht, publ. in Wolf Lücking, »Hessen«, Berlin 1959
Handwörterbuch des deutschen Aberglaubens, Herausgegeben von Eduard Hoffmann-Krayer und Hans Bächtold Stäubli, Berlin 1927, Bd. I, III, V, VI – IX
Josef Cardinal Hergenröther, Wetzer und Welte's Kirchenlexikon, Freiburg im Breisgau 1897
Jeannette Hills, Das Kinderspiel von Pieter Bruegel d. Ä., Wien 1957
Otto Höfler, Das germanische Kontinuitätsproblem, Hamburg 1937
ders.: Kultische Geheimbünde, 1. Band, Frankfurt/M. 1934
ders.: Der Runenstein von Röck und die germanische Individualweihe, Tübingen 1952
ders.: Siegfried, Arminius und die Symbolik, Heidelberg 1961
Eduard Hoffmann-Krayer, Feste und Bräuche des Schweizer Volkes, Zürich 1940
Peter R. Hofstätter, Psychologie, Das Fischer Lexikon, Frankfurt/M. 1957/1972
J. Huizinga, Herbst des Mittelalters, Stuttgart 1938
Herbert Hunger, Lexikon der griech. u. röm. Mythologie, Wien 1959
Jan Jelinek, Das große Bilderlexikon des Menschen der Vorzeit, Prag 1972
Ernst Keller, Der geistesgesch. Ort des mittelhochdeutschen Minnegesanges, Diss., Gießen 1934
Wilhelm Kisch, Die alten Straßen und Plätze Wien's, Wien 1883
Walter Koch, Psycholog. Farbenlehre, Halle/S. 1931

Ernst Kretschmer, Geniale Menschen, Berlin 1929
Leopold Kretzenbacher, Die Ketten um die Leonhardskirchen im Ostalpenraum, Festschr. f. Gustav Gugitz, Wien 1954
ders.: Santa Lucia und die Lutzelfrau, München 1951
Wolfgang Lange, Farbe und Kult, in: Beiträge zu einer organischen Volkskunde, Stuttgart 1940
Gyula Lászlo,/ Steppenvölker und Germanen, Wien 1970
Otto Lauffer, Farbensymbolik im deutschen Volksbrauch, Hamburg 1948
Johannes Lehmann, Die Hethiter, Volk der tausend Götter, München 1976
Lexikon für Theologie und Kirche Michael Buchberger, Freiburg i. Breisgau 1964 und J. Höfen und K. Rahner, Freiburg im Breisgau 1960
J. Chr. Linnig, Theatrum Ceremoniale Historico I/1710, nach Otto Lauffer, Farbensymbolik im deutschen Volksbrauch, Hamburg 1948
Max Lüscher, Der Lüscher-Test, Hamburg 1971
Manfred Lurkner, Symbol, Mythos und Legende in der Kunst, Baden-Baden 1958
Ann Franka May, Der Schmuck aus jungpaläolithischen Bestattungen in Frankreich und Ligurien, Diss., Bern 1962
Erna Melchers, Das Jahr der Heiligen, Geschichten und Legenden, München 1959
Gy. Mészáros – L. Vértes, A Paint Mine from the Early Upper Palaeolithic Age near Lovas, Accta Arch. Hung. V, Budapest 1955
Herbert Meyer, Das Handgemal als Gerichtswahrzeichen des freien Geschl. bei d. Germanen, Weimar 1934
ders.: Heerfarben und Rolandsbild, nach L. Bushckiel, die deutschen Farben, Weimar 1935
Horst E. Miers, Lexikon des geheimen Wissens, Freiburg i. Br./München 1976
Raymond A. Moody, Leben nach dem Tode, Hamburg 1977 Orig.: Life after Life, Covington 1975
Die Musik i. Geschichte und Gegenwart, Band 6, Friedrich Blume, Kassel 1957
Riemann Musiklexikon, hrsg. Willibald Gurlitt, Mainz 1967
Naturhist. Museum, Wien, Flugblatt Nr. 14, W. Angeli, Die Venus von Willendorf, Wien 1961
Hans Naumann, Primitive Gemeinschaftskulturen, Jena 1921
Felix R. Paturi, Zeugen der Vorzeit, Düsseld./Wien 1976
Christian Peschek, Kultschacht u. Stele i. e. Grabhügel Nordbayerns, Mitt. d. ö. Arb. Gem. f. Ur- und Frühgesch., Wien 1971, Bd. XXII

Tom Prideaux, Der Cro-Magnon-Mensch, New York 1977
Horst E. Pütz, Der Wunderer und der Herr der Tiere, Österreichische Zeitschr. f. Volkskunde, Heft 2, Wien 1977
Kurt Ranke, Indogermanische Totenverehrung, Helsinki 1951
ders.: Rosengarten, Recht und Totenkult, Hamburg 1951
Rechtsgeschichte, Lehrbuch, R. Schröder und E. v. Künßberg, Berlin/ Leipzig 1932
E. L. Rochholz, Deutscher Glaube und Brauch, Berlin 1867
Rohrer, Versuch über die deutschen Bewohner der österr. Monarchie I/1804, nach Otto Lauffer, Farbensymbolik im dt. Volksbrauch, Hamburg 1948
E. Saillens, Nos Vierges noires, leurs origines, Paris 1945
J. Scheibe, Die gute alte Zeit, 1974, nach Otto Lauffer, Farbensymbolik i. dt. Volksbrauch, Hamburg 1948
Dietlind Schieder, Farbe und Licht im Nibelungenlied, Diss., Freiburg im Breisgau 1962
Günther Schiedlansky, Die Schwarzhäupter zu Riga, Publ. d. Germanischen Nationalmuseums Nürnberg, »Danziger Paramentenschatz und Schatz der Schwarzhäupter zu Riga«, Nürnberg 1958
Paula Schindler, Über den farbigen Ausdruck v. Gefühlen, Diss., Wien 1949
Schwentner, Altgermanische Farbbezeichnungen, nach Otto Lauffer, Farbensymb. i. dt. Volksbr., Hamburg 1948
Rudolf Seyffert, Wirtschaftl. Werbelehre, Wiesbaden 1951
Blažena Šotkova, Volkstrachten i. d. Tschechoslowakei, Prag 1956
Karl von Spieß, Bauernkunst, ihre Art und ihr Sinn, Berlin 1943
ders.: Deutsche Volkskunst, Berlin 1940
Steirisches Trachtenbuch, K. Mautner und V. Geramb, Graz 1932
Publius Cornelius Tacitus, De origine situ moribus ac populis Germanorum (Germania)
J. v. Trauwitz, Totenverehrung und Totenabwehr, München 1935
Ullstein Kunstgeschichte, Hans Biedermann, Das europäische Megalithikum, Band IV, Berlin 1963
M. T. Varro, Serv. Ten. 3/67, nach dem Handwörterbuch d. deutschen Aberglaubens, Band VII, Berlin 1927
Volkskundemuseum, Wien, Inventar-Nummer 13734–738
Jan de Vries, Altgermanische Religionsgeschichte, Band I, Berlin 1956
ders.: Keltische Religion, Stuttgart 1961
ders.: Arthur, in: Handwörterbuch der Sage, hrsg. v. Will-Erich Peukert, Göttingen 1963
Lyall Watson, Geheimes Wissen, Das Natürliche des Übernatürlichen, Frankfurt/M. 1976

Edmund Weber, Kleine Runenkunde, Berlin 1941
Paul Wentzke, Die deutschen Farben, ihre Entwicklung und Deutung, Heidelberg 1927
Wörterbuch der deutschen Volkskunde, Oswald A. Erich und Richard Beitl, Stuttgart 1955
Etymol. Wörterbuch, Friedrich Kluge und A. Götze, Berlin 1951
Richard Wolfram, Bärenjagen und Faschinglaufen im oberen Murtal, Wien 1932
ders.: Das Anklöckeln im Salzburgischen, Salzburg 1955
ders.: Faschingsbräuche in der Gottschee, Graz 1966
ders.: Giebelzeichen i. unheilwehrender und segenbring. Funktion, Komm. z. österreichischen Volkskundeatlas, 3. Lief., Wien 1968
ders.: Die gekreuzten Pferdeköpfe als Giebelzeichen, Wien 1968
ders.: Die Kehrgestalt im europ. Brauchtum, Festschr. f. Franz C. Lipp, Wien 1978
ders.: Prinzipien und Probleme der Brauchtumsforschung, Wien 1972
ders.: Robin Hood und Hobby-Horse, Wiener Prähistorische Zeitschrift. 19, Wien 1932
ders.: Das Nikolausbrauchtum in Tirol, Tirol. Heimat 37. Bd., Innsbr./Wien 1974
ders.: Volkstänze i. Österreich und verwandte Tänze in Europa, Salzburg 1951
ders.: Schwerttanz und Männerbund, Kassel 1935
Hans Georg Wunderlich, Die Steinzeit ist noch nicht zu Ende, Hamburg 1977
Johann Heinrich Zedler, Großes vollständiges Universallexikon, Bd. 29, Leipzig 1741, Nachdruck: Graz 1961
Dmitrij Zelenin, Russische (Ostslawische) Volkskunde, Berlin 1927

PERSONEN- UND SACHREGISTER

Gertrud Höhler
Das Glück
Analyse einer Sehnsucht
336 Seiten, gebunden

Was ist Glück? Was gilt es noch in unserer Zeit? Wie können wir es wieder erlangen? Prof. Dr. Gertrud Höhler entlarvt in ihrer Untersuchung die Mechanismen der Glücksindustrien, denen der heutige Mensch fast hilflos ausgeliefert ist, und zeigt Wege, das wahre Glück wieder zu finden.

Die Anspruchs-Gesellschaft
Von den zwiespältigen Träumen unserer Zeit
320 Seiten, gebunden

»Die Kulturkritikerin Gertrud Höhler stellt unserer Zeit die Diagnose: auf der Basis von Fakten und nachvollziehbaren Analysen. Ein kompromißlos zeitkritisches, ein notwendiges Buch.«
Wirtschaftswoche

»Gertrud Höhlers Werk gehört trotz der berechtigten Zweifel, die es weckt, zu den großen Lebensentwürfen dieses letzten Jahrzehnts.«
Die Welt